Sophie Valle
enseignante de lettres

Dictées
LA COMPIL'

6e 5e
4e 3e

HATIER | CHOUETTE ENTRAÎNEMENT

Bonjour ! Dans ce cahier, vous trouverez :

■ des révisions d'orthographe organisées en étapes

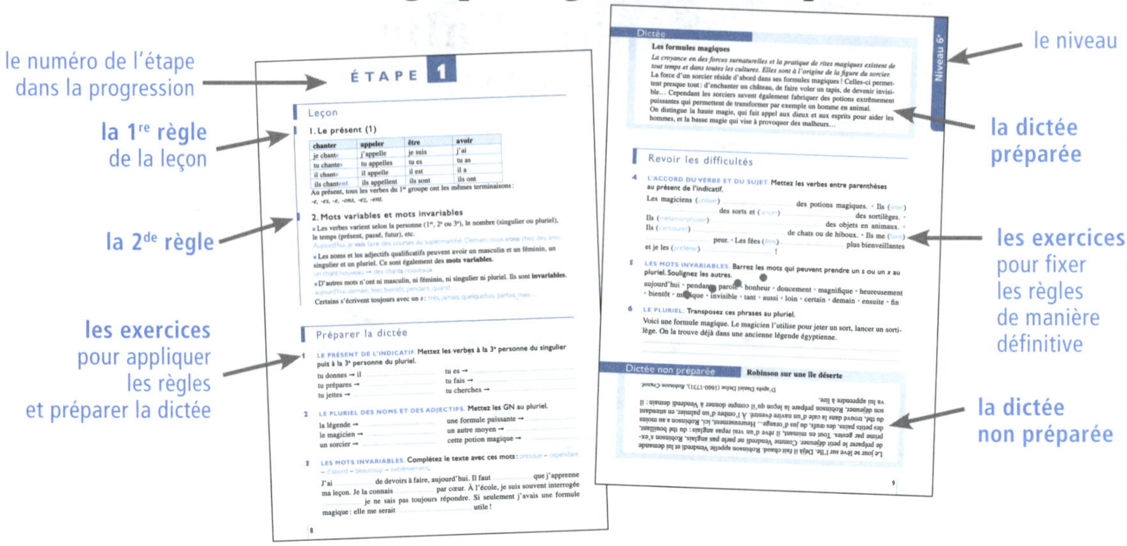

■ des séquences d'évaluation

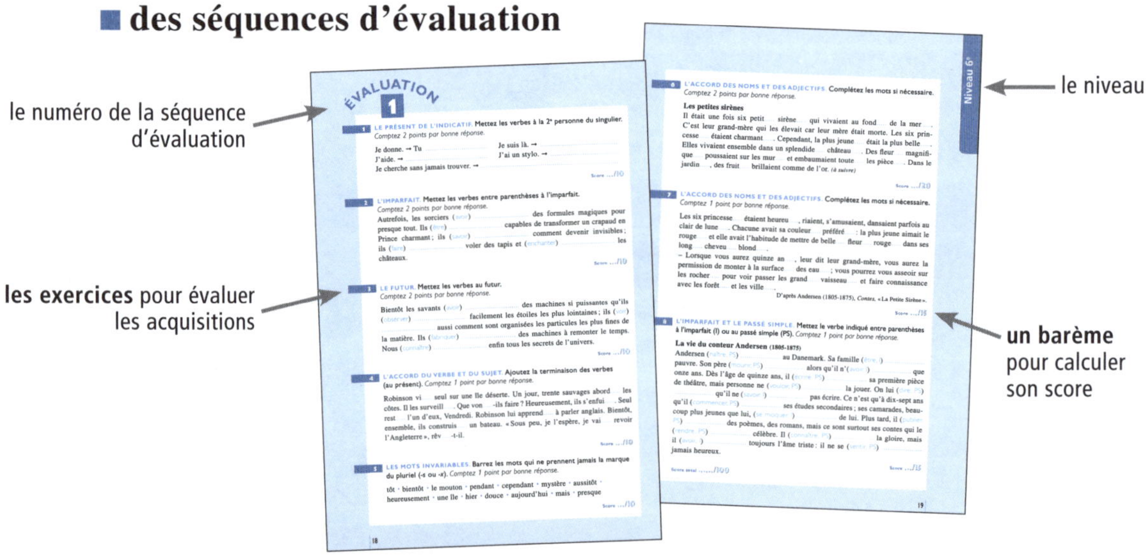

■ les corrigés de tous les exercices

COMMENT TRAVAILLER AVEC VOTRE ENFANT SUR UNE ÉTAPE

1re séance

- lecture et commentaire de la leçon à deux
- réalisation des différents exercices, lecture du texte de dictée préparée en autonomie

2e séance

- relecture du texte de dictée avec l'adulte : commentaire de ce qui reste difficile
- dictée du texte par l'adulte
- soulignement des mots comportant une faute et autocorrection de l'élève
- correction finale de l'adulte avec notation positive (1 point par mot juste)

3e séance

- après révision de la leçon, proposition d'une dictée non préparée

SOMMAIRE GÉNÉRAL

ISBN : 978-2-218-92732-4

Niveau 6e

SOMMAIRE DÉTAILLÉ DES LEÇONS

ET DICTÉES

ÉTAPE 1

Leçon

1. Le présent (1)

chanter	appeler	être	avoir
je chante	j'appelle	je suis	j'ai
tu chantes	tu appelles	tu es	tu as
il chante	il appelle	il est	il a
ils chantent	ils appellent	ils sont	ils ont

Au présent, tous les verbes du 1er groupe ont les mêmes terminaisons : *-e, -es, -e, -ons, -ez, -ent.*

2. Mots variables et mots invariables

- Les verbes varient selon la personne (1re, 2e ou 3e), le nombre (singulier ou pluriel), le temps (présent, passé, futur), etc.

Aujourd'hui, je **vais** faire des courses au supermarché. Demain, nous **irons** chez des amis.

- Les noms et les adjectifs qualificatifs peuvent avoir un masculin et un féminin, un singulier et un pluriel. Ce sont également des **mots variables**.

un chant nouveau → des chant**s** nouveau**x**

- D'autres mots n'ont ni masculin, ni féminin, ni singulier ni pluriel. Ils sont **invariables**.

aujourd'hui, demain, hier, bientôt, pendant, quand…

Certains s'écrivent toujours avec un *s* : très, jamais, quelquefois, parfois, mais…

Préparer la dictée

1 LE PRÉSENT DE L'INDICATIF. Mettez les verbes à la 3e personne du singulier puis à la 3e personne du pluriel.

tu donnes → il ....

tu prépares → ....

tu jettes → ....

tu es → ....

tu fais → ....

tu cherches → ....

2 LE PLURIEL DES NOMS ET DES ADJECTIFS. Mettez les GN au pluriel.

la légende → ....

le magicien → ....

un sorcier → ....

une formule puissante → ....

un autre moyen → ....

cette potion magique → ....

3 LES MOTS INVARIABLES. Complétez le texte avec ces mots : presque – cependant – d'abord – beaucoup – extrêmement.

J'ai .... de devoirs à faire, aujourd'hui. Il faut .... que j'apprenne ma leçon. Je la connais .... par cœur. À l'école, je suis souvent interrogée .... je ne sais pas toujours répondre. Si seulement j'avais une formule magique : elle me serait .... utile !

Dictée

Les formules magiques

La croyance en des forces surnaturelles et la pratique de rites magiques existent de tout temps et dans toutes les cultures. Elles sont à l'origine de la figure du sorcier.
La force d'un sorcier réside d'abord dans ses formules magiques ! Celles-ci permettent presque tout : d'enchanter un château, de faire voler un tapis, de devenir invisible… Cependant les sorciers savent également fabriquer des potions extrêmement puissantes qui permettent de transformer par exemple un homme en animal.
On distingue la haute magie, qui fait appel aux dieux et aux esprits pour aider les hommes, et la basse magie qui vise à provoquer des malheurs…

Revoir les difficultés

4 **L'ACCORD DU VERBE ET DU SUJET.** Mettez les verbes entre parenthèses au présent de l'indicatif.

Les magiciens (utiliser) .... des potions magiques. • Ils (jeter) .... des sorts et (lancer) .... des sortilèges. • Ils (métamorphoser) .... des objets en animaux. • Ils (s'entourer) .... de chats ou de hiboux. • Ils me (faire) .... peur. • Les fées (être) .... plus bienveillantes et je les (préférer) .... !

5 **LES MOTS INVARIABLES.** Barrez les mots qui peuvent prendre un *s* ou un *x* au pluriel. Soulignez les autres.

aujourd'hui • pendant • parole • bonheur • doucement • magnifique • heureusement • bientôt • magique • invisible • tant • aussi • loin • certain • demain • ensuite • fin

6 **LE PLURIEL.** Transposez ces phrases au pluriel.

Voici une formule magique. Le magicien l'utilise pour jeter un sort, lancer un sortilège. On la trouve déjà dans une ancienne légende égyptienne.

....

....

Dictée non préparée

Robinson sur une île déserte

Le jour se lève sur l'île. Déjà il fait chaud. Robinson appelle Vendredi et lui demande de préparer le petit déjeuner. Comme Vendredi ne parle pas anglais, Robinson s'exprime par gestes. Tout en mimant, il rêve d'un vrai repas anglais : du thé bouillant, des petits pains, des œufs, du jus d'orange... Heureusement, ici, Robinson a au moins du thé, trouvé dans la cale d'un navire éventré. À l'ombre d'un palmier, en attendant son déjeuner, Robinson prépare la leçon qu'il compte donner à Vendredi demain : il va lui apprendre à lire.

D'après Daniel Defoe (1660-1731), *Robinson Crusoé*.

ÉTAPE 2

Leçon

1. Le présent (2)

Aujourd'hui, je pars.

Au présent, tous les verbes du 2e groupe et beaucoup de verbes du 3e groupe prennent les terminaisons : *-s*, *-s*, *-t*, *-ons*, *-ez*, *-ent*.

finir	partir	écrire	devoir
je finis	je pars	j'écris	je dois
tu finis	tu pars	tu écris	tu dois
il finit	il part	il écrit	il doit
ils finissent	ils partent	ils écrivent	ils doivent

2. La ponctuation et les majuscules

- Une phrase commence toujours par une **majuscule** et se termine par un **point** : point simple, point d'interrogation (?) ou d'exclamation (!).
- Pour séparer les éléments à l'intérieur d'une phrase, on utilise d'autres signes de ponctuation, par exemple une virgule, un point-virgule, etc.

Remarque : On met une majuscule aux noms propres : prénoms, noms de famille, noms des villes, des pays, des fleuves, des montagnes, etc.

Marc et Mary – l'Australie – la France – la Seine – les Alpes

Préparer la dictée

1 **LE PRÉSENT.** Mettez les verbes entre parenthèses au présent.

Où (habiter) .... les parents de Mary ? Ils (vivre) .... dans un village de montagne. L'hiver, toute la famille (passer) .... ses vacances dans leur chalet. On (organiser) .... des grands repas ; on (allumer) .... un feu dans la cheminée. Justement, on (devoir) .... y partir demain !

2 **LE PLURIEL.** Mettez ces mots au pluriel en ajoutant *-s* ou *-x*.

la cheminée → les	la saison → les ....
son camarade → ses	un feu → des ....
l'antipode → des	le même devoir → les ....
un jeu → des	un fuseau horaire → des ....

3 **LES MOTS DIFFICILES.** Complétez les phrases suivantes en utilisant ces mots : à côté – Nouvelle-Zélande – aux sports d'hiver – tandis que.

La .... se trouve à deux mille kilomètres de l'Australie. • Viens .... de moi. • L'un est riche .... l'autre vit dans la misère. • Cette année, nous irons .... dans les Pyrénées.

Dictée préparée

De l'autre côté de la Terre

Marc et ses parents habitent en France. Ils écrivent régulièrement aux parents de Mary, qui vivent en Nouvelle-Zélande, aux antipodes. Le calendrier est le même, dans les deux pays, mais les jours, les nuits et les saisons sont inversés : lorsque Marc se lève, le matin, il est l'heure pour Mary d'aller dormir. Pendant les grandes vacances, Marc et ses camarades organisent des jeux sur la plage : c'est l'été. Mary, elle, part aux sports d'hiver. Mais à l'école, Marc et Mary ont les mêmes devoirs : ils doivent calculer combien de fuseaux horaires les séparent !

Revoir les difficultés

4 LE VERBE ET SON SUJET. Écrivez les verbes aux personnes indiquées par les pronoms.

Il part. → Ils ....

On allume. → J' ....

J'habite là. → Tu ....

Ils ont faim. → Nous ....

Ils écrivent. → Il ....

Il sont là. → Vous ....

5 LE PLURIEL. Mettez les phrases au pluriel.

Elle se lève tôt. → Ils ....

Elle s'habille et part pour l'école. → Ils ....

Elle n'est jamais en retard ! → Ils ....

6 MAJUSCULES ET PONCTUATION. Réécrivez les phrases en ajoutant les majuscules et les signes de ponctuation manquants.

un jour je visiterai la suède le danemark et la finlande il y fait plus froid qu'en france mais les paysages y sont je crois magnifiques

....

....

....

Dictée non préparée

La rencontre de Robinson et de Vendredi

Je me souviens de ce jour de décembre, raconte Robinson. Trente sauvages viennent d'aborder dans mon île. Je les surveille du haut de la colline. Que font-ils ? Que préparent-ils ? Je suis prêt à combattre. Soudain, l'un d'eux se sauve. Les autres le poursuivent. Mon coup de feu les arrête net. Ils s'enfuient. Le sauvage poursuivi reste avec moi et me manifeste sa reconnaissance. Je décide de le nommer Vendredi en mémoire du jour de son arrivée sur mon île. Je lui donne un logement, des vêtements. Désormais nous vivons ensemble sur mon île déserte.

D'après Daniel Defoe (1660-1731), *Robinson Crusoé*.

ÉTAPE 3

Leçon

1. L'imparfait

Je racontais. Ils écoutaient.
À l'imparfait, tous les verbes ont les mêmes terminaisons :
-ais, *-ais*, *-ait*, *-ions*, *-iez*, *-aient*.

apporter	devoir	être	avoir
j'apport**ais**	je devais	j'étais	j'avais
tu apport**ais**	tu devais	tu étais	tu avais
il apport**ait**	il devait	il était	il avait
ils apport**aient**	ils devaient	ils étaient	ils avaient

2. Le pluriel des noms

le cahier → les cahier**s** la feuille → les feuille**s**
un berceau → des berceau**x** un travail → des trava**ux**

On forme en général le pluriel d'un nom en ajoutant un *s* au singulier.
Pour certains, il faut ajouter un *x* (ou utiliser le suffixe *-aux*).

Préparer la dictée

1 **L'IMPARFAIT.** Mettez les verbes à l'imparfait.

Hercule (être) .... un héros de l'Antiquité. En Grèce, on l'(appeler) .... Héraclès. Il (avoir) .... un grand pouvoir. Il (être) .... le fils de Zeus. Il (devoir) .... combattre des animaux féroces, mais (sortir) .... toujours vainqueur des épreuves.

2 **LE PLURIEL.** Mettez les noms au pluriel. Écrivez les nombres en lettres.

un mètre → (2) ....
un travail → (12) ....
une pomme d'or → (3) ....
....
un an → (18) ....
un autre exploit → (11) ....
....
sa main → (2) ....

3 **LES MOTS DIFFICILES.** Complétez les phrases suivantes en utilisant ces mots : Hercule – héros – exploit – légende grecque – rapporter – accomplir – aussitôt.

Dans *L'Odyssée*, qui est une ...., j'ai lu l'histoire d'Ulysse. On m'a ensuite raconté d'autres légendes, en particulier celle d' ...., ce .... qui devait .... douze « travaux ». Dès qu'un .... était réalisé, le roi en exigeait .... un autre. L'un d'eux, par exemple, consistait à lui .... une biche aux cornes d'or.

Dictée préparée

La légende d'Hercule

Selon la légende grecque, Hercule avait une force et un pouvoir extraordinaires. On raconte que, dès son berceau, il était capable d'étouffer un serpent avec ses mains. À dix-huit ans, il mesurait plus de deux mètres. Il fut condamné par un roi à accomplir douze « travaux » : l'un d'eux consistait à tuer un lion qui dévorait les habitants d'une région, un autre à venir à bout d'un serpent monstrueux qui avait sept têtes ; si on en coupait une, elle repoussait aussitôt. Après bien d'autres exploits, ce héros mourut de façon mystérieuse.

Revoir les difficultés

4 DE L'IMPARFAIT AU PRÉSENT. Mettez les verbes au présent.

Les pommes d'or (se trouvaient) .... dans un jardin merveilleux. Une nymphe et un dragon les (gardaient) .... Ce jardin (était) .... enchanté. Hercule (devait) .... rapporter ces fruits, mais il ne (savait) .... comment faire. Bientôt, heureusement, il (obtenait) .... l'aide d'Atlas et (rapportait) .... les pommes d'or.

5 LE PLURIEL DES NOMS. Mettez les groupes nominaux au pluriel.

l'animal → les ....
l'hydre → ....
la biche → ....
un lion → des ....
un taureau → ....
un bœuf → ....

6 DU PRÉSENT À L'IMPARFAIT. Mettez les verbes à l'imparfait.

Hercule (possède) .... une force extraordinaire. Il (accomplit) .... des exploits. Il (capture) .... des chevaux qui (dévorent) .... les hommes et il (attrape) .... des sangliers avec un filet ! À leur mort, on (transporte) .... des héros tels que lui sur le Mont Olympe : ils (deviennent) .... immortels.

Dictée non préparée

Un compagnon pour Vendredi

Durant ma première année sur l'île, j'allais souvent me promener à travers les champs. Au début, je ne m'aventurais pas très loin car je craignais de me perdre. Petit à petit, j'allongeais mes excursions. Les paysages étaient magnifiques, les arbres étaient énormes, les fleurs superbes. Des tortues et des oiseaux fourmillaient partout. J'admirais tout cela mais je rentrais content chez moi ; d'autant plus que, maintenant, j'y avais un gentil compagnon : un perroquet qui, dès qu'il m'apercevait m'appelait : « Robinson ! Robinson ! ».

D'après Daniel Defoe (1660-1731), *Robinson Crusoé*.

ÉTAPE 4

Leçon

1. Le passé simple

Il chanta. Nous applaudîmes.

Au passé simple, les verbes du 1er groupe se terminent tous comme *chanter*.
Mais attention aux autres verbes !

chanter	recevoir	faire
je chantai	je reçus	je fis
tu chantas	tu reçus	tu fis
il chanta	il reçut	il fit
ils chantèrent	ils reçurent	ils firent

2. *On* ou *ont* ; *on a* ou *on n'a*

- Il faut distinguer le pronom ***on***, que l'on peut remplacer par un autre pronom comme *il*, et ***ont***, 3e personne du pluriel du verbe *avoir* au présent (*ils ont*), que l'on peut remplacer par *avaient*.

On est content. → Il est content.   Ils ont gagné. → Ils avaient gagné.

- ***On a*** est une forme affirmative. ***On n'a*** est une forme négative.

On a le temps. On n'a pas le temps.

Préparer la dictée

1 **LE PASSÉ SIMPLE.** Mettez les verbes au passé simple, à la personne indiquée entre parenthèses.

donner → (il) ....
annuler → (on) ....
envoyer → (ils) ....
pulvériser → (il) ....
découvrir → (il) ....
féliciter → (on) ....
avoir → (ils) ....
payer → (il) ....

2 **LE PLURIEL.** Mettez ces groupes nominaux au pluriel en ajoutant *-s* ou *-x*.

le record → (les) ....
le champion → (les) ....
une médaille → (plusieurs) ....
une compétition → (des) ....
le jeu → (les) ....

3 **LES MAJUSCULES.** Ajoutez si nécessaire des majuscules.

c'est le baron de coubertin qui organisa les premiers jeux olympiques. ils eurent lieu en suède qui a pour capitale stockholm. d'autres grandes villes les ont aussi accueillis : paris, londres, atlanta, par exemple.

....
....
....

Dictée préparée

Les Jeux olympiques

En 1912, les Jeux olympiques eurent lieu à Stockholm. Les États-Unis y envoyèrent un champion nommé Jim Thorpe. Il pulvérisa le record du saut en longueur, le record du saut en hauteur et d'autres records. On lui donna plusieurs médailles d'or. Malheureusement, on découvrit peu après que Jim Thorpe avait, dans sa jeunesse, reçu de l'argent pour un match de base-ball. Or, à cette époque, on faisait jurer aux champions qu'ils n'avaient jamais été payés pour participer à des compétitions sportives. Jim rendit ses médailles et on annula ses records.

Revoir les difficultés

4 L'IMPARFAIT ET LE PASSÉ SIMPLE. **Mettez le premier verbe au passé simple, les autres à l'imparfait.**

Dans l'Antiquité, les Jeux olympiques (avoir) .... longtemps lieu dans la ville grecque d'Olympie. On les (dédier) .... à Zeus, qui (être) .... le dieu des dieux. Ils (réunir) .... des athlètes de haut niveau. Des processions, des sacrifices qui (durer) .... trois jours (précéder) .... les jeux. Les vainqueurs (bénéficier) .... d'une gloire extraordinaire et (faire) .... la fierté de leurs cités.

5 ON OU ONT. **Complétez avec *on* ou *ont*.**

Ce matin, ... a pris le train. Mes parents .... emporté les valises ; mon frère et moi, ... a mis nos jeux dans un sac à dos. Sur le quai, ... a dit au revoir à notre oncle qui nous avait amenés à la gare et .... lui a recommandé de prendre bien soin de notre chien. Ensuite .... est parti : les vacances .... enfin commencé !

6 ON A OU ON N'A. **Mettez les phrases à la forme négative.**

On a découvert une nouvelle planète. → ....

On a envoyé une carte postale. → ....

Dictée non préparée

Comment Vendredi retrouva son père

Nous décidâmes, Vendredi et moi, de tenter notre chance. Ayant construit un bateau, nous préparâmes notre voyage. Mais un matin, pendant que je travaillais, je vis Vendredi arriver à toutes jambes. Il criait : « Maître ! Maître ! Au secours ! » Des sauvages venaient d'aborder dans l'île et Vendredi pensait qu'ils allaient le dévorer. Nous tuâmes beaucoup d'ennemis. L'un d'eux restait dans le bateau. Ses liens l'empêchaient de bouger. Quelle surprise ! Vendredi, le regardant, découvrit que c'était son père ! Je le vis tour à tour pleurer, rire, sauter, danser. Nous donnâmes au pauvre homme de quoi manger et boire. D'avoir retrouvé son père, Vendredi était fou de joie.

D'après Daniel Defoe (1660-1731), *Robinson Crusoé*.

ÉTAPE 5

Leçon

1. Le futur simple

Demain, je chanterai.

Au futur simple, tous les verbes ont les mêmes terminaisons : *-ai*, *-as*, *-a*, *-ons*, *-ez*, *-ont*, précédées de *r*.

rester	être	avoir
je resterai	je serai	j'aurai
tu resteras	tu seras	tu auras
il restera	il sera	il aura
ils resteront	ils seront	ils auront

2. Le pluriel des noms et des adjectifs qualificatifs

Les noms et les adjectifs qualificatifs prennent généralement un *s* au pluriel. Certains, cependant, ont un pluriel en ***-x***.

un climat agréable → des climats agréables   un beau paysage → de beaux paysages

Remarque : Certains noms et adjectifs sont invariables et se terminent par un *s* ou un *x* au pluriel comme au singulier : un puits dangereux.

Préparer la dictée

1 **LE FUTUR.** Mettez les verbes au futur, aux personnes indiquées entre parenthèses.

rester → (elles) ....   souffler → (il) ....

s'installer → (il) ....   rencontrer → (vous) ....

être → (il) ....   avoir → (il) ....

oublier → (vous) ....   garder → (ils) ....

2 **LE PLURIEL.** Mettez les groupes nominaux au pluriel.

le jour suivant → ....

une température douce → ....

la côte atlantique → ....

3 **LES MOTS DIFFICILES.** Utilisez les mots suivants pour compléter le texte :
Bretagne – Pyrénées – tempête – temps automnal – souhaiter – au cours – méditerranéenne(s).

L'été dernier, ... de nos vacances, nous sommes allés en .... puis sur les côtes .... Cet hiver, nous irons dans les .... Fin octobre, il faut .... que le beau .... continuera et qu'il n'y aura pas de .... car nous ferons un voyage en bateau.

Dictée préparée

Quel temps fera-t-il demain ?

Demain matin, le vent soufflera avec force sur les côtes atlantiques. Il y aura aussi une violente tempête sur la Bretagne : il sera dangereux pour les petits bateaux de prendre la mer. Le ciel restera nuageux des Pyrénées à la Lorraine. La Corse et les côtes méditerranéennes garderont un temps calme. Les températures resteront douces partout. Elles iront de 15° au nord jusqu'à 23° au sud du pays. Au cours des jours suivants, un beau temps automnal s'installera... Demain, vous n'oublierez pas de souhaiter une bonne fête aux Inès que vous rencontrerez !

Revoir les difficultés

4 DU FUTUR AU PRÉSENT. Mettez les phrases au présent.

Le temps restera calme. → ....

La mer sera bleue. → ....

On longera la frontière. → ....

Il y aura un peu de pluie. → ....

On fera une belle fête. → ....

5 LE PLURIEL. Mettez les phrases au pluriel.

Le vent soufflera. → (Les) ....

Une tempête se lèvera. → (Des) ....

La température montera. → (Les) ....

Le bateau prendra la mer. → (Les) ....

6 LES MAJUSCULES ET LA PONCTUATION. Ajoutez les majuscules et les signes de ponctuation manquants.

nous descendrons la loire et remonterons la seine nous visiterons nantes saint-nazaire et paris nous serons de retour pour le début septembre

....

....

....

Dictée non préparée

Le retour de Robinson

Lorsque je quitterai l'île, j'emmènerai avec moi mon perroquet. C'est naturel, puisqu'il parle anglais. Mon fidèle Vendredi m'accompagnera aussi, bien entendu. Je laisserai à ceux qui resteront sur l'île mes armes, c'est-à-dire mes fusils et mes sabres. Je leur enseignerai la manière d'élever mes chèvres, de les traire, de les engraisser, de faire du beurre et du fromage. J'emporterai en souvenir mon grand bonnet de peau de chèvre et c'est avec émotion que je prendrai la mer pour retourner en Angleterre.

D'après Daniel Defoe (1660-1731), *Robinson Crusoé*.

ÉVALUATION 1

1 LE PRÉSENT DE L'INDICATIF. Mettez les verbes à la 2e personne du singulier.

Comptez 2 points par bonne réponse.

Je donne. → Tu ....

Je suis là. → ....

J'aide. → ....

J'ai un stylo. → ....

Je cherche sans jamais trouver. → ....

Score .../10

2 L'IMPARFAIT. Mettez les verbes entre parenthèses à l'imparfait.

Comptez 2 points par bonne réponse.

Autrefois, les sorciers (avoir) .... des formules magiques pour presque tout. Ils (être) .... capables de transformer un crapaud en Prince charmant ; ils (savoir) .... comment devenir invisibles ; ils (faire) .... voler des tapis et (enchanter) .... les châteaux.

Score .../10

3 LE FUTUR. Mettez les verbes au futur.

Comptez 2 points par bonne réponse.

Bientôt les savants (avoir) .... des machines si puissantes qu'ils (observer) .... facilement les étoiles les plus lointaines ; ils (voir) .... aussi comment sont organisées les particules les plus fines de la matière. Ils (fabriquer) .... des machines à remonter le temps. Nous (connaître) .... enfin tous les secrets de l'univers.

Score .../10

4 L'ACCORD DU VERBE ET DU SUJET. Ajoutez la terminaison des verbes (au présent). *Comptez 1 point par bonne réponse.*

Robinson vi..... seul sur une île déserte. Un jour, trente sauvages abord..... les côtes. Il les surveill...... Que von.....-ils faire ? Heureusement, ils s'enfui...... Seul rest..... l'un d'eux, Vendredi. Robinson lui apprend..... à parler anglais. Bientôt, ensemble, ils construis..... un bateau. « Sous peu, je l'espère, je vai..... revoir l'Angleterre », rêv.....-t-il.

Score .../10

5 LES MOTS INVARIABLES. Barrez les mots qui ne prennent jamais la marque du pluriel (-*s* ou -*x*). *Comptez 1 point par bonne réponse.*

tôt • bientôt • le mouton • pendant • cependant • mystère • aussitôt • heureusement • une île • hier • douce • aujourd'hui • mais • presque

Score .../10

6 **L'ACCORD DES NOMS ET DES ADJECTIFS.** Complétez les mots si nécessaire. *Comptez 2 points par bonne réponse.*

Les petites sirènes

Il était une fois six petit..... sirène..... qui vivaient au fond..... de la mer...... C'est leur grand-mère qui les élevait car leur mère était morte. Les six princesse..... étaient charmant...... Cependant, la plus jeune..... était la plus belle...... Elles vivaient ensemble dans un splendide..... château...... Des fleur..... magnifique..... poussaient sur les mur..... et embaumaient toute..... les pièce...... Dans le jardin....., des fruit..... brillaient comme de l'or. *(à suivre)*

Score .../20

7 **L'ACCORD DES NOMS ET DES ADJECTIFS.** Complétez les mots si nécessaire. *Comptez 1 point par bonne réponse.*

Les six princesse..... étaient heureu....., riaient, s'amusaient, dansaient parfois au clair de lune...... Chacune avait sa couleur..... préféré.....: la plus jeune aimait le rouge..... et elle avait l'habitude de mettre de belle..... fleur..... rouge..... dans ses long..... cheveu..... blond......

– Lorsque vous aurez quinze an....., leur dit leur grand-mère, vous aurez la permission de monter à la surface..... des eau.....; vous pourrez vous asseoir sur les rocher..... pour voir passer les grand..... vaisseau..... et faire connaissance avec les forêt..... et les ville......

D'après Andersen (1805-1875), *Contes,* « La Petite Sirène ».

Score .../15

8 **L'IMPARFAIT ET LE PASSÉ SIMPLE.** Mettez le verbe indiqué entre parenthèses à l'imparfait (I) ou au passé simple (PS). *Comptez 1 point par bonne réponse.*

La vie du conteur Andersen (1805-1875)

Andersen (naître, PS) .... au Danemark. Sa famille (être, I) .... pauvre. Son père (mourir, PS) .... alors qu'il n'(avoir, I) .... que onze ans. Dès l'âge de quinze ans, il (écrire, PS) .... sa première pièce de théâtre, mais personne ne (vouloir, PS) .... la jouer. On lui (dire, PS) .... qu'il ne (savoir, I) .... pas écrire. Ce n'est qu'à dix-sept ans qu'il (commencer, PS) .... ses études secondaires ; ses camarades, beaucoup plus jeunes que lui, (se moquer, I) .... de lui. Plus tard, il (publier, PS) .... des poèmes, des romans, mais ce sont surtout ses contes qui le (rendre, PS) .... célèbre. Il (connaître, PS) .... la gloire, mais il (avoir, I) .... toujours l'âme triste : il ne se (sentir, PS) .... jamais heureux.

Score .../15

Score total ....../100

ÉTAPE 6

Leçon

1. Le passé récent : *venir de...*

Je viens de comprendre.

Le passé récent se forme avec le verbe *venir (de)* conjugué au présent, suivi de l'infinitif du verbe.

Remarque : S'il s'agit d'un verbe du 1er groupe, cet infinitif se termine par *-er*.

Je **viens de** commencer.	Nous **venons d'**appeler.
Tu **viens de** rentrer.	Vous **venez de** partir.
Elle **vient de** terminer.	Ils **viennent de** sortir.

2. Mots commençant par *ac-* ou *ap-*

- Les mots commençant par *ac-* prennent généralement deux *c* : accompagner – accorder – accrocher, etc.

Sauf quelques mots comme : acajou – acacia – acompte, etc.

- Les mots commençant par *ap-* prennent généralement deux *p* : appeler – apprivoiser – apporter – appartement, etc.

Sauf : apercevoir – aplanir – aplatir – apitoyer – apéritif, etc.

Préparer la dictée

1 **LE PASSÉ RÉCENT : *VENIR DE*.** Transformez sur le modèle :

Je termine. → Je viens de terminer.

Elle parle. → ....

Il décide. → ....

On le sauve. → ....

Ils perdent. → ....

Il combat. → ....

Il finit. → ....

2 **LES MOTS COMMENÇANT PAR *AC-*, *AP-*.** Trouvez un mot de la même famille et commençant par *ac-* ou *ap-*.

courir → ....

cueillir → ....

compagnon → ....

crochet → ....

climat → ....

porter → ....

prouver → ....

prendre → ....

proche → ....

provision → ....

3 **LES MOTS DIFFICILES.** Utilisez les mots suivants pour compléter le texte :

griffé – guérir – les yeux – blessures – souffraient – récitait – s'affaiblissait – hésitait.

Comment la sorcière faisait-elle pour .... les malades qui .... ? Elle utilisait des plantes pour soigner les .... Un enfant était-il .... par un animal ? Elle n'.................... pas à utiliser ses pouvoirs. Si la personne ...., elle composait des potions ou, fermant ...., elle .... une formule magique.

Dictée préparée

Le jeune homme et la sorcière

Il vient de combattre, seul, avec un simple couteau, un ours de trois mètres de haut. Il a de graves blessures : il a été griffé, piétiné et il s'affaiblit. La mort s'approche. La mère du héros l'apprend ; elle accourt et supplie la sorcière du village de guérir son fils. Mais celle-ci hésite : si elle le fait, elle perdra ses pouvoirs pour toujours, car elle devra souffrir à la place du jeune homme, se mettre à sa place. Finalement, elle le prend dans ses bras et décide de le sauver. Après des jours de lutte, la souffrance et l'ombre de la mort s'éloignent enfin : le jeune homme vient d'ouvrir les yeux !

D'après David Gemmell, *L'Épée de l'orage*, éd. Bragelonne, 2004.

Revoir les difficultés

4 LE PASSÉ RÉCENT. Transformez sur le modèle :

Je l'ai écouté. → Je viens de l'écouter.

Je les ai lus. → ....

On les a achetés. → ....

Vous l'avez rencontré. → ....

Ils l'ont attrapé. → ....

Je les lui ai donnés.→ ....

5 LES CONSONNES DOUBLES. Complétez avec *m* ou *mm*, *t* ou *tt*.

Il a a..........ené son fils à l'école. • Il l'a e..........ené avec lui. • J'étudie la gra..........aire. • Ce n'est pas bon : c'est trop a..........er ! • Nous étions é..........erveillés. Faites a..........ention ! • L'avion a a..........erri. • Qu'est-ce que tu a..........ends ? • Il l'a a..........iré dans un piège. • Il a un a..........out dans son jeu.

6 C OU CC ; P OU PP. Soulignez les mots écrits avec 2 *c* et ceux écrits avec 2 *p*.

accord • accuser • acompte • accroître • acclimater • acacia • accompagner • accordéon • acclamer • apprendre • apporter • appeler • apercevoir • appartement • applaudir • aplatir • approcher • appuyer • apostrophe • appliquer

Dictée non préparée

En revenant de guerre

Le jeune homme, de retour de la guerre, vient d'apercevoir le druide qui a de grands pouvoirs et de grandes connaissances. Il s'approche de lui. « Je viens de vivre l'horreur : des enfants tués, mon meilleur ami torturé… La nuit, tout cela réapparaît dans mes cauchemars. » « Tu revis les événements comme s'ils étaient vrais… mais tu viens de m'apparaître dans un autre monde et tu viens d'être tué à la guerre… Tu es déjà mort plusieurs fois, d'ailleurs. Dans une autre vie, quand tu avais quinze ans, tu n'as pas tué l'ours de trois mètres de haut : c'est l'ours qui t'a tué… car il y a plusieurs réalités. »

D'après David Gemmell, *L'Épée de l'orage*, éd. Bragelonne, 2004.

ÉTAPE 7

Leçon

1. Le futur proche : *aller*...

Je vais partir.

Pour exprimer le futur proche, on conjugue le verbe *aller* au présent et on le fait suivre d'un infinitif.

Je **vais** écout**er**.	Nous **allons** travers**er**.
Tu **vas** trouv**er**.	Vous **allez** ferm**er**.
Il **va** chang**er**.	Ils **vont** écri**re**.

2. L'accord de l'adjectif qualificatif et du nom

Les adjectifs qualificatifs s'accordent en genre (masculin/féminin) et en nombre (singulier/pluriel) avec le nom auquel ils se rapportent.

un grand voyage → des grand**s** voyages ; une grande aventure → de grand**es** aventures

Remarque : Les adjectifs qui se terminent par un *x* au singulier ne changent pas au masculin pluriel.

dangereux (singulier et pluriel masculin) – dangereuse (féminin) – dangereuses (féminin et pluriel)

Préparer la dictée

1 **LE FUTUR IMMÉDIAT.** Complétez les phrases avec le verbe *aller* au présent.

Il .... prendre l'avion. • Ils .... connaître une grande aventure. • Vous .... traverser la rue. • Tu .... être content. • Ils .... quitter l'Angleterre. • Je .... y aller.

2 **LA FORME INTERROGATIVE.** Transformez selon le modèle :

On va travailler. → Va-t-on travailler ?

Je vais trouver. → ....

Il va gagner. → ....

Il va être jugé. → ....

Vous allez l'épouser. → ....

Ils vont le savoir. → ....

Elle va le dire. → ....

3 **LES MOTS DIFFICILES.** Utilisez les mots qui suivent pour compléter le texte :

voyage – valet – pari – emmenait – menacé – engagé – hostiles – lointain – nombreuses.

Le maître, qui .... toujours avec lui son ...., se préparait à partir pour un .... très .... Il avait fait un .... avec ses amis. Il s'était .... à faire le tour du monde. Il allait traverser des pays ...., être .... de mort de .... fois, et revenir avant 80 jours.

Dictée préparée

L'histoire débute à Londres, en 1872. Personnages : Phileas Fogg, gentleman anglais ; Passepartout, son domestique ; Fix, détective ; Mrs Aouda, jeune Indienne.

Un pari difficile

Pour faire le tour du monde, Phileas et son valet vont quitter Londres un beau matin. Ils vont traverser des continents lointains, des pays hostiles. Mais un détective anglais, engagé par une banque, va aussitôt les prendre en chasse : Phileas est soupçonné d'avoir volé de l'argent !

En Inde, les deux voyageurs vont sauver une belle et jeune veuve menacée de mort et l'emmener avec eux. Ils vont connaître de nombreuses aventures et même aller en prison.

Phileas va-t-il, finalement, gagner son pari : va-t-il être de retour avant 80 jours ? Va-t-il être jugé pour vol ? Va-t-il épouser sa délicieuse compagne ? Le roman de Jules Verne vous en dira plus !

D'après Jules Verne (1828-1905), *Le Tour du monde en 80 jours.*

Revoir les difficultés

4 **LE FUTUR.** Transformez sur le modèle : Je le ferai. → Je vais le faire.

Je voyagerai. → ....

Tu chanteras. → ....

Vous le verrez. → ....

Ils y croiront. → ....

5 **LE FÉMININ ET LE PLURIEL.** Complétez en accordant les mots.

Le soir, une fois la lumière éteint....., les enfant....., allongé..... dans le noir, se racontaient des histoire...... Ces histoires étaient parfois triste....., parfois amusant....., parfois effrayant...... Il était question de monstre..... effroyable....., de robots fou....., d'ennemi..... terrible..... jusqu'à ce que, très fatigué....., ils s'endorment enfin.

Dictée non préparée

Des mondes parallèles ?

Un physicien autrichien fait une expérience* avec un chat. Il l'enferme dans une boîte avec un produit explosif. Le chat va-t-il mourir ? Si le marteau frappe l'explosif, oui. S'il ne se déclenche pas, non. Dans un cas, quand on ouvre la boîte, le chat est mort ; dans l'autre, il est vivant. Le professeur explique que les deux possibilités sont vraies, réelles. « Alors le chat est mort et vivant à la fois ? Ah, je viens de comprendre ce que vous venez d'expliquer : pas à la fois, mais au même moment, dans deux mondes différents ! »

* L'expérience a été réalisée par le physicien autrichien Erwin Schrödinger (1887-1961).

ÉTAPE 8

Leçon

1. L'accord du verbe avec son sujet

Il regarde. Ils regardent.

Le verbe s'accorde toujours en personne et en nombre avec son sujet.

Ainsi le verbe se met au singulier avec un sujet au singulier et au pluriel avec un sujet au pluriel.

Rappel : On trouve le sujet d'un verbe en posant la question *Qui ?* (ou *Qui est-ce qui ?* ou bien *Qu'est-ce qui ?*) avant d'avoir lu le verbe.

Les petits princes **habitaient** dans un château. → *Qui habitait dans un château? Les petits princes.*

Une personne **arriva**, puis d'autres la **suivirent**. → *Qui est-ce qui arriva? Une personne; – Qui est-ce qui suivit? d'autres.*

2. Les consonnes doubles

- On écrit deux *f* dans les mots commençant par *af-* et *ef-* : affolé – affronter – affamé, etc. sauf dans afin et Afrique ; effacer – effort – efficace, etc.
- On écrit deux *t* dans les mots commençant par *at-* : attraper – attaquer – attendre – attention – attirer, etc. Sauf dans quelques mots comme atlas – atome, etc.

Préparer la dictée

1 **L'ACCORD DU SUJET ET DU VERBE.** Remplacez le sujet par le pronom sujet correspondant.

L'eau était calme. → Elle ....

Le ciel et la mer étaient bleus. → ....

Des oiseaux tournoyaient, rasaient les vagues. → ....

Un bébé rampait. → ....

Des bateaux passaient. → ....

2 **LES CONSONNES DOUBLES.** Complétez les mots suivants.

(*f* ou *ff*) une a.......aire • (*r* ou *rr*) une a.......ivée • (*p* ou *pp*) a.......ercevoir • (*t* ou *tt*) a.......raper • (*p* ou *pp*) a.......eler • (*r* ou *rr*) cou.......ir • (*t* ou *tt*) a.......endre.

3 **LES MOTS DIFFICILES.** Complétez les phrases suivantes en utilisant ces mots : appelant – au bord – maître-nageur – par là – à ton âge.

J'ai appris à nager avec un .... • Faut-il passer par ici ou ....? • Moi, ..., je n'allais pas au cinéma. • En .... très fort, vous serez entendu. • J'aimerais passer mes vacances .... de la mer.

Dictée préparée

Au bord de l'eau

L'eau était calme. Le ciel et la mer étaient bleus. Des oiseaux volaient, tournoyaient, rasaient les vagues. Sur la plage, les enfants jouaient, riaient, se lançaient des balles. Un bébé rampait sur le sable. Un nageur bronzé et un nageur à la peau blanche s'apprêtaient à plonger. Des bateaux passaient au loin. Le bébé, qui était arrivé au bord de l'eau, pleurait et criait, appelant sa mère. « Mais que fais-tu ? » dit un maître-nageur qui passait par là, en le rattrapant. « Veux-tu déjà apprendre à nager, à ton âge ? »

Revoir les difficultés

4 **L'IMPARFAIT DE L'INDICATIF.** Écrivez les verbes entre parenthèses à l'imparfait de l'indicatif.

▪ Exemple : Des oiseaux (voler), (tournoyer), (raser les vagues) → Des oiseaux volaient, tournoyaient, rasaient les vagues.

Des hommes (avancer), (se bousculer), (crier). ....

....

Des enfants (rire), (chanter), (s'amuser). ....

....

Des lions (rugir), (courir), (bondir). ....

....

Des voitures (ralentir), (klaxonner), (accélérer). ....

....

5 **LES CONSONNES DOUBLES.** Ajoutez une deuxième consonne si nécessaire.

• Elle ap....araît, disp....araît puis réap....araît. C'est une magicien....e. Com....ent fait-elle ? Af.... de le savoir, je l'ap....elle. Mais elle me répond mécham....ent que je ne suis même pas digne d'être une apprent....ie-sorcière !

• Nous avons ent....endu un sif....lement ef....rayant, puis un bruit ter....ible. Notre cœur bat....ait très fort. Af....olés, nous sommes sortis. En ef....et, un engin bizar....oïde était ap....lati sur le sol.

Dictée non préparée

Les mystères de l'univers

La Terre n'est qu'un point minuscule dans l'espace infini. Des milliards d'étoiles nous entourent, ainsi que d'innombrables planètes. Les savants ne connaissent pas encore tous les secrets de l'Univers. Des mystères restent à expliquer. Ainsi, des trous noirs se forment dans l'espace. Très puissants et très dangereux, ils tourbillonnent et attirent tout à eux ; rien ne peut leur échapper : ils absorbent tout, même la lumière.

ÉTAPE 9

Leçon

1. Le sujet inversé – La forme interrogative

Le verbe s'accorde toujours avec son sujet. Celui-ci est placé le plus souvent avant le verbe mais il se trouve parfois après ; on dit qu'il est **inversé**.
À la forme affirmative, on écrit : Il regardait. – On voyait des animaux.
À la forme interrogative : Regardait-il ? – Voyait-on des animaux ?

Remarque : On intercale parfois *-t-* (pour faciliter la prononciation).
Il va être content. – Va-t-il être content ?

2. Les familles de mots

Les mots de la même famille ont souvent une orthographe semblable.
prince – principauté – princier
terre – atterrir – terrestre
charrette – charrue (mais on écrit char et chariot, avec un seul *r*)

Préparer la dictée

1 LA FORME INTERROGATIVE. Mettez les phrases à la forme interrogative avec inversion du sujet.

Tu viens. → ....
Il rentre. → ....
Tu me suis. → ....
Tu voyages. → ....
Il te gêne. → ....
Il fila. → ....

2 LES FAMILLES DE MOTS. Regroupez les mots qui sont de la même famille :
atterrir – char – chariot – planète – spatial – extraterrestre – extraordinaire – attention – terrien – cosmonaute.

ordinaire → ....
charrette → ....
cosmos → ....
espace → ....
planétaire → ....
attentif → ....
terre → ....

3 LE PLURIEL. Mettez les groupes nominaux au pluriel en ajoutant *s* ou *x*.

• un nuage → des .... → de gros ....
→ quelques .... → de nombreux ....
→ des masses de ....
• un mois lunaire → des .... → quelques ....
→ plusieurs .... → d'autres ....

4 L'ACCUENTATION. Ajoutez les accents nécessaires.

la lumiere • la planete • la fusee • le ciel • le tresor • tot • un etre • un elfe • une fee

Dictée préparée

Le prince venu d'ailleurs

Un cosmonaute qui rentrait d'une longue mission dans l'espace rencontra un extraterrestre.

– D'où viens-tu ? demanda le cosmonaute.

– Je viens d'une planète extraordinaire qui se nomme la Planète rouge, et j'en suis le prince.

– Voyages-tu sur ce char ?

– Oui, dit le prince venu du cosmos. Et je suis l'être le plus rapide du monde.

– Moi, dit le Terrien, je pilote une fusée qui marche au supercarburant et, comme je vais en manquer, j'aimerais atterrir au plus vite.

– Suis-moi, dit le prince. Remonte sur ton chariot spatial. Nous arriverons dans quelques mois lunaires.

Ils firent très attention car des nuages gênaient leur vision. Le cosmonaute se posa sur la Terre et le prince fila dans le ciel, vers son astre lointain.

Revoir les difficultés

5 **LE SUJET INVERSÉ – LA FORME INTERROGATIVE.** Mettez ces phrases à la forme interrogative.

■ Exemple : Il vient de l'espace → Vient-il de l'espace ?

Il rencontre un cosmonaute → ....

Elle file dans le ciel → ....

Nous voyagerons dans une fusée → ....

Vous venez de la Terre → ....

6 **LES FAMILLES DE MOTS.** Donnez des mots de la même famille.

paraître → .... groupe → ....

naturel → .... nuage → ....

vite → .... lumière → ....

Dictée non préparée

Le royaume des invisibles

On ne connaît pas tout de l'espace infiniment grand. Mais que sait-on des êtres invisibles, les elfes, les farfadets, les lutins, qui, d'après les légendes, peuplent notre monde ? En voit-on, parfois ? Oui, dans des cas particuliers. Ainsi, les elfes vivent dans la nature ; ils apparaissent et disparaissent très vite. De même les farfadets, qui, eux, gardent des sacs d'or et des trésors sous la terre. Les lutins, affirme-t-on, vivent dans nos maisons. On s'en méfiait, autrefois, en Angleterre, car on racontait qu'ils enlevaient les bébés, la nuit. Aussi est-il important de les respecter et de ne jamais se moquer d'eux.

D'après « Elfes, Farfadets et Fées » du *Livre de l'Apprenti-sorcier*,
Allan Kronrez et Elizabeth Kronzek, éd. de l'Archipel, 2002.

ÉTAPE 10

Leçon

1. Le passé composé formé avec *avoir*

J'ai vu. – Il a regardé.

■ Le passé composé se forme le plus souvent avec l'auxiliaire *avoir*. L'auxiliaire est conjugué au présent ; il est suivi du participe passé du verbe.

raconter	finir	prendre
j'**ai** raconté	j'ai fini	j'ai pris
tu **as** raconté	tu as fini	tu as pris
il **a** raconté	il a fini	il a pris
ils **ont** raconté	ils ont fini	ils ont pris

■ Après l'auxiliaire *avoir*, le participe passé ne s'accorde jamais avec le sujet. Il s'accorde avec le complément d'objet direct du verbe s'il est placé avant. Voir étape 16.

2. La lettre finale des noms

Le son [o] à la fin d'un nom peut s'écrire de différentes manières : *-eau*, *-ot*, *-os*, *-op*… ou encore *-aux* (au pluriel).

-eau : le bureau – le château – le bateau **-ot** : le robot – l'escargot **-os** : le dos

Préparer la dictée

1 LE PASSÉ COMPOSÉ - LA FORME NÉGATIVE. Mettez à la forme négative.

J'ai rencontré une soucoupe volante. → Je n'ai pas ....

J'ai vu des robots. → ....

Ils m'ont appelé. → ....

Ils m'ont fait signe. → ....

Il l'a voulu. → ....

2 MOTS DANS LE DÉSORDRE. Formez une phrase avec les mots suivants :

par – suis – assis – resté – Je – terre.

Réponse : ....

3 LES MOTS DIFFICILES. Complétez les phrases suivantes en utilisant ces mots :

à l'intérieur – mais – leur langage – appareil – passerelle – engin – photographier – l'horizon – cela.

Les Martiens parlent .... on ne comprend pas .... • Le bateau va partir : les voyageurs sont sur la .... • L'avion disparaît à .... • Il pleut, nous quittons la cour pour jouer .... • Une soucoupe volante est un .... bizarre : c'est pour .... que je ne saurais pas en faire la description. • Je prendrai un .... pour .... la prochaine soucoupe volante que je verrai.

Dictée préparée

Simon et la soucoupe volante

L'autre jour, j'ai rencontré une soucoupe volante. Elle était ronde, rose et très grosse. À l'intérieur, j'ai vu des hommes qui ressemblaient à des robots. Ils m'ont appelé et je me suis approché. Ils m'ont parlé mais je n'ai pas compris leur langage. J'allais monter sur la passerelle quand ils m'ont fait signe de m'éloigner. L'engin est reparti très vite et je l'ai vu disparaître à l'horizon. Je suis resté assis par terre. Le soir, lorsque j'ai raconté cela à mon père, il n'a pas voulu me croire. La prochaine fois, je prendrai mon appareil pour tout photographier.

Revoir les difficultés

4 **LA CONSTRUCTION D'UNE PHRASE.** Écrivez une phrase complète avec ces différents éléments : est apparu – très brillant, éblouissant, – Un engin inconnu, – aussi vite qu'il était venu. – puis a disparu

....

....

5 **LE PASSÉ COMPOSÉ.** Mettez les verbes au passé composé.

On (écouter) .... de la musique. On (regarder) .... des films. On (jouer) .... avec nos jeux électroniques. On n'(avoir) .... pas .... le temps de faire nos devoirs !

6 **LES MOTS TERMINÉS PAR LE SON [O].** Ajoutez la terminaison qui convient.

Le cheval court au gal......... • Je connais la Fable « Le loup et l'agn........ ». • Les sportifs prennent un jour de rep......... • Quelle est la dimension d'un paqueb........ ? • Avec un pinc........ il a peint un coquelic......... • J'ai écrit un poème avec de jolis m........s, des m........s son........res et b........x.

Dictée non préparée

Un inquiétant tumulte

Arrivant chez lui, le narrateur entend des bruits inquiétants dans sa maison.

J'ai attendu encore. Je distinguais, à présent, un extraordinaire piétinement sur les marches de mon escalier, sur les parquets, sur les tapis, un piétinement de béquilles de bois et de fer Et voilà que j'ai aperçu tout à coup, sur le seuil de ma porte, un fauteuil, mon grand fauteuil de lecture, qui sortait en se dandinant. Il s'en est allé par le jardin. D'autres le suivaient, ceux de mon salon, puis les canapés bas et se traînant comme des crocodiles sur leurs courtes pattes, puis toutes mes chaises, avec des bonds de chèvres.

D'après Guy de Maupassant, *Qui sait ?*, 1890.

ÉTAPE 11

Leçon

1. Le passé composé formé avec *être*

Certains verbes forment leur passé composé avec l'auxiliaire *être* ; celui-ci est conjugué au présent et est suivi du participe passé du verbe.

arriver	**partir**	**venir**
je suis arrivé(e)	je suis parti(e)	je suis venu(e)
tu es arrivé(e)	tu es parti(e)	tu es venu(e)
il est arrivé	il est parti	il est venu
ils sont arrivé(s)	ils sont partis	ils sont venus

Attention ! Après l'auxiliaire *être*, le participe passé s'accorde avec le sujet du verbe. Il est parti. – **Elle** est parti**e**. (*Qui est-ce qui est parti ?*) Voir étape 22.

2. *Et* ou *est* ; *son* ou *sont*

■ Il faut distinguer ***et*** – qui relie deux mots ou deux phrases et que l'on peut remplacer par *et puis* – et ***est***, forme du verbe *être* que l'on peut remplacer par *était*.
Monsieur **et** madame Caron – Il **est** minuit.

■ De même il faut distinguer ***son*** – qui marque la possession – et ***sont***, 3e personne du pluriel du verbe *être* au présent, que l'on peut remplacer par *étaient*.
Il a pris **son** cahier. – Mais où **sont** ses livres ?

Préparer la dictée

1 **L'ACCORD DU PARTICIPE PASSÉ.** Mettez les verbes entre parenthèses au participe passé. Attention à l'accord.

Deux hommes sont (arriver) .... Ils sont (entrer) ....
Ils sont (aller) .... vers le sac où l'argent était (cacher) ....
La police est (arriver) .... Ils étaient (partir) ....

2 **LE PLURIEL.** Mettez ces groupes nominaux au pluriel.

un homme → deux .... une heure → quelques ....
la vitre → les .... le lieu → les ....
le voisin → les .... le voleur → les ....

3 **LES MOTS DIFFICILES.** Complétez le texte avec les mots suivants : jusqu'au – ligoter – bâillonner – empêcher – coffre – menace – revolver – crier.

Les gangsters se dirigeaient déjà vers le .... de la banque, lorsqu'un employé surgit devant eux. Sous la .... de son ...., l'employé les obligea à remonter .... rez-de-chaussée. Là, lui et ses collègues ont pu les .... et les .... On n'a pas pu .... les clients de .... : ils ont été très effrayés.

Dictée préparée

Dans les faits divers

En pleine nuit, deux hommes masqués sont arrivés par les balcons jusqu'à l'appartement du troisième étage où ils sont entrés en brisant les vitres. Ils sont allés directement dans la chambre de monsieur et madame Caron. Le premier homme s'est précipité sur monsieur Caron pour le ligoter. Le second a bâillonné madame Caron : il fallait l'empêcher de crier et d'appeler les voisins. Sous la menace d'un revolver, il a obligé madame Caron à se diriger vers le coffre où l'argent était caché… Quelques heures après, la police est arrivée sur les lieux, mais trop tard : les voleurs étaient partis sans laisser de trace.

Revoir les difficultés

4 LE PARTICIPE PASSÉ. Écrivez le participe passé des verbes entre parenthèses.

Le dieu Hadès est (aller) .... s'asseoir au fond des Enfers. Il est (surprendre) .... de voir autant de monde, ce jour-là, au pied de son trône. D'où sont (venir) .... tous ces hommes, tous ces méchants ? Mais peu importe ! Quelques minutes après, ils sont (juger) .... en fonction de leurs actes et ils sont (envoyer) .... dans les profondeurs de la Terre où ils sont (destiner) .... à souffrir longtemps.

5 *ET OU EST.* Complétez les phrases avec *et* ou *est*.

L'eau des Enfers .... très froide .... pleine de boue. Le Styx .... le nom du fleuve qui les entoure. L'eau du Styx............, elle aussi, noire .... dangereuse. Elle s'enfonce dans la terre .... n'en ressort jamais.

6 *SON OU SONT.* Complétez les phrases avec *son* ou *sont*.

Le Styx doit .... nom à un personnage qui a aidé Zeus lorsqu'il a lutté contre les Géants. Styx et ses enfants .... venus sur l'Olympe où .... rassemblés les dieux. Ils se .... mis à leur service.

Dictée non préparée

Le vol d'Icare

Gardés prisonniers par Minos en Crète, Dédale et son fils Icare ont voulu s'enfuir par les airs. Dédale a fabriqué des ailes pour lui et son fils : il a cousu les grandes ailes ensemble et collé les petites avec de la cire. Il a recommandé à Icare de ne pas s'approcher du soleil car la cire fondrait. Quand ils se sont envolés, le soleil brillait de tout son éclat et Icare n'a pas pu résister à l'envie de s'en approcher. La cire a fondu. Il n'avait plus d'ailes ! Icare, pour s'être laissé fasciner par le soleil, est tombé dans la mer

ÉVALUATION 2

1 PASSÉ RÉCENT/FUTUR PROCHE. Mettez les verbes *venir* et *aller* au présent de l'indicatif. *Comptez 1 point par bonne réponse.*

L'ogre (venir).................... de rentrer chez lui. Il a faim. « Je (aller)................... te faire cuire ce poisson qu'on (venir).................... de m'apporter, dit sa femme. Tu (aller).................... te reposer, pendant ce temps. » Mais soudain, l'ogre se redresse : il a senti une odeur de chair fraîche. (aller)....................-t-il trouver l'enfant caché dans un placard ?

Score .../5

2 LE PLURIEL. Mettez les phrases suivantes au pluriel.
Comptez 2 points par bonne reponse.

■ Exemple : Elle jouait avec le chat. → Elles jouaient avec les chats.

Je fermai la porte à clé. → Nous ....

Il obtint une médaille d'or. → Ils ....

L'homme ressemble à un robot. → Les ....

Tu as eu une bonne note. → Vous ....

Elle sait faire son exercice. → Elles ....

Le garçon lance une balle. → Les ....

L'oiseau chantait puis s'envolait. → Les ....

Elle réussit l'épreuve de saut. → ....

La vieille femme prépare une soupe. → ....

Viendras-tu déjeuner avec moi ? → ....

Score.../20

3 LES CONSONNES DOUBLES. Complétez les mots si nécessaire en ajoutant une deuxième consonne. *Comptez 1 point par bonne réponse.*

ac....ord • ac....ueil • ac....ac....ia • ac....omplir • ac....adémie

ap....rendre • ap....ercevoir • ap....laudir • ap....araître • ap....rocher • ap....éritif • ap....itoyer • ap....ostrophe

af....amé • af....olé • af....in • af....ranchir • af....irmer • ef....acer • per....oquet • bizar....e • misèr....e • débar....asser • intér....essant

Score.../15

4 LES CONSONNES DOUBLES. Complétez les mots si nécessaire. *Comptez 1 point par bonne réponse.*

L'avion va bientôt at....er....ir. At....ention dit l'hôtesse ! Vous devez at....acher vos ceintures. Nous l'écout....ons. Le ronr....onnement des moteurs devient plus fort. Bientôt l'ar....ivée ! Déjà nous voyons l'at....roupement de nos amis : ils nous at....endent. Nous en sommes heur....eux et at....endris.

Score.../10

5 **MOTS DIFFICILES.** **Complétez le texte avec les mots suivants :** apercevoir – château – un don – fée Asphodèle – mission – couleur de temps – fuseau – neveu – Puisque – dès que. *Comptez 2 points par bonne réponse.*

La fée et son fuseau

Elle vient d'obtenir sa première ...., la jeune et belle .... et elle a reçu .... : celui de faire que les méchants deviennent bons. Elle a mis sa robe .... et pris son ....-sortilège. Elle va se rendre au .... et délivrer le neveu du roi, enfermé par celui-ci dans un donjon. Va-t-elle réussir sa mission ? Oui ! De plus, ... le Prince va l'........................, il va tomber amoureux d'elle. Et comme elle vient de toucher le Roi de son fuseau enchanté, il est devenu bon.

– .... vous vous aimez, nous allons organiser un beau mariage, a-t-il dit à son .... et à la fée. Et à ma mort, c'est vous qui régnerez !

D'après Nicole Schneegans, *Contes de fées*, « Le Chant d'Asphodèle », Hatier.

Score.../20

6 **LES TEMPS DU PASSÉ.** **Complétez le texte avec *être* ou *avoir* à l'imparfait.** *Comptez 2 points par bonne réponse.*

L'oiseau chanteur

Ce jour là, le vieux moine qui priait dans le jardin avait entendu un chant exquis : celui d'un oiseau inconnu. Il l'................. suivi de rosier en bosquet et n'................. rentré au monastère que lorsque la nuit tombait. Or, là, il .... été très étonné : il était entouré de visages qu'il n'................. jamais vus et tout avait changé. De plus, personne ne l'................. reconnu ! *(à suivre)*

Score.../10

7 **LES TEMPS DU PASSÉ.** **Complétez avec le participe passé des verbes entre parenthèses.** *Comptez 2 points par bonne réponse.*

L'oiseau chanteur

Où était-il donc ? Le vieil homme s'était (poser) .... la question car on lui avait (demander) .... son nom et un moine avait (dire) ....: « Un frère de ce nom est (partir) .... d'ici il y a deux cents ans et on n'a jamais (savoir) .... ce qu'il était (devenir) .... » Le vieux moine avait (comprendre) .... : l'heure de sa mort était (venir) .... et il s'y était (préparer) .... En effet, avant minuit, son âme était (partir) .... dans un lieu aux divines couleurs. *(fin)*

D'après T. Crofton Croker, *La Bataille des oiseaux*, « L'Oiseau chanteur », Hatier.

Score.../20

Score total.../100

ÉTAPE 12

Leçon

1. Le conditionnel présent

J'aimerais.... Je voudrais....

Au présent du conditionnel, tous les verbes ont les mêmes terminaisons, précédées de *-r*: *-ais*, *-ais*, *-ait*, *-ions*, *-iez*, *-aient*.

aimer	finir	faire	avoir
j'aimerais	je finirais	je ferais	j'aurais
tu aimerais	tu finirais	tu ferais	tu aurais
il aimerait	il finirait	il ferait	il aurait
ils aimeraient	ils finiraient	ils feraient	ils auraient

2. Les préfixes

Les préfixes, par exemple *re-*, *dé-*, *pré-*, *in-*, sont des éléments qui peuvent se placer avant le radical d'un mot: ils modifient le sens du mot.

faire → refaire → défaire
histoire → préhistoire
connu → inconnu
possible → impossible
mangeable → immangeable
mortel → immortel

Préparer la dictée

1 **LE CONDITIONNEL PRÉSENT.** Mettez les verbes au présent du conditionnel.

Je demande. → ....
Je veux. → ....
Il faut. → ....
Il aime. → ....
Je le fais. → ....
Je l'ai. → ....

2 **LE PLURIEL.** Mettez les groupes nominaux au pluriel.

la caverne → les ....
le dessin → ....
une grotte → ....
l'auto → ....
une peau → des ....
un bison → ....

3 **LES FAMILLES DE MOTS.** Trouvez des mots de la même famille.

magiquement → ....
habillement → ....
caverneux → ....
paraître → ....
bestial → ....
évident → ....

4 **LES MOTS DIFFICILES.** Utilisez les mots suivants pour compléter les phrases: interviewer – Tout cela – préhistorique – Peut-être – région.

On a retrouvé Lucy, une femme qui vivait à l'époque .... Dans quelle .... ? En Afrique. Mais était-elle belle, brune ? .... ! Était-elle douce ou cruelle ? ...., on ne le saura jamais. Les journalistes rêvent: ah ! s'ils avaient pu l' .... !

Dictée préparée

Vincent, qui a onze ans, parle à sa mère de l'homme préhistorique.

Vincent et l'homme préhistorique

Je voudrais lui demander si c'était vraiment magique, les dessins de bisons, tu sais, dans les grottes… Je le ferais apparaître ici, et je lui demanderais. Non, peut-être pas ici, parce qu'il aurait peur des autos. Dans une prairie, pour ne pas le dépayser. Et je le ferais interviewer par des hommes habillés avec des peaux de bête, pareils que lui. Par exemple, il ne faudrait pas les prendre trop gringalets ! Je me demande si un homme préhistorique, qui aurait vu le monde de maintenant, tu sais, les autos, la télé, tout ça, il aimerait mieux vivre à notre époque, ou retourner aux cavernes.

Françoise Mallet, *La Maison de papier*, Grasset, 1970.

Revoir les difficultés

5 **LE CONDITIONNEL PRÉSENT.** Commencez par Si je pouvais, je.... puis par S'il pouvait, il....

partir → ....

....

voyager → ....

....

aller → ....

....

6 **LES PRÉFIXES.** Ajoutez l'un des préfixes *dé-*, *in-* (ou *im-*) ou *re-* aux mots suivants.

dire → ....

faire → ....

donner → ....

excusable → ....

mobile → ....

patient → ....

habiller → ....

pays → ....

Dictée non préparée

En Égypte, il y a cinq mille ans

– Si je devais vivre dans l'Égypte des Pharaons, je serais scribe, dit Louis.
– Et tu aurais bientôt cinq mille ans ! ricane Emma.
– Oui, et je serais quelqu'un d'important. Je saurais lire et j'aurais appris à transcrire les hiéroglyphes. Toi, évidemment, tu aurais moins de chance ! Tu ne serais qu'une humble gardienne du foyer ! Moi, chaque jour, je réciterais le texte de mes maîtres : « Un livre est plus utile qu'une maison bâtie, plus beau qu'un château, plus important qu'un tombeau, ce don des dieux nous apporte la vie. »

(À suivre)

ÉTAPE 13

Leçon

1. L'impératif présent

Écoute ! Viens !
Le sujet d'un verbe à l'impératif n'est pas exprimé.
Ce mode n'existe qu'à trois personnes.

commencer	**venir**	**aller**
Commence !	Viens !	Va !
Commençons !	Venons !	Allons !
Commencez !	Venez !	Allez !

2. *A* ; *à* ; *la* ; *là* ; *voilà*

- Il ne faut pas confondre ***a*** sans accent (verbe *avoir* : on peut remplacer *a* par *avait*) et ***à*** (préposition) avec accent.
- Il faut également distinguer le déterminant ou pronom ***la*** et l'adverbe ***là*** qui exprime le lieu.

Il y **a** (*avait*) un papier. Mets-le **à la** corbeille, **là**. **Voilà** !

Préparer la dictée

1 **L'IMPÉRATIF.** Conjuguez les verbes à l'impératif, aux trois personnes.

avancer → ....
arrêter → ....
grogner → ....
attendre → ....
venir → ....
se dresser → ....
commencer → ....
sortir → ....

2 **LE PLURIEL.** Mettez les groupes nominaux au pluriel.

la corbeille → ....
ta dent → ....
l'enfer → ....
le chien → ....
la patte → ....
une idée → ....

3 **LES MOTS DIFFICILES.** Utilisez les mots suivants pour compléter le texte : mythologie grecque – Cerbère – l'expérience – nom – puisque – C'est.

Pour garder la porte des enfers, il y a un chien à trois têtes qui porte le .... de .... Selon la .... son cou est entouré de serpents. S'approcher de lui ? .... dangereux .... ses dents sont pleines de poison. Mieux vaut ne pas en faire .... !

Dictée préparée

Pauvre Cerbère !

– Viens là, Cerbère ! Puisque tu portes le nom du chien qui gardait les enfers, dans la mythologie grecque, je vais te dresser à garder la maison. Commençons ! Avance ! Dresse-toi sur tes pattes de derrière. Tu ne peux pas ? Alors, montre tes dents ! C'est bien. Maintenant grogne ! Tu ne veux pas ? Ah, j'ai une idée. Attends, je vais chercher le chat. Viens, Miaou ! Voilà, grogne plus fort, et cours ! Arrête, maintenant ! Reviens, mais reviens, enfin ! Ah ! Tu es tombé dans la corbeille à papier, mon pauvre Cerbère ! Sors ! Allons, plus vite ! Écoute, arrêtons là l'expérience : je crois que tu ne seras jamais un vrai Cerbère !

Revoir les difficultés

4 **L'IMPÉRATIF.** Complétez les lignes qui suivent en mettant les verbes entre parenthèses à l'impératif.

Le dompteur, brandissant sa cravache, ordonnait au tigre : « (se lever) .... ! Maintenant (prendre) .... ton élan : (courir) .... ! Plus vite ! (regarder) .... ce cerceau. Attention ! (sauter) .... ! Encore ! Plus haut ! À présent (se préparer) .... à faire un saut périlleux ! » Et l'animal s'élança d'un bond pendant qu'applaudissaient les spectateurs. « Bravo ! Bravo ! » criaient-ils. « Pour saluer (se dresser) ...., dit le dompteur, puis (s'incliner) .... devant l'assistance ! »

5 ***À, A, LA, LÀ, VOILÀ.*** Complétez en choisissant parmi ces mots.

– Nous allons ... Athènes.
– Pourquoi ?
– C'est qu'il y ... toujours du soleil, ...-bas !
– Mais ... Grèce, c'est loin ?
– Non ; regarde ... carte : c'est ... !
– Et où est ... Crète ?
– ...., elle est .... Et puis, il y ... d'autres îles ... visiter. Alors, au revoir et ... bientôt !

Dictée non préparée

La devineresse

– Tu m'as donné une idée ! dit Cassandre qui écoutait parler son ami. Moi j'aimerais être une sorcière !
– Ah ! bon. Alors, dis-moi l'avenir !
– Ton avenir ? Mais il est tout tracé ! Sois scribe, écris, et tais-toi ! Moi, je verrai des rois venir à moi. « Donnez-nous votre avis, diraient-ils. Faut-il attaquer l'ennemi dès cette nuit ? » « N'en faites rien, dirais-je. Cachez-vous dans le port jusqu'au matin. Attaquez à l'aube, par surprise ! »
– Arrête ! dit Louis. Cela n'est pas sérieux ! Sache que pour prédire l'avenir, il faut en avoir reçu la permission des dieux ! Jette-toi à genoux et demande-leur pardon !

ÉTAPE 14

Leçon

1. Le subjonctif présent

Il faut que je finisse mon travail !

Le subjonctif s'utilise après un verbe exprimant la nécessité, la volonté, le souhait ou la crainte.

chanter	être	avoir
que je chante	que je sois	que j'aie
que tu chantes	que tu sois	que tu aies
qu'il chante	qu'il soit	qu'il ait
qu'ils chantent	qu'ils soient	qu'ils aient

2. Des lettres qui ne se prononcent pas : *h*, *p*...

- La lettre *h* est une lettre muette. On la trouve au début ou à l'intérieur d'un mot.

habiller – horloge – hôtel – honnête – panthère – rhinocéros – théâtre, etc.

Remarque : On fait parfois la liaison : les hommes (*h* muet), parfois non : les hérissons.

- Dans certains mots la lettre *p* ne se prononce pas : compter – le septième.

Cas particulier : *ph* se prononce [f] : le téléphone – la phrase – la photographie, etc.

Préparer la dictée

1 **LE SUBJONCTIF PRÉSENT.** Utilisez les verbes suivants conjugués pour compléter le texte : revienne – fasse – poussiez – placiez – vendiez – évitiez.

« J'aimerais que vous me .... votre maison », dit l'homme. « D'accord, dit la dame. Venez, il faut que je vous .... visiter les pièces. Pour ouvrir la porte, il faut simplement que vous la .... : elle n'a plus de poignée, plus de serrure. Ici, il y a des travaux à faire. Là, il faudra que vous .... des seaux : il y a une fuite d'eau. Il faut que vous .... d'entrer là : le plafond va s'effondrer. » L'homme s'en va. La dame n'est pas sûre qu'il .... !

2 **LA LETTRE *H*.** Trouvez des mots de la même famille s'écrivant avec *h*.

une chorale → un ....
une horreur → ....
historique → ....
l'honnêteté → ....
habiter → ....
hypocrisie → ....

3 **LES MOTS DIFFICILES.** Utilisez les mots suivants pour compléter le texte : tellement – aujourd'hui – attention – la poignée – s'est noyé – le lac.

Qu'allez-vous faire, ... ? • Faites .... ! Il y a une marche ! • Sur ...., il y a des cygnes. • Ouvre ! Appuie sur .... • Il y a .... de bruit qu'on ne s'entend plus. • Que veut dire l'expression « Il .... dans un verre d'eau » ?

Dictée préparée

Que d'histoires !

– Bonjour, dit la dame aux enfants. Il faut que je vous fasse visiter la maison puisque vous allez l'habiter à partir d'aujourd'hui. Mais attention ! Pour ouvrir cette porte, il faut que vous la poussiez : la poignée tombe si on la touche. Le soir, il faudra que vous placiez ces boîtes de conserve devant la porte : si des voleurs entrent, nous les entendrons. Dans la journée, il faut que vous évitiez l'horrible lac : c'est là que mon mari s'est noyé.

– Si vous avez tellement peur ici, il faut que vous vendiez cette maison ! dirent en chœur les enfants.

– Non, dit la dame, j'ai peur qu'après avoir vu cette habitation, les futurs acheteurs reviennent, la nuit, pour me tuer…

Résumé d'un épisode de : Lemony Snicket, *Ouragan sur le lac – Les Désastreuses Aventures des orphelins Baudelaire*, Nathan, 2002.

Revoir les difficultés

4 LE SUBJONCTIF. **Mettez les verbes entre parenthèses au présent du subjonctif.**

Il faut que vous (lire) .... ce livre. • Il faut que je (être) .... prête à 8 heures. • Je ne crois pas qu'il (être) .... le premier de sa classe. • Je ne suis pas sûre qu'il (avoir) .... pris son dictionnaire. • Il faut qu'il (faire) .... beau ce jour-là !

5 LETTRES QUI NE PRONONCENT PAS. **Ajoutez *h*, *m*, *p*, etc.**

C'est l'auto....ne. • Il a un r....ume. • Vous connaissez l'....istoire des se....t nains. • Il sait com....ter. • Le voleur a été conda....né. • Je vais à la bibliot....èque. • Ulysse, le ....éros d'....omère s'en alla faire la guerre. Lorsqu'il revint, vin....t ans plus tard, son fi....s ne le reconnut pas.

6 LA PHRASE. **Avec ces éléments, formez deux phrases complètes :** va être enlevée. – la tante des enfants – Un jour, – vont la retrouver. – les trois orphelins, – Partis à sa recherche, – heureusement,.

....

....

Dictée non préparée

Les pilleurs de pyramides

– Cette nuit, il faut que nous entrions dans la plus grande des pyramides, complotent les voleurs.

– Puissions-nous réussir ! soupire le plus jeune.

– Il faut que tu apprennes d'abord à te taire, rugit le chef des pilleurs. Écoutez-moi, vous tous ! Il faut que chacun se munisse d'un grand sac et de grandes chaînes. Il faudra que nous descendions jusque dans les profondeurs du tombeau ! C'est là que se trouvent les richesses des Pharaons. *(À suivre)*

ÉTAPE 15

Leçon

1. L'indicatif et l'impératif

Il existe plusieurs modes : l'indicatif, l'impératif, le conditionnel, le subjonctif, etc.

■ Le mode **indicatif** présente une action, un fait comme réels, vrais.
il marche – il marchait – il marcha – il marchera, etc.

■ Le mode **impératif** présente l'action sous forme d'un ordre (ou d'un conseil).
Marche ! – Parle ! – Va-t-en !

Remarque : Dans un même mode, il y a différents temps, qui indiquent à quel moment on se situe : présent, passé ou futur, par exemple.

2. *Tout, tous*

■ *Tout*, avant un nom s'accorde avec ce nom.
tout le jour – tous les jours – toute la journée

■ *Tout*, avant un adjectif, a le sens de *tout à fait* ; il reste en général invariable.
Ils sont tout tristes.

Préparer la dictée

1 LE PASSÉ SIMPLE. Remplacez le nom sujet par un pronom sujet.

■ Exemple : Un gros poisson faillit lui avaler le pied. → Il faillit lui avaler le pied.

L'enfant partit. → ....

Le chien suivit. → ....

L'enfant et le chien marchèrent. → ....

Le garçon le tira sur la rive. → ....

Le jeune homme vida le poisson. → ....

Le jeune homme mangea le poisson. → ....

L'enfant et le chien partirent. → ....

2 L'IMPÉRATIF. Mettez les verbes à la 2e personne du singulier.

attraper → ....

ouvrir → ....

lâcher → ....

lever → ....

revenir → ....

obéir → ....

3 LES FAMILLES DE MOTS. Trouvez un mot de la même famille.

fielleux → ....

angélique → ....

lever → ....

décamper → ....

poissonnier → ....

empoisonner → ....

fluvial → ....

garçonnet → ....

friture → ....

salaison → ....

jugement → ....

piller → ....

Dictée préparée

L'enfant et le poisson

L'enfant partit avec l'ange, et le chien suivit derrière. Ils marchèrent tous les deux et quand vint le premier soir, ils campèrent le long du fleuve. L'enfant descendit au fleuve se laver les pieds, quand un gros poisson sauta de l'eau et faillit lui avaler le pied. Le garçon cria et l'ange lui dit : « Attrape le poisson et ne le lâche pas. » Le garçon vint à bout du poisson et le tira sur la rive. L'ange lui dit : « Ouvre-le, enlève-lui le fiel, le cœur et le foie [...]. » Le jeune homme ouvrit le poisson, préleva le fiel, le cœur et le foie. Il fit frire un peu de poisson pour son repas et il en garda pour le saler. Ils marchèrent ensuite tous deux ensemble...

D'après la Bible.

Revoir les difficultés

4 *TOUT, TOUS, TOUTES.* **Utilisez ces mots pour compléter les phrases suivantes.**

Il est venu .... les jours, ... les fois qu'il en a eu le temps. • Bonjour à .... et à .... • Cela va se passer .... de suite. • Il avait échappé à .... les embûches, à .... les dangers. • C'est .... à fait vrai. • Je n'ai pas .... compris.

5 LES DIFFÉRENTS TEMPS ET MODES. **Mettez ces phrases au présent, au futur simple de l'indicatif puis au présent du conditionnel.**

• L'enfant s'en alla. Son chien le suivit.

....

....

....

• Des serpents le piquèrent mais il ne mourut pas.

....

....

....

Dictée non préparée

Le tribunal

– Levez-vous ! dit le juge en s'adressant aux pilleurs qui avaient été surpris par les gardiens des tombeaux. Vous repentez-vous ? C'est trop tard ! Donnez-nous toutes les richesses volées dans le tombeau du grand Pharaon, notre Roi. Obéissez ! Tout de suite !
– Vas-y, toi ! ordonne le chef au plus jeune des voleurs.
Bientôt il apporta des sacs pleins d'or et de trésors.
– Préparez-vous à la mort ! cria très fort le juge.

(À suivre)

ÉTAPE 16

Leçon

1. L'accord du participe passé employé avec *avoir*

espérer	couvrir	finir
il **a** espéré	il a couvert	il a fini
elle **a** espéré	elle a couvert	elle a fini
ils **ont** espéré	ils ont couvert	ils ont fini
elles **ont** espéré	elles ont couvert	elles ont fini

Employé avec l'auxiliaire *avoir*, le participe passé ne s'accorde **jamais avec le sujet**. Il s'accorde avec le complément d'objet direct (COD) du verbe si celui-ci est placé avant le verbe.

Rappel : Pour trouver le COD, il faut poser la question *Qui* ? ou *Quoi* ? après avoir lu le verbe.

Les cadeaux qu'elle a espérés. (*Elle a espéré quoi ? Les cadeaux.*)

2. -*er* ou -*é* à la fin d'un verbe

Pour savoir s'il faut écrire -*er* ou -*é* à la fin d'un verbe du 1er groupe, on remplace le verbe par un autre qui permettra d'entendre la différence.

Il va chanter (il va fini* ou il va finir ?). Ici, *chanter* est un infinitif : il s'écrit -*er*.

Il a chanté (il a fini ou il a finir* ?). Ici, *chanté* est un participe passé il s'écrit : -*é*.

Préparer la dictée

1 LE PARTICIPE PASSÉ EMPLOYÉ AVEC *AVOIR*. Accordez les participes passés.

Ils ont prépar...... le sol. → Ils l'ont prépar...... • Ils ont retourn...... la terre. → Ils l'ont retourn...... • Ils ont attel...... les bœufs. → Ils les ont attel...... • Ils ont transport...... des déchets. → Ils les ont transport...... • On a repiqu...... les plants. → On les a repiqu...... • Ils ont irrigu...... la rizière. → Ils l'ont irrigu...... • Les femmes ont fait ce travail. → Elles l'ont fai......

2 LE PLURIEL. Mettez au pluriel les mots suivants.

le paysan → ....
une bêche → ....
sa charrue → ....
le champ → ....
l'eau → ....
un plant → ....

3 LES FAMILLES DE MOTS. Trouvez des mots de la même famille.

le riz → ....
une plantation → ....
travailler → ....
long → ....
char → ....
porter → ....

Dictée préparée

Dans les rizières de Java

Les paysans ont préparé la terre pour y planter du riz. Les uns l'ont retournée avec des bêches tandis que les autres qui possédaient des bœufs ou des buffles ont utilisé leurs charrues. Ils ont fumé le sol avec des déchets qu'ils ont transportés sur de petites charrettes, puis ils ont nivelé les champs que les eaux ont recouverts. On a ensuite repiqué des plants de riz : ce sont les femmes qui ont fait ce long travail. Enfin, pendant la saison chaude, les hommes ont longuement irrigué les rizières afin d'obtenir une bonne récolte.

Revoir les difficultés

4 LE PASSÉ COMPOSÉ. **Mettez les verbes au passé composé.**

Les élèves (préparent) .... des dictées. Ils les (corrigent) .... Ils (utilisent) .... des stylos bleus et verts. Le professeur (est) .... très content de leur travail.

5 INFINITIF OU VERBE CONJUGUÉ. **Complétez le texte avec *-er* ou *-é*.**

Je veux te parl....... J'ai quelque chose à te demand....... Hier, Henri est all...... chez mes voisins. Il avait apport...... un gros sac. Quand il est arriv......, j'étais à la fenêtre. Aussitôt qu'il m'a vue, il s'est cach...... Comment l'expliqu...... ?

6 FORMES VERBALES EN [e]. **Complétez le texte avec *-er*, *-ez*, *-é*, *-és* ou *-ée*.**

- Vous travaill...... dans les champs ?
- Comment récolt......-vous le riz ?
- La chaleur n'a-t-elle pas augment...... ?
- J'ai visit...... l'Indonésie.
- L'Île de Java est compos...... de plateaux très morcel.......

Dictée non préparée

Voyage au pays de la mort

Le passeur a embarqué les voleurs. Il a reçu plusieurs pièces d'or pour leur faire traverser le fleuve de la mort. C'est vers les Enfers qu'on lui a ordonné de les conduire. Leurs habits, soudain, sont devenus gris, puis noirs. Ils n'ont fait qu'apercevoir, de très loin, les champs de fleurs, les palais de vermeil et la beauté du soleil levant. Arrivés sur l'autre rive, on les a conduits devant un autre Tribunal. On les a condamnés à vivre pour l'éternité dans la monstrueuse fosse aux serpents, celle des voleurs sans foi ni loi.

– J'ai échappé à l'Enfer, a plus tard expliqué le plus âgé. J'avais emporté avec moi le Livre des Morts. J'ai récité les paroles magiques et l'un des dieux a bien voulu me gracier !

ÉVALUATION 3

1 **LE CONDITIONNEL PRÉSENT.** **Mettez les verbes des phrases suivantes au conditionnel présent.** *Comptez 2 points par bonne réponse.*

Il me faut cet objet. → Il ....

Tu veux un cadeau. → ....

Il le veut. → ....

Il lui faut ces vêtements. → ....

Vous voulez ce stylo. → ....

Score.../10

2 **L'IMPÉRATIF.** **Conjuguez les verbes suivants à la 2e personne de l'impératif présent (singulier et pluriel).** *Comptez 2 points par verbe.*

attendre ....

aller ....

écouter ....

sortir ....

partir ....

monter ....

descendre ....

courir ....

arrêter ....

voir ....

Score.../20

3 **LE PLURIEL.** **Mettez les phrases suivantes au pluriel.** *Comptez 2 points par bonne réponse.*

Il y a un dessin sur le mur de la grotte. Il y a des ....
....

J'ai vu un homme habillé d'une peau de bête. ....
....

Il mange une figue. ....

L'enfant dort dans sa chambre. ....

Tu as eu une bonne note. ....

Score.../10

4 **LE PASSÉ COMPOSÉ.** **Mettez les verbes entre parenthèses au passé composé.** *Comptez 2 points par bonne réponse.*

J'(lire) .... l'histoire des magiciens d'autrefois. Ils (avoir) .... un grand rôle, car ils (aider) .... beaucoup de monde. On (raconter) .... comment l'un d'eux (réussir) .... à éloigner une armée de sauterelles qui avaient envahi un bateau. – Comment (faire) ....-il-.......... ? Il (réciter) .... une formule magique. Les insectes (tomber) .... dans la mer. Alors tous les animaux des alentours (former) .... un cercle et (chanter) .... cette victoire.

Score.../10

5 LES TEMPS SIMPLES À DIFFÉRENTS MODES. Lisez le texte et complétez-le avec le présent de l'indicatif (P), le présent du conditionnel (PC) ou le présent de l'impératif (PI). *Comptez 2 points par bonne réponse.*

Des enfants perdus

Cette année-là, il y eut une si grande famine que les parents ne pouvaient plus nourrir leurs enfants.

– (Emmener, PI) ....-les dans la forêt ! dit la mère.

– Si je les emmenais, ils (mourir, PC) .... ! répondit le père.

– Mais si tu ne le (faire, P) .... pas, nous mourrons tous les quatre, dit la mère.

Les parents conduisirent donc Jeannot et Annette très loin de leur maison et ils les abandonnèrent pendant qu'ils étaient endormis. À leur réveil, les enfants ne virent plus personne et Annette se mit à pleurer.

– (Lever, PI) ....-toi ! lui dit son frère. (Mettre, PI) ....-nous en route !

(à suivre)

Score.../10

6 LE PASSÉ SIMPLE ET L'IMPARFAIT. Complétez le texte avec le passé simple (PS) ou l'imparfait (I). *Comptez 2 points par bonne réponse.*

L'oiseau blanc

Les deux enfants (s'enfoncer, PS) .... dans la forêt. Vers midi, ils (voir, PS) .... un bel oiseau blanc qui (chanter, I) .... si bien qu'ils (s'arrêter, PS) .... pour l'écouter. Quand il (avoir, PS) .... fini, il (voler, PS) .... devant eux. Ils le (suivre, PS) .... jusqu'à une petite maison. Lorsqu'ils la (regarder, PS) ...., ils (voir, PS) .... qu'elle était bâtie avec du pain et recouverte de gâteaux ; les fenêtres (être, I) .... en sucre.

(à suivre)

Score.../20

7 LE PASSÉ SIMPLE ET L'IMPARFAIT. Complétez le texte avec le passé simple (PS) ou l'imparfait (I). *Comptez 2 points par bonne réponse.*

Les enfants qui (avoir, I) .... très faim se précipitèrent vers la maison.

– Enfin nous allons faire un bon repas ! dit Jeannot.

Hélas ! Bientôt la porte (s'ouvrir, PS) .... et une vieille ogresse s'empara des enfants. Heureusement, un peu plus tard, grâce à une ruse d'Annette, ils (s'échapper, PS) .... et réussirent même à emporter avec eux le trésor qui (être, I) .... caché chez la sorcière. Alors ils (revenir, PS) .... chez leurs parents où il ne manquèrent plus de rien.

(fin)

D'après Grimm (1723-1807), *Contes*, « Jeannot et Annette ».

Score.../20

Score total.../100

ÉTAPE 17

Leçon

1. Le plus-que-parfait

Il avait eu peur; il était devenu peureux!

Pour former le plus-que-parfait, on utilise l'auxiliaire *avoir* (ou *être*) conjugué à l'**imparfait**, et le participe passé du verbe.

comprendre	**voir**	**tomber**
j'**avais** compris	j'avais vu	j'étais tombé(e)
tu **avais** compris	tu avais vu	tu étais tombé(e)
il **avait** compris	il avait vu	il était tombé
elle **avait** compris	elle avait vu	elle était tombée
ils **avaient** compris	ils avaient vu	ils étaient tombés

2. *Qui*, pronom relatif

Qui remplace un nom ou un pronom. Pour accorder le verbe se trouvant après *qui*, il faut savoir quel mot il remplace.

Toi **qui** aimes bien lire, tu pourrais nous raconter des histoires qui nous amuseraient.
(Qui est-ce qui aime bien lire? Toi; Qu'est-ce qui nous amuserait? Des histoires.)

Préparer la dictée

1 **L'IMPARFAIT.** Mettez les verbes à l'imparfait.

J'(avoir) .... peur. • Nous (avoir) .... de l'argent. • Tu (être) .... content. • Vous (être) .... chez vous ? • Il (avoir) .... un ami. • Ils (être) .... tous là. • Ils l'(ignorer) .... • Il s'en (moquer) .... • Elle n'en (avoir) .... pas peur.

2 **LE PLUS-QUE-PARFAIT.** Mettez les verbes au plus-que-parfait.

■ Exemple: Nous dansons. → Nous avions dansé.

Je marche. → ....
Tu espères. → ....
Elle veille. → ....
Elle apprend. → ....
J'arrive→ ....
Vous partez. → ....
On l'adopte. → ....
Il tombe. → ....

3 **LES MOTS DIFFICILES.** Utilisez les mots suivants pour compléter les phrases: éperdument – vampire(s) – vérité – tribus – nécessaire – âge – depuis peu.

– Quel .... as-tu ? – J'ai douze ans .... • Autrefois, les hommes vivaient dans des .... • Sais-tu qu'un .... est un mort qui se nourrit du sang des vivants ? – Non, je ne le savais pas, mais je m'en moque .... car il n'est pas .... que je le sache : la ...., c'est que les .... n'existent pas !

Dictée préparée

L'enfant des vampires

Il avait appris la vérité sur sa naissance à l'âge de dix ans. Sa vraie mère, comme toutes les mères de vampire, était morte en le mettant au monde. Et son vrai père, un vampire sans âge, se moquait éperdument de l'éducation de son fils : c'est la reine de la tribu qui était chargée de l'instruire. Des humains qui ignoraient tout du destin étrange de leur fils l'avaient adopté. La reine des vampires avait veillé sur lui de loin. Depuis peu, il avait fait le nécessaire pour ne pas devenir un monstre, lui qui était tombé amoureux d'une sorcière…

Résumé d'un épisode de : Stéphanie Benson, *Les vampires contre-attaquent – Tome 2*, Milan Poche junior, 2001.

Revoir les difficultés

4 **L'ACCORD DU PARTICIPE PASSÉ.** Soulignez l'auxiliaire (*être* ou *avoir*) puis accordez le participe passé.

Elle était sorti..... tard, ce soir-là. Comme la nuit était tombé..... depuis longtemps, elle ne voyait rien. Soudain, elle avait aperçu..... une ombre devant elle. Elle était resté..... sans bouger pendant un moment. Enfin elle était parvenu..... à distinguer la silhouette de son amie qui était arrivé..... avant elle au rendez-vous. Elle était sauvé.....! Bientôt elles avaient échangé..... d'importants secrets. L'une avait pleuré....., l'autre l'avait consolé......

5 ***QUI.*** Mettez les verbes au présent et accordez-les.

Je regarde les enfants qui (jouer) .... • Nous allons voir le film qui (venir) .... de sortir. • C'est toi qui (préparer) .... le dessert ? • Est-ce lui qui (partir) .... ? • C'est moi qui (être) .... la déléguée de classe. • Ceux qui (avoir) .... une mauvaise note (montrer) .... leur colère. • Elle ne (comprendre) .... jamais les explications que (donner) .... le professeur. Pourquoi ne (poser) ....-t-elle pas de questions ?

Dictée non préparée

Les Dieux contre les Titans

C'est une formidable bataille que nous avions livrée, nous les Dieux, contre les Titans. Moi, Zeus, qui étais l'aîné et le plus fort, j'avais su venir à bout de mes cousins, de monstrueux géants, prêts à tout pour dominer la terre.

Pour cela, j'avais utilisé mon arme favorite qui est la foudre, et lancé du haut de la montagne sacrée des éclairs meurtriers. Les Titans, armés d'énormes rochers, avaient donné l'assaut, mais bientôt ils avaient perdu l'équilibre et étaient tombés écrasés sous des blocs de pierre. Enfin, la guerre achevée, c'est une nouvelle vie qui s'était organisée. Des dieux et des déesses étaient venus habiter avec moi au sommet de l'Olympe, mont situé au nord de la Grèce.

ÉTAPE 18

Leçon

1. Le passé antérieur

Quand il eut grimpé, il....

Pour former le passé antérieur, on utilise l'auxiliaire *avoir* (ou *être*) conjugué au **passé simple** et le participe passé du verbe.

chanter	finir	venir
j'**eus** chanté	j'eus fini	je fus venu (e)
tu **eus** chanté	tu eus fini	tu fus venu (e)
il **eut** chanté	il eut fini	il fut venu
ils **eurent** chanté	ils eurent fini	ils furent venus

Accord du participe passé employé avec *être* : voir étape 22.
Accord du participe passé employé avec *avoir* : voir étape 16.

2. *Leur* ou *leurs*

- *Leur* placé avant un verbe ne prend jamais d'-*s*. C'est un **pronom** qu'on peut remplacer par *lui*.

Tu **leur** parles. = Tu lui parles.

- *Leur* placé avant un nom s'accorde avec lui. C'est un **déterminant** qu'on peut remplacer par *son*, *ses*.

Ils jouent avec **leurs** amis. = Il joue avec son ami.

Préparer la dictée

1 **LE PASSÉ ANTÉRIEUR.** Mettez les verbes entre parenthèses au participe passé.

Quand il eut (abandonner) .... ses enfants, que fit le père du Petit Poucet ? • Dès que la mère fut (revenir) .... chez elle, et lorsqu'elle eut (comprendre) .... que ses enfants risquaient de mourir, elle pleura. • Lorsque le plus jeune eut (grimper) .... en haut d'un arbre, il vit une lumière dans le lointain.

2 **LE PLURIEL.** Mettez les groupes nominaux au pluriel.

son frère → ....
la forêt → ....
un ogre → ....
l'œil → ....
l'enfant → ....
leur fils → ....

3 **LES MOTS DIFFICILES.** Utilisez les mots suivants pour compléter les phrases : attraper – trop – dévorer – Lorsque – la chair fraîche – jusqu'à.

.... Jason s'approcha, un dragon prêt à le l'...................... et à le .... se dressa devant lui. Un autre monstre, attiré par .... s'approcha ; mais Jason était .... courageux pour reculer. Il s'avança .... eux.

Dictée préparée

Les frères du Petit Poucet

Lorsque leur père les eut abandonnés dans la forêt, les frères du Petit Poucet eurent très peur et se mirent à pleurer. Quand le Petit Poucet eut grimpé en haut de l'arbre et vu une lumière, ils furent tout à fait rassurés. Ils séchèrent vite leurs yeux, se relevèrent et suivirent le Petit Poucet jusqu'à la maison prochaine. Après qu'ils eurent mangé et bu, ils demandèrent à dormir. C'est alors que l'Ogre arriva. Dès qu'il eut senti la chair fraîche, il voulut dévorer les enfants. Le Petit Poucet étant trop fatigué, ses frères le prirent sur leur dos et s'enfuirent. Quand l'Ogre s'en fut aperçu, il courut à leur poursuite mais ne put les rattraper.

Revoir les difficultés

4 **LE PASSÉ SIMPLE ET LE PASSÉ ANTÉRIEUR.** Mettez les verbes entre parenthèses au passé simple ou au passé antérieur.

Dès qu'il (avoir) .... réparé sa raquette, il la (prendre) .... et (s'en aller) .... jouer • Quand j'(avoir) .... compris, tout (aller) .... bien. • Dès que je (être) .... prévenue, je me (rendre) .... sur les lieux. • Quand l'enfant (être) .... rentré, le père (fermer) .... la porte à clé.

5 ***LEUR* OU *LEURS*.** Complétez les phrases avec *leur* ou *leurs*.

Je .... répète toujours la même chose. • Où sont .... frères et sœurs ? • Où est .... père ? • .... camarades sont-ils là ? • Ils sont revenus avec .... parents. • Vous .... avez dit ?

6 **RÉÉCRITURE.** Mettez au présent les verbes de la fin de la dictée : à partir de « Dès qu'il… » jusqu'à « rattraper. »

....

....

....

Dictée non préparée

Trois dieux pour trois mondes

– Je suis le dieu des Enfers. Lorsque nous eûmes livré bataille, mes frères et moi, contre les Titans, mon frère aîné hérita du Ciel et devint le roi des dieux ; mon plus jeune frère eut la Mer et moi, les Enfers.

Lorsqu'on m'eut, plusieurs fois, fait remarquer que j'étais trop triste, trop sombrement habillé, je ne participai plus aux fêtes sur le mont Olympe. D'ailleurs, j'ai eu, récemment beaucoup de travail. Quand mon jeune frère, par colère, eut fait déborder les eaux de l'Océan, il y eut beaucoup de victimes. Lorsqu'ils furent départagés, je conduisis les bons en un lieu, les méchants dans un autre…

Quand j'eus terminé ce labeur, je m'assis sur les rives du fleuve de la mort.

ÉTAPE 19

Leçon

1. Le futur antérieur

Quand tu auras chanté, tu ....

Pour former le futur antérieur, on utilise l'auxiliaire *avoir* (ou *être*) conjugué au **futur simple** et le participe passé du verbe.

chanter	finir	revenir
j'**aurai** chanté	j'aurai fini	je serai revenu (e)
tu **auras** chanté	tu auras fini	tu seras revenu (e)
il **aura** chanté	il aura fini	il sera revenu
ils **auront** chanté	ils auront fini	ils seront revenus

Accord du participe passé employé avec *être* : voir étape 22.

Accord du participe passé employé avec *avoir* : voir étape 16.

2. *Qu'elle* ou *quelle*

- *Qu'elle* (en deux mots) peut être remplacé par *qu'il*.

Qu'elles sont belles ! – Qu'ils sont beaux !

- *Quel* utilisé avant un nom s'accorde avec lui.

Elle ne sait **quelle** robe mettre. – Il ne sait quel chemin prendre.

Préparer la dictée

1 **LE FUTUR SIMPLE.** Écrivez les verbes au futur.

Je regarde. → .... Elle est là. → ....

Je calcule. → .... Nous sommes là. → ....

Nous nous arrêtons. → ....

2 **LE PARTICIPE PASSÉ.** Mettez les verbes entre parenthèses au participe passé.

Quand tu auras (gagner) .... beaucoup d'argent, tu achèteras une maison. • À ce moment-là, il aura (avoir) .... plusieurs médailles. • Dès qu'elle sera (arriver) ...., nous te téléphonerons.

3 **LE PLURIEL.** Mettez les groupes nominaux au pluriel.

un ticket → des .... un kilomètre → ....

un jeu → .... un péage → ....

un arrêt → .... une aiguille → ....

4 **L'ACCENTUATION.** Ajoutez les accents nécessaires.

bientot • zero • oter • des que • la chair fraiche • tout a fait • la moitie • ils se releverent • ils demanderent

....

Niveau 6e

Dictée préparée

Sur l'autoroute

Nous serons bientôt arrivés sur l'autoroute. Quand nous aurons pris le ticket de péage, nous roulerons beaucoup plus vite. Lorsque nous aurons fait cent kilomètres, nous aurons parcouru la moitié du trajet. Nous nous arrêterons alors pour prendre de l'essence. Dès que nous serons repartis, je regarderai ma montre et quand le voyage sera terminé, je calculerai à quelle vitesse moyenne nous aurons roulé. J'aurai ôté, évidemment, le temps des arrêts. Mais la prochaine fois, j'emporterai avec moi des livres et des jeux car un trajet sur l'autoroute, c'est décidément très monotone !

Revoir les difficultés

5 **LE FUTUR SIMPLE ET LE FUTUR ANTÉRIEUR.** **Mettez les verbes entre parenthèses au futur (F) simple ou au futur antérieur (Fa).**

Tu (regarder, F) .... la télévision quand tu (finir, Fa) .... tes devoirs ! • Il (partir, F) .... dès qu'il (terminer, Fa) .... ses bagages. • Je (être, F) .... contente lorsque nous (arriver, Fa) .... ! • Je (rentrer, Fa) .... à ce moment-là ! • Dès que nous (revenir, Fa) ...., nous t'(appeler, F) ....

6 **L'ACCORD DU PARTICIPE PASSÉ.** **Ajoutez, si nécessaire, une terminaison.**

Quand ils seront parti...., je fermerai la porte à clé. • Lorsqu'elle sera revenu...., je te préviendrai. • Dès qu'elles auront photographié.... la scène, elles partiront. • Je vous donnerai les photos qu'ils auront pris..... • La scène a-t-elle été photographié.... ? • Les prières d'Ariane ont été entendu.... : le prince a été sauvé..... • Mais que sont devenu.... ses compagnons ? • Sont-ils revenu.... avec lui ? • Le prince avait demandé.... à Ariane de l'accompagner. Pourtant la légende nous a appri.... qu'il l'avait abandonné.... sur une île. Elle avait beaucoup pleuré..... Un roi l'avait consolé.... et finalement l'avait épousé.....

Dictée non préparée

Le fil d'Ariane

– Dès que nous serons arrivés sur l'île, soupirent les jeunes gens, nous serons dévorés par le monstre du labyrinthe. Quel malheur ! Qui viendra jamais nous sauver ?

– Je suis le fils du Roi, ne l'oubliez pas ! dit l'un d'eux, le plus fier et le plus fort des quatorze adolescents. Dès que j'aurai prié les dieux, nous partirons pour l'île.

Or, au moment où ils arrivaient, Ariane, une Princesse, regarda le superbe bateau blanc qui était en train d'accoster. Dès qu'elle eut jeté les yeux sur le Prince, l'amour naquit en son cœur. Elle décida de le sauver.

– Prends ce fil, lui dit-elle. Quand tu auras vaincu le monstre, tu le suivras et grâce à lui tu pourras sortir du dédale !

ÉTAPE 20

Leçon

1. Temps simples et temps composés

- Le présent (*je chante*), l'imparfait (*je chantais*), le futur (*je chanterai*), le passé simple (*je chantai*) sont des temps **simples**.
- Le passé composé (*j'ai chanté*), le plus-que-parfait (*j'avais chanté*), le passé antérieur (*j'eus chanté*), le futur antérieur (*j'aurai chanté*) sont des temps **composés**. Ils sont formés d'un auxiliaire et du participe passé du verbe.

2. *Le*, *la*, *les* placés avant un verbe

Placés avant le verbe, *le*, *la*, *les* sont des pronoms **compléments**.
Attention à bien accorder le verbe avec son sujet, même s'il est séparé de lui par un pronom.
Je la vois. – Il les voit. – Il le voient.

Préparer la dictée

1 **LES TEMPS DES VERBES.** Mettez les verbes entre parenthèses aux temps demandés : présent (P), imparfait (I), passé simple (PS).

Vous (aller, P) .... voir !
Je vous l'(assurer, P) ....
Je vous l'(avouer, P) ....
Vous (avoir, P) .... ce pouvoir ?
Il (répondre, PS) .... oui.
Le chat (s'effrayer, PS) ....
Il (gagner, PS) .... le toit.
Il en (redescendre, PS) .... prudemment.

2 ***LE, LA, LES* AVANT UN VERBE.** Transformez les phrases sur ce modèle :
Il voit le lion. → Il le voit.

Je vois le chat. → ....
Ils voient les lions. → ....
Il vit l'éléphant. → ....
On voit les rats. → ....
Il avoua sa peur. → ....
Vous voyez la souris. → ....

3 **LE PLURIEL.** Mettez ces phrases au pluriel.

L'ogre devient un animal cruel.

....

Le chat, voyant un lion devant lui, grimpa sur une gouttière.

....

Dictée préparée

Le Chat botté

« On m'assure, dit le chat, que vous avez le don de vous changer en toutes sortes d'animaux, en lion, en éléphant ? » « Cela est vrai, répondit l'ogre brusquement, et pour vous le montrer, vous allez me voir devenir lion. » Le chat s'effraya de voir un lion devant lui et il gagna aussitôt les gouttières…

Voyant que l'ogre quittait sa première forme, le chat descendit et avoua sa peur. « On m'assure encore, dit le chat, que vous avez aussi le pouvoir de vous changer en rat ou en souris. Je vous avoue que je tiens cela pour impossible. » « Impossible ? reprit l'ogre, vous allez voir… »

D'après Charles Perrault (1628-1703),
Contes de la Mère l'Oye, « Le Chat botté ».

Revoir les difficultés

4 LES TEMPS SIMPLES. Mettez les verbes au présent, à l'imparfait puis au futur.

Il eut trois fils. → ……………………………………………

L'aîné fut le plus courageux. → ……………………………………………

Il s'enfonça dans la forêt. → ……………………………………………

Il revint enfin. → ……………………………………………

5 LES TEMPS COMPOSÉS. Mettez les verbes au passé composé puis au plus-que-parfait.

Il sera parti. → ……………………………………………

Elle aura expliqué. → ……………………………………………

On aura téléphoné. → ……………………………………………

Ils auront trouvé. → ……………………………………………

6 L'ACCORD DU VERBE ET DU SUJET. Soulignez le verbe de deux traits et son sujet d'un trait.

Son père l'a chassé de la maison. Il n'a pas d'argent. Comme va-t-il faire pour survivre ? Où dormira-t-il ? Qui lui viendra en aide ? Heureusement, son frère le rejoint. Ils partiront ensemble. À deux, la vie sera plus facile.

Dictée non préparée

Le jugement de Pâris

La déesse de la discorde proposa un jour un concours de beauté entre Athéna, Héra et Aphrodite dont l'enjeu était une pomme d'or. On fit appel à Pâris pour départager les trois déesses. Chacune d'elles voulant être choisie, elles firent toutes au jeune homme des offres plus fabuleuses les unes que les autres. Pâris décida finalement de choisir Aphrodite car celle-ci lui promettait qu'il serait aimé de la belle Hélène de Sparte. Ce choix allait provoquer la colère des deux autres déesses et déclencher la guerre de Troie.

ÉTAPE 21

Leçon

1. Les verbes à la forme pronominale

Il se transforme. – Il s'est transformé.

À la forme pronominale, *se* précède l'infinitif du verbe. Un verbe à la forme pronominale se conjugue toujours avec l'auxiliaire *être* aux temps composés.

se lever		se perdre	
présent	**passé composé**	**présent**	**passé composé**
il se lève	il s'est levé	il se perd	il s'est perdu
ils se lèvent	ils se sont levés	ils se perdent	ils se sont perdus

2. Se ; ce

- *Se* fait partie d'un verbe pronominal : se préparer, se parler.

On peut remplacer *se* par un autre pronom personnel : Il **se** prépare. – Je **me** prépare.

- *Ce* peut être remplacé par un déterminant ou un pronom.

ce chien (un chien) – **ce** qui nous intéresse (cela)

Préparer la dictée

1 **DIFFÉRENTS SUJETS.** Mettez les verbes aux personnes indiquées.

Ils avaient grandi. → Elle ....

Elles avaient rivalisé. → Il ....

Les images s'estompaient. → Cela ....

Je dispensais un enseignement. → Elle ....

Ils étaient endormis. → Elle ....

2 ***CE* OU *SE*.** Complétez les phrases avec *ce* ou *se* (*s'*).

La tortue .... cache dans les herbes. • L'éléphant .... transforme en souris. • Oui, ... chat est très rusé. • Que ....'est-il passé, ... jour-là ?

3 **LES MOTS DE LA MÊME FAMILLE.** Trouvez des mots de la même famille.

le prince → ....

gentil → ....

la création → ....

la grâce → ....

créer → ....

le chevrier → ....

la royauté → ....

la fille → ....

la finesse → ....

aimable → ....

4 **L'ACCENTUATION.** Ajoutez les accents nécessaires.

la beaute • l'amabilite • la grace • la tete • la creature • sitot que • la chevre

....

Dictée préparée

La princesse aux deux visages

La princesse avait grandi. La grâce et la beauté avaient rivalisé avec la gentillesse et l'amabilité qu'elle dispensait autour d'elle.

Elle s'était transformée en une fillette gracieuse puis en une belle jeune fille. Dans le royaume, nulle créature n'avait jamais possédé sa beauté. Mais la nuit… La nuit, sitôt qu'elle était endormie, les traits fins de son visage s'estompaient et une tête de chèvre apparaissait…

D'après *La Princesse aux deux visages*,
Roger Judenne, in *Contes de fées*, Rageot éditeur.

Revoir les difficultés

5 RÉCIT AU PRÉSENT. Mettez les verbes de la dictée au présent.

....

....

....

....

6 LES VERBES PRONOMINAUX. Conjuguez ces verbes aux trois personnes du pluriel.

Elle s'étaient transformée. → Nous ....

Vous .... Elles ....

Elle s'était endormie. → Nous ....

Vous .... Elles ....

7 LES MAJUSCULES ET LA PONCTUATION. Ajoutez les majuscules ou les signes de ponctuation manquants.

le jour c'était un homme normal la nuit c'était différent il se transformait en un monstre il errait dans les rues qui serait cette fois sa victime

....

....

....

Dictée non préparée

Les Naïades

Les Grecs et les Romains croyaient que tous les éléments de la nature (bois, rivières et montagnes) étaient habités par des personnages féminins, symboles de beauté et de fécondité. On les connaissait sous le nom de nymphes. Plus précisément, on avait appelé Naïades les nymphes des eaux. Elles n'étaient pas immortelles, comme les dieux, mais elles pouvaient vivre très longtemps auprès des rivières et des sources. On leur a attribué des pouvoirs de guérisseuses.

ÉTAPE 22

Leçon

1. L'accord du participe passé employé avec *être*

Ils sont venus.

arriver	aller	venir
il était arrivé	il était allé	il était venu
elle était arrivée	elle était allée	elle était venue
ils étaient arrivés	ils étaient allés	ils étaient venus
elles étaient arrivées	elles étaient allées	elles étaient venues

Employé avec l'auxiliaire *être*, le participe passé s'accorde avec le sujet du verbe.
Rappel : Pour trouver le sujet, il faut poser la question *Qui ?* ou *Qui est-ce qui ?* ou *Qu'est-ce qui ?* avant d'avoir lu le verbe.
Il est parti. (*Qui est-ce qui est parti ? – Il.*) – **Elle** est partie. (*Qui est-ce qui est parti ? – Elle.*)

2. Les déterminants numéraux

Les déterminants numéraux cardinaux, comme *trois*, *cinq*, *sept*, etc. sont toujours invariables. cinquante euros – dix-huit ans – cinq livres
L'accord de *vingt* et *cent* est particulier : vingt-sept mais quatre-vingts – deux cents mais deux cent deux. *Vingt* et *cent* prennent *-s* s'ils ne sont suivis d'aucun autre nombre. *Mille* ne prend jamais *-s*.

Préparer la dictée

1 L'ACCORD DU PARTICIPE PASSÉ. Écrivez le participe passé des verbes.

La femme de l'ogre avait (ouvrir) .... la porte et les enfants étaient (entrer) .... Elle leur avait (donner) .... à manger puis leur avait (dire) .... d'aller se coucher, mais elle leur avait (interdire) .... de regarder les autres pièces de la maison. Pourtant, par une porte entrouverte, ils avaient (voir) .... sept petites filles qui dormaient dans un grand lit. Où donc était (partir) .... leur père ? Les enfants étaient bien (décider) .... à rester éveillés toute la nuit.

2 LES MOTS DIFFICILES. Utilisez les mots suivants pour compléter le texte : horrible – corps – guerre – épée – conte – hé bien – au travers – les uns après les autres – égorgé – devenu(s).

La belle-mère de la Princesse était une ogresse qui avait déjà .... beaucoup d'enfants .... : on n'avait jamais retrouvé leurs .... Maintenant elle avait l'.................... projet d'attirer le petit prince et sa sœur dans les bois. Lorsque son fils reviendrait de ...., il ne saurait pas ce qu'ils seraient .... La tuerait-il avec son .... ? La lui passerait-il .... du corps. Si vous voulez le savoir, ... lisez la fin du .... *La Belle au Bois dormant* !

Dictée préparée

La Barbe bleue

L'homme à la barbe bleue avait déjà épousé sept femmes dont on ne savait pas ce qu'elles étaient devenues lorsqu'il se maria avec une huitième. En partant à la guerre, il lui avait donné les dix clés de la maison, mais il lui avait interdit d'entrer dans l'une des pièces. Curieuse, elle avait pourtant ouvert la porte et avait vu un spectacle horrible : les femmes que la Barbe bleue avait épousées et qu'il avait égorgées les unes après les autres. À son retour, il avait dit à son épouse : « Hé bien, vous irez prendre votre place auprès des dames que vous y avez vues »… Mais deux cavaliers sont arrivés et ils ont passé leur épée au travers du corps du redoutable mari.

D'après Charles Perrault (1628-1703),
Contes de ma Mère l'Oye, « La Barbe bleue ».

Revoir les difficultés

3 L'ACCORD DU PARTICIPE PASSÉ. Mettez les verbes au passé composé et accordez le participe passé.

■ Exemple : Elle (descendre) est descendue. – Il (tomber) est tombé.

Elle (arriver) ....

Elles (revenir) ....

Tu (lire) .... la leçon.

Tu l'(lire) .... ?

Elle (expliquer) ....

J'(être) .... contente.

Il (venir) ....

Ils (sortir) ....

Tu (ouvrir) ....

La porte qu'il (ouvrir) ....

Il (comprendre) ....

Nous (finir) ....

4 LES MAJUSCULES ET LA PONCTUATION. Ajoutez les majuscules ou les signes de ponctuation manquants.

du haut de la plus haute tour du château la malheureuse femme de barbe bleue guettait l'arrivée de ses frères ils allaient venir à son secours sa sœur était auprès d'elle elle surveillait elle aussi les alentours anne ma sœur anne ne vois-tu rien venir demandait l'épouse du criminel qu'elle avait épousé sans connaître son passé je vois une grosse poussière à l'horizon oui ce sont des cavaliers sur leurs chevaux blancs

Dictée non préparée

Les neuf muses

Nous sommes les filles du roi des dieux. Notre mère nous a souvent raconté l'histoire de notre naissance. Notre père quittait souvent son épouse et ses vingt enfants… Un jour qu'il était parti en claquant la porte du Ciel, il a rencontré notre mère. C'était une belle déesse. Elle lui a plu. Elle l'a consolé. Il a oublié sa femme et ses soucis… Plus tard, notre mère nous a donné le pouvoir d'aider en même temps cent historiens, mille poètes. Nous avons toujours pris notre tâche très à cœur et nous continuons à le faire.

ÉVALUATION 4

1 **LES TEMPS DE L'INDICATIF. Mettez les phrases suivantes aux temps demandés.** *Comptez 2 points par bonne réponse.*

Il a peur (passé composé) et s'enfuit (passé composé).

....

Il grimpe en haut de l'arbre (passé simple).

....

Dès qu'il voit (passé antérieur) la lumière, sa peur s'envole (passé simple).

....

Je cours (imparfait) très vite.

....

Quand elle arrive (futur antérieur) à la maison, je pars (futur simple).

....

Pierre et Paul partent (passé composé).

....

Elle répond (passé simple).

....

Score.../20

2 **LE PLURIEL EN -X. Dans la liste suivante, soulignez les mots qui prennent un -*x* au pluriel.** *Comptez 1 point par mot correctement souligné.*

une pelle • un gros caillou • la rangée • moi • le chou • le genou • le cheval • l'arrêt • le canal • impossible • cela • aussitôt • un seau • le mois • un journal • un bijou • le clou • de travers • un panier • onze • un silex • lundi • un tuyau • le marchand • extraordinaire • la semaine • le doigt • nouveau

Score.../10

3 **L'ACCORD DU PARTICIPE PASSÉ. Accordez les participes passés** *(1 point par bonne réponse)*. **Vérifiez avec le corrigé. Faites-vous ensuite dicter ces phrases.**

Les voleurs ont pénétr..... dans l'appartement, pensant qu'il était vide. Mais lorsqu'ils furent arriv..... dans le salon, ils se trouvèrent nez à nez avec un homme qui était armé. Alors ils ont batt..... en retraite sans demander leur reste. • Les paysans ont cultiv..... leurs champs et les ont ensemenc..... . Ils ont récolt..... les céréales durant l'été et les ont vend..... à un bon prix. • Caroline et son frère ont visit..... Paris. À leur retour, Caroline est charg..... d'écrire une lettre aux cousins qui les ont reç....., afin de les remercier.

Score.../10

4 **LES VERBES AUX TEMPS COMPOSÉS. Mettez les verbes entre parenthèses au passé composé.** *Comptez 2 points par bonne réponse.*

Le marquis de Carabas

– Mon Maître, le marquis de Carabas, m'(prier) .... de vous apporter ces lapins, (dire) .... le Chat botté en s'inclinant devant le Roi.

– Mon Maître m'(charger) .... de vous donner ces perdrix, dit plus tard le Chat qui (saluer) .... le Roi chapeau bas.
– Le marquis de Carabas, mon Maître, (hériter) .... d'un château : venez donc le visiter ! dit encore le Chat.
Alors le Roi, charmé, (accepter) .... l'invitation. Il (féliciter) .... le marquis et bientôt lui (accorder) .... la main de sa fille. Désormais, le Chat botté n'(chasser) .... plus .... ni perdrix ni lapins : il (vivre) .... en grand Seigneur dans le palais du Roi, son Maître.

D'après Charles Perrault (1628-1703), *Contes de ma Mère l'Oye*, « Le Chat botté ».

Score... /20

5 LE PRÉSENT ET LE FUTUR. Transposez les dernières lignes du texte précédent au présent (de « Alors » à la fin). *Comptez 2 points par verbe.*

....

....

....

Transposez maintenant au futur.

....

....

....

Score... /20

6 TEMPS SIMPLES ET TEMPS COMPOSÉS. Mettez les verbes entre parenthèses au présent de l'indicatif (P), à l'imparfait (I), au passé simple (PS), au futur (F), au passé composé (PC), au plus-que-parfait (PQP), au conditionnel présent (CP).

La Belle au Bois dormant

À la naissance de la Princesse, le roi (inviter, PQP) .... toutes les fées du royaume. Chacune (faire, PS) .... un don à l'enfant : elle (être, CP) .... belle. Elle (avoir, CP) .... un cœur d'or. Mais une vieille fée, qu'on (oublier, PQP) .... (vouloir, PS) .... se venger. Elle dit que la Princesse (se piquer, CP) .... et qu'elle en (mourir, CP) .... Heureusement, la plus jeune des fées – qui n'(avoir, I) .... pas encore fait de vœu, (déclarer, PS) .... : « la Princesse (se piquer, F) .... mais elle n'en (mourir, F) .... pas : elle (tomber, F) .... dans un profond sommeil qui (durer, F) .... cent ans. Le fils d'un roi (venir, F) .... la réveiller. » Et c'(être, P) .... ce qui (arriver, PC) .... : le Prince (venir, PC) .... ; il (réveiller, PC) .... la Belle et l'(épouser, PC) ....

D'après Charles Perrault (1628-1703), *Contes de ma Mère l'Oye*, « La Belle au Bois dormant ».

Score... /20

Score total... /100

Niveau 5e

SOMMAIRE DÉTAILLÉ DES LEÇONS

ÉTAPES

ET DICTÉES

ÉTAPE 1

Leçon

1. L'accord du verbe et du sujet

Le verbe s'accorde **toujours** avec son sujet.

On chante. – Tous les enfants chant**aient** en chœur.

Rappel : On trouve le sujet du verbe en posant, avant de lire le verbe, la question *Qui est-ce qui ?* (ou *Qu'est-ce qui ?*).

Les voyageurs **parlaient** ensemble. (*Qui est ce-qui parlait ?* ***Les voyageurs.***)

2. Majuscules et ponctuation

▪ Une phrase commence par une **majuscule** et se termine par un **point**.

C'est Paris qui est la capitale de la France.

Remarque : Après un point, on utilise une majuscule ; mais, attention, ce n'est pas le cas après une virgule (,), un point virgule (;), deux points (:).

▪ On met aussi une majuscule aux **noms propres** : prénoms, noms de famille, noms des villes, des pays, des chaînes de montagne, des fleuves, etc.

Invité par François Ier, Léonard de Vinci, qui vivait jusqu'alors en Italie, est venu en France et a offert au roi le plus célèbre des tableaux du monde : *La Joconde*.

Préparer la dictée

1 **L'ACCORD DU SUJET ET DU VERBE.** Mettez les phrases suivantes à l'imparfait de l'indicatif.

Il emporte sa marchandise. → .... • Ils descendent la rivière. → .... • Ils le revendent. → .... • Elles se tiennent là. .... • Ils se quittent. → .... • Ils se promettent de se retrouver. → ....

2 **LE PLURIEL EN -*S* ET LE PLURIEL EN -*X*.** Mettez ces groupes nominaux au pluriel.

le cheval → les..................................	une épice → des ....
un kilomètre → trente	le frère → les deux ....
un bateau → des	leur voyage → leurs ....

3 **LES MOTS DIFFICILES.** Complétez les phrases suivantes en utilisant ces mots et expressions : très longtemps – en particulier – Moyen Âge – Champagne – France – Orient – car.

Au ...., de grandes foires se tenaient en .... Des marchands venus de ...., mais aussi de plusieurs pays étrangers, vendaient là leurs produits. Ils proposaient des épices, très rares, ... du poivre. Ces épices valaient très cher .... elles venaient d'........................ et il fallait .... pour les rapporter.

Dictée préparée

Les marchands d'autrefois

Henri était un marchand du Moyen Âge. Il emportait sa marchandise sur le dos de son cheval. Mais les chevaux ne faisaient que trente à cinquante kilomètres par jour car les routes ressemblaient à des pistes de terre, et ils mettaient très longtemps pour aller d'une ville à l'autre. Pierre, le frère d'Henri, transportait du bois sur des bateaux qui descendaient les rivières. Leurs cousins, Jean et Jacques, traversaient les mers : ils achetaient des épices (en particulier du poivre) en Orient et les revendaient en France. Parfois les deux frères rencontraient Jean et Jacques dans les foires qui se tenaient en Champagne. Alors ils parlaient, riaient et se racontaient leurs voyages. Quand ils se quittaient, ils se promettaient de se retrouver à la prochaine foire.

Revoir les difficultés

4 **L'ACCORD DU VERBE ET DU SUJET.** Mettez les verbes à la 3e personne du pluriel.

Il traverse. → ils	Il y va. → ils ....
Il marchait. → ils	Il chanta. → ils ....
Il rira. → ils	Il sait. → ils ....

5 **LA TERMINAISON DES VERBES À L'IMPARFAIT.** Ajoutez les terminaisons.

Quelle langue parl........-on au Moyen Âge ? Ce n'ét........ plus le latin, et ce n'ét........ pas encore le français moderne. Alors que le celtique disparaiss........, une forme « vulgaire » du latin apparaiss........ dans le langage oral courant. De plus, chaque région av........ son dialecte. Seuls les lettrés utilis........ le latin, l'écriv......... On rédige........ en latin les actes officiels.

6 **LES MAJUSCULES ET LA PONCTUATION.** Ajoutez les majuscules et les signes de ponctuation manquants.

au moyen age on dit que des loups traversant la seine à la nage sont entrés dans paris il y a encore des loups de nos jours en grèce en russie au canada aux etats-unis

Dictée non préparée

Un grand poète grec

Selon la légende, Homère, ce grand poète grec qui vivait plusieurs siècles avant notre ère, était aveugle. On pensait alors que cela donnait le pouvoir de connaître le monde surnaturel. On ne sait dans quelle ville il est né : neuf cités grecques prétendent lui avoir donné le jour. Longtemps on a pensé qu'Homère racontait des histoires imaginaires lorsqu'il parlait de la guerre de Troie, d'Ulysse et d'autres héros. Pourtant, au XIXe siècle, un Allemand organisa une expédition et il retrouva les ruines d'une ville détruite par le feu et des trésors fabuleux. Mais, vrai ou inventé, Ulysse, cet intrépide marin, continue de voguer pour nous autour de la Méditerranée.

D'après Alain Quesnel et Jean Torton, *La Grèce*, coll. « Mythes et légendes », Hachette, 2001.

Niveau 5e

ÉTAPE 2

Leçon

1. Le présent de l'indicatif

Il crie et court.

Au présent, tous les verbes n'ont pas les mêmes terminaisons.

1er groupe	2e groupe	3e groupe
je chante	je finis	je pars
tu chantes	tu finis	tu pars
il chante	il finit	il part
nous chantons	nous finissons	nous partons
vous chantez	vous finissez	vous partez
ils chantent	ils finissent	ils partent

Remarque : Au présent, les verbes du 3e groupe en *-dre*, comme *prendre*, prennent les terminaisons *-ds*, *-ds*, *-d* : je prends, tu prends, il prend ; voir étape 11.

2. *Le, la, les* avant le verbe

Le, la, les, placés avant le verbe, ne jouent aucun rôle dans l'accord du verbe. Il s'agit de pronoms personnels **compléments.**

Elle a invité des amis et **les** attend. (Le verbe *attend* s'accorde, à la 3e personne du singulier, avec le sujet *Elle*.)

Préparer la dictée

1 **LE PRÉSENT.** Mettez les verbes à la 3e personne du singulier puis à la 3e personne du pluriel.

être → il ...., ils ....

suivre → il ...., ils ....

paraître → il ...., ils ....

donner → il ...., ils ....

2 **L'ACCORD DU VERBE.** Transformez les phrases selon le modèle suivant :

On admire les vainqueurs → On **les** admire.

On vérifie les moteurs. → ....

Tu entends ce bruit ? → ....

Ils voient cette course. → ....

3 **LES MOTS DIFFICILES.** Trouvez des mots de la même famille.

l'inquiétude → ....

la technique → ....

accélérer → ....

le mécanicien → ....

bizarre → ....

triomphal → ....

Dictée préparée

Une course de voitures

Les voitures sont sur la piste : on les vérifie une dernière fois. Le pilote de la voiture numéro huit est inquiet ; il appelle son mécanicien :

– Tu l'entends, mon moteur ? Il me paraît tourner bizarrement.

– Mais non, dit le technicien. Tu lui donnes une bonne accélération et tout ira bien.

Les bolides sont prêts : on les pousse, puis on les regarde s'élancer. Les directeurs de firme suivent chacun leur voiture des yeux : ils l'imaginent arrivant la première, ils la voient triompher. Mais le spectateur, lui, les compare entre elles et les attend sur la ligne d'arrivée.

Revoir les difficultés

4 LE PRÉSENT DE L'INDICATIF. Mettez les verbes au présent et à la 2e personne du singulier.

Je chanterai. → tu ....

Elle écrivait. → tu ....

Il attendit. → tu ....

Il finira. → tu ....

Ils viennent. → tu ....

On l'a imaginé. → tu ....

5 LA FORME INTERROGATIVE. Écrivez le verbe avant son sujet.

Il sait. → ....

Vous voyez. → ....

Ils sont prêts. → ....

Ils les voient. → ....

Tu l'emportes. → ....

Tu les lui donnes. → ....

6 LE PRÉSENT DE L'INDICATIF ET LA FORME INTERROGATIVE. Mettez les verbes au présent.

Rendrez-vous vos armes ? → ....

Diras-tu la vérité ? → ....

Pourra-t-on lui parler ? → ....

Cela vous plaira. → ....

Dictée non préparée

Un si long voyage

Le roi Ulysse revient de la guerre de Troie. Comme il a hâte de retrouver son pays ! Sa femme et son fils l'attendent... Enfin les marins viennent d'apercevoir une terre : ils vont pouvoir se reposer, boire, manger.

Soudain le propriétaire de l'île arrive : c'est un géant effrayant. Il attrape deux hommes et les dévore. Comment lui échapper ? Ulysse crève l'œil unique du monstre... Malédiction ! cet être puissant est le fils du dieu de la Mer. Il va demander à son père de punir notre héros et de le condamner à errer pendant dix ans sur les flots.

D'après Alain Quesnel et Jean Torton, *La Grèce*, coll. « Mythes et légendes », Hachette, 2001.

ÉTAPE 3

Leçon

1. Le futur simple (1)

Tu partiras demain.

Au futur simple, tous les verbes ont les mêmes terminaisons : *-ai*, *-as*, *-a*, *-ons*, *-ez*, *-ont*. Elles s'ajoutent à un radical qui se termine par la **consonne *r***.

rester		**jeter**	
je rest**erai**	nous rest**erons**	je jetterai	nous jetterons
tu rest**eras**	vous rest**erez**	tu jetteras	vous jetterez
il rest**era**	ils rest**eront**	il jettera	ils jetteront
avoir		**être**	
j'aurai	nous aurons	je serai	nous serons
tu auras	vous aurez	tu seras	vous serez
il aura	ils auront	il sera	ils seront

2. *Ce* ou *se*, *ces* ou *ses*

- ***Ce, ces*** sont en général suivis d'un nom : **ce** livre, **ces** livres (celui-là, ceux là). Ce sont des déterminants **démonstratifs**.
- ***Ses*** est toujours suivi d'un nom : **ses** livres (les siens). C'est un déterminant **possessif**.
- ***Se*** est toujours suivi d'un verbe. C'est un pronom personnel **réfléchi**.

Il **se** regarde dans la glace (verbe *se regarder*). – Elles **se** parlent souvent. (verbe *se parler*).

Préparer la dictée

1 **LE FUTUR.** Mettez les verbes au futur.

Il vient. → .... Tu y songes. → ....

Je suis là. → .... Il se jette dans ses bras. → ....

2 **CE, SE, S'.** Utilisez *ce*, *se* ou *s'* pour compléter le texte.

Avec courage, il .... jette à l'eau pour sauver .... malheureux qui va .... noyer. Il .... met à nager avec énergie. Mais comme .... courant est fort ! Peut-être les deux hommes vont-ils couler, ...'enfoncer dans la rivière et .... serait un drame !

3 **LES MOTS DIFFICILES.** Utilisez les mots suivants pour compléter le texte : secours – idée – ennuis – lâche – des rhumatismes – lieutenant – voix – Ah – quelqu'un – tout à coup – jeter.

Le .... de police appela au .... « Il faut envoyer .... pour m'aider ! J'ai des .... : une voiture vient .... de se .... dans le ravin. » « .... ! » répondit une .... J'ai une .... : je vais t'envoyer nos deux adjoints ! » « Impossible ! dit le lieutenant : l'un a .... et l'autre est trop .... ! »

Dictée préparée

Au secours !

« Ce maladroit va se noyer », me dis-je. J'eus quelque idée de me jeter à l'eau ; mais j'ai quarante-sept ans et des rhumatismes ; il faisait un froid piquant. Quelqu'un se jettera de l'autre côté » pensai-je… Je m'éloignai rapidement. « Ce serait trop fou à moi aussi, me disais-je, quand je serai cloué dans mon lit…, qui viendra me voir, qui songera à moi ? Je serai seul à mourir d'ennui, comme l'an passé… Tout à coup, une voix me dit : « Lieutenant, vous êtes un lâche… ». « Ah ! Ceci est sérieux », me dis-je et je me mis à courir vers la Seine.

D'après Stendhal (1783-1842), *Correspondance*.

Revoir les difficultés

4 **LE FUTUR.** Mettez les verbes au futur simple puis au futur proche.

Je travaille. → ....
Il part. → ....
On rentre. → ....
Il s'assied. → ....
Ils arrivent. → ....
Vous voyez. → ....

5 **LES VERBES EN *-ETER*.** Mettez les phrases au futur simple.

Je vais empaqueter ce cadeau. → ....
Tu vas cacheter cette lettre. → ....
Elle va la décacheter. → ....
Nous allons acheter des timbres. → ....
Qu'allez-vous acheter ? → ....

6 **L'INVERSION DU SUJET.** Transformez les phrases selon le modèle.
(Je me dis) Il va se noyer. → Il va se noyer, me dis-je.

(On dit) Après la pluie le beau temps, ... • (Je pensais) Il ne viendra pas, ... • (Je me répétais) Je réussirai, ... • (Je pensais) C'est grave, ... • (Je me disais) Ce n'est rien, ... • (Elle m'affirmait) Je suis ton amie, ...

Dictée non préparée

Pénélope et son fils

Quand Ulysse reviendra-t-il de cette guerre lointaine ? D'autres sont déjà là. Pénélope, pourtant, ne désespère pas. Chaque jour, elle dit : « Il reviendra demain ! Il est vivant, j'en suis sûre ! » En compagnie de son fils, elle attend donc le retour de son mari. Les nobles, eux, pressent la belle Pénélope de choisir un nouvel époux. Or elle a trouvé un moyen d'échapper à cela. « Bientôt ! dit-elle. Je finis d'abord la toile que je donnerai à la déesse de la paix. » Et chaque soir elle défait ce qu'elle a fait durant le jour ! Et elle prie, supplie : « Vous, les dieux qui pouvez tout, ne prendrez-vous pas pitié de nous ? Ne pouvez-vous me rendre mon époux ? »

D'après Alain Quesnel et Jean Torton, *La Grèce*, coll. « Mythes et légendes », Hachette, 2001.

Niveau 5e

ÉTAPE 4

Leçon

1. L'imparfait de l'indicatif

Hier, il pleuvait.

À l'imparfait, tous les verbes ont les mêmes terminaisons :
-ais, -ais, -ait, -ions, -iez, -aient.

indiquer	finir	attendre
j'indiqu**ais**	je finissais	j'attendais
tu indiqu**ais**	tu finissais	tu attendais
il indiqu**ait**	il finissait	il attendait
nous indiqu**ions**	nous finissions	nous attendions
vous indiqu**iez**	vous finissiez	vous attendiez
ils indiqu**aient**	ils finissaient	ils attendaient

2. La place du sujet – La forme interrogative

Le verbe s'accorde avec son sujet, que celui-ci soit placé avant ou après le verbe.

Elle conduit dangereusement. (*Elle*, sujet, est avant le verbe.)

Conduit-elle depuis longtemps ? (*Elle*, sujet, est après le verbe.)

Remarque : On peut utiliser différentes formes interrogatives : 1. Ne te l'avait-**elle** pas dit ? (registre soutenu) – 2. Est-ce qu'**elle** ne te l'avait pas dit ? (registre courant) – 3. **Elle** ne te l'avait pas dit ? (registre familier)

Préparer la dictée

1 L'INVERSION DU SUJET. **Dans les phrases suivantes, soulignez d'un trait le (ou les) verbe(s) et de deux traits le sujet (ou les sujets). Puis transformez-les de façon à supprimer les inversions du sujet.**

À l'aéroport défilaient les taxis. → ....

....

Sur les pistes, toutes les dix minutes, décollait un avion. → ....

....

Toute cette foule s'agitait pendant que, sur le quai, regardaient tristement ceux qui n'avaient pas la chance de partir. → ....

....

2 LES MOTS DIFFICILES. **Complétez les phrases suivantes en utilisant ces mots ou expressions :** cet étonnant spectacle – atterrir – Pendant ce temps – vacances.

C'était en juillet, au moment des .... Un grand nombre d'avions demandaient en même temps l'autorisation d' ...., ceux qui n'avaient pas la chance de partir, regardaient des terrasses ....

Dictée préparée

Les voyages

C'était le moment des vacances. Aux guichets des agences où se pressaient les voyageurs, ne restaient plus que quelques places. À l'aéroport, les taxis défilaient, venant des quatre coins de la ville, tandis que, sur les pistes, décollait un avion toutes les dix minutes. Les radars indiquaient d'où provenaient les charters qui demandaient à atterrir, mais certains attendaient longtemps avant de recevoir l'autorisation de se poser. Pendant ce temps, des terrasses, ceux qui n'avaient pas la chance de partir regardaient en rêvant cet étonnant spectacle.

Revoir les difficultés

3 VOCABULAIRE. Trouvez dans le texte de la dictée un synonyme pour chacun des mots.

aérodrome →	se poser (pour un avion) → ....

permission →	partir (pour un avion) → ....

4 LA CONSTRUCTION D'UNE PHRASE. Remettez dans l'ordre ces différents groupes de mots pour former une phrase. qui traversaient le ciel – donc – Où s'en allaient – à l'horizon? – et disparaissaient – les étoiles filantes – à une vitesse vertigineuse

....

....

5 DU PASSÉ COMPOSÉ À L'IMPARFAIT. Mettez les verbes à l'imparfait.

Il s'est assis. → ....

Il a fait beau. → ....

Elle a su expliquer. → ....

Il avait tracé un trait. → ....

Il a opéré des miracles. → ....

Cela s'est réalisé. → ....

Dictée non préparée

Chez le dieu des Enfers

– Je veux rentrer chez moi ! soupirait Ulysse. Pourquoi sans cesse les tempêtes se déchaînent-elles contre moi ? Ô toi, dieu des Enfers, toi qui connais le passé comme l'avenir, ne peux-tu me l'expliquer ?

– Ulysse, répondit le dieu, ton destin est périlleux. La mort te guette car le dieu de la Mer est ton ennemi ! Mais voici une carte : d'une croix sont indiqués les lieux que tu dois éviter. Je veux aussi te rassurer : tu retrouveras ta terre, ton fils et surtout ta fidèle épouse.

D'après Alain Quesnel et Jean Torton, *La Grèce*, coll. « Mythes et légendes », Hachette, 2001.

ÉTAPE 5

Leçon

1. Le passé simple

Ils finirent puis s'en allèrent.

- Au passé simple, les verbes du 1er groupe, en *-er*, se terminent tous comme *chanter*.
- Les verbes du 2e groupe ont les mêmes terminaisons que *finir*.
- Les verbes du 3e groupe ont des terminaisons diverses : en *-i-*, en *-u-*, en *-in-*, etc : je naquis, je connus, je vins, j'allai.

chanter	finir	naître	être	avoir	venir
je chant**ai**	je fin**is**	je naquis	je fus	j'eus	je vins
tu chant**as**	tu fin**is**	tu naquis	tu fus	tu eus	tu vins
il chant**a**	il fin**it**	il naquit	il fut	il eut	il vint
ils chant**èrent**	ils fin**irent**	ils naquirent	ils furent	ils eurent	ils vinrent

2. Les noms en *-ail/-aille* ; *-eil/-eille*, etc.

- En général, les noms masculins se terminent par *-ail*, *-ouil* (un détail, l'ail, un gouvernail ; le fenouil) et les noms féminins par *-aille*, *-ouille* (une écaille, la taille, la ferraille ; la nouille, la citrouille).
- De même, on écrit un réveil, un appareil, un recueil mais une merveille, une feuille.

Attention ! On écrira le chèvrefeuille, le portefeuille, le millefeuille. Ces noms sont masculins, mais formés sur le mot *feuille*.

Préparer la dictée

1 **LE PASSÉ SIMPLE.** Mettez les verbes entre parenthèses au passé simple.

On (équipe) .... des bateaux. • On (lance) .... des bouées de sauvetage. • Il (se vante) .... d'être un bon sportif. • Il (enfourche) .... un cheval rapide. • Elle (s'adapte) .... à sa classe. • Elle (naît) .... un beau jour de mai. • Ils (deviennent) .... amis. • Il (s'enfuit) .... sans regarder derrière lui.

2 **LES MAJUSCULES.** Ajoutez les majuscules lorsqu'elles sont nécessaires.

la chine • un général chinois • le japon • un palais japonais • l'europe • un pays européen • le moyen âge

3 **LE PLURIEL.** Mettez les groupes nominaux au pluriel.

le boulet → ....

un dauphin → des ....

son ennemi → ses ....

un jeu → des ....

le cerf-volant → ....

une écaille d'or → ....

une harpe → ....

une ville assiégée → ....

Dictée préparée

Le cerf-volant

Le cerf-volant naquit en Chine, il y a plus de deux mille ans. On dit qu'un général chinois équipa de harpes un grand nombre de cerfs-volants et les lança contre ses ennemis : le fracas fut si terrifiant que les adversaires s'enfuirent ! Au Japon, un jeune homme enfourcha un cerf-volant géant pour aller voler les écailles d'or des dauphins qui ornaient un palais japonais. Il se vanta de son exploit. La punition fut terrible : on le jeta, avec toute sa famille, dans de l'eau bouillante. En Europe, au Moyen Âge, on utilisa des cerfs-volants pour lancer des boulets sur les villes assiégées. Plus tard, ils devinrent des jeux, et même un sport acrobatique !

Source documentaire : Ambrose Lloyd et Nicolette Thomas,
Le Grand Livre des cerfs-volants, éd. Princesse, 1979.

Revoir les difficultés

4 **LES TEMPS SIMPLES.** Mettez les verbes au présent puis à l'imparfait.

Il arriva. → ....
Il devint sportif. → ....
Ils s'enfuirent. → ....
Il se vanta. → ....
Cela fut terrible. → ....
Ils finirent. → ....
On le dit. → ....
Ils la lancèrent. → ....

5 **LES NOMS TERMINÉS PAR *-AIL*, *-AILLE*, *-EIL*, *-EILLE*, ETC.** Complétez ces mots.

la méd	le rév	le millef ....
le faut	un épouvant	une corb ....
le somm	une or	une éc ....
une ab	un écur	

Dictée non préparée

L'appel des sirènes

Ulysse voguait maintenant vers le pays des Sirènes… Or ces créatures aux corps d'oiseaux et aux visages de jeunes filles se servent de leurs chants mélodieux pour ensorceler les marins et les conduire au naufrage.

Mais Ulysse était sage : il ordonna qu'on bouche les oreilles de ses marins et qu'on l'attache, lui, fortement.

Dès qu'il entendit les voix enchanteresses des Sirènes, il souhaita aller vers elles. Heureusement, ses marins devenus sourds continuèrent à ramer…

D'après Alain Quesnel et Jean Torton,
La Grèce, coll. « Mythes et légendes », Hachette, 2001.

ÉTAPE 6

Leçon

1. Le verbe *aller* aux temps simples

je vais – j'allais – j'irai

présent	imparfait	passé simple	futur
je vais	j'allais	j'allai	j'irai
tu vas	tu allais	tu allas	tu iras
il va	il allait	il alla	il ira
nous allons	nous allions	nous allâmes	nous irons
vous allez	vous alliez	vous allâtes	vous irez
ils vont	ils allaient	ils allèrent	ils iront

Rappel : Le verbe *aller*, au présent, est utilisé pour former le futur proche.
Je vais sortir, tu vas chercher, il va écrire.

2. Les adverbes en *-ment*

■ Certains adverbes se forment à l'aide du **suffixe *-ment*** ajouté à l'adjectif féminin :
attentif → attentive → attentivement.
■ L'adverbe formé à partir d'un adjectif en *-ent* s'écrira *-emment* (avec deux *m*) :
évident → évidemment ; prudent → prudemment.
■ L'adverbe formé à partir d'un adjectif en *-ant* s'écrira *-amment* (avec deux *m*) :
brillant → brillamment ; méchant → méchamment.

Préparer la dictée

1 LE FUTUR. Mettez les verbes au futur simple puis au futur proche.

Où partez-vous ? → .... , ...
Je livre des bouteilles. → .... , ...
J'allais à Genève. → .... , ...

2 LA FORME INTERROGATIVE. Mettez les phrases à la forme interrogative.

Vous allez à Nice. → ....
Ils l'annoncent. → ....
Je vais l'écouter. → ....
Cela l'a gêné. → ....
Tu y vas. → ....

3 LES MOTS DIFFICILES. Trouvez des mots de la même famille.

un annonceur → .... chauffer → ....
une charge → .... embouteillé → ....
gêner → .... prudent → ....
brouiller → .... la route → ....

Dictée préparée

Les routiers

– Où irez-vous demain ?
– Demain j'irai à Bordeaux livrer des bouteilles de jus d'orange. Et vous, où allez-vous ?
– Moi et un autre chauffeur, nous allons à Paris. Et ensuite nous irons à Lille pour prendre un chargement de bananes.
– Conduisez prudemment ! Récemment, alors que j'allais à Lille, le brouillard m'a beaucoup gêné pour rouler. Et on annonce de la pluie pour demain.
– Merci du renseignement. Je vais écouter la météo pour en savoir plus. Si on allait boire un café en attendant ?
– Avec plaisir !

Revoir les difficultés

4 LE VERBE *ALLER*. Écrivez le verbe *aller* au présent (P), à l'imparfait (I) ou au futur (F).

Tous les jours, je .... (P) au collège. • La semaine prochaine, nous .... (F) au théâtre. • Demain, j'...................... (F) voir ma cousine. • Bonjour, comment .... (P)-vous ? • Où .... (F)-tu en vacances ? • D'habitude, j'............... (I) en Espagne. • Cette année, on .... (F) en Italie.

5 LES ADVERBES EN *-MENT*. Écrivez l'adverbe qui peut remplacer les mots en italique.

Elle est vêtu *avec élégance*. → ....
Il lui parle *avec gentillesse*. → ....
Il conduisait *avec prudence*. → ....
Elle dansait *avec grâce*. → ....
Vous m'avez parlé *avec méchanceté*. → ....
Relisez *avec attention*. → ....

Dictée non préparée

Le retour du héros

Après vingt années, Ulysse revient enfin dans son pays. Mais la malédiction du dieu des Mers fait qu'il n'a plus de compagnons et qu'il ressemble à un mendiant. Qui va le reconnaître ? « Est-ce vous, mon roi ? » demande la nourrice. « Est-ce bien lui ? » se demande Pénélope. Seul le chien en est sûr : cet homme est son maître ; il tremble si fort que son cœur se brise : il meurt de joie. Finalement un combat aura lieu à l'issue duquel Pénélope promettra d'épouser le vainqueur. Ce sera Ulysse, on le sait. Désormais, si les dieux le veulent, si aucun démon ne vient troubler sa paix, Ulysse vivra heureux parmi les siens.

D'après Alain Quesnel et Jean Torton, *La Grèce*, coll. « Mythes et légendes », Hachette, 2001.

ÉVALUATION 1

1 LES TEMPS SIMPLES. Mettez les verbes aux temps indiqués : présent (P), imparfait (I), passé simple (PS) ou futur (F). *Comptez 1 point par bonne réponse.*

Je (s'appeler, P) .... Hector. Demain, comme tous les jours, je (mettre, F) .... mes bottes et j'(aller, F) ...., de bon matin, me promener dans la forêt. D'habitude, pendant ce temps, ma sœur, Valentine, (lire, I) .... et (se plonger, I) .... avec bonheur dans des mondes imaginaires. Ce jour-là, pourtant, elle me (dire, PS) .... qu'elle (souhaiter, I) .... m'accompagner. « Il (falloir, F) .... te lever tôt, alors : moi, je (être, F) .... prêt dès sept heures. Tu (vouloir, P) .... quand même venir avec moi ? »

Score... /10

2 LE VERBE *ALLER*. Écrivez le verbe *aller* au présent, à l'imparfait, puis au futur et aux trois premières personnes du singulier. *Comptez 1 point par bonne réponse.*

Présent : j'y → .... tu → .... il → ....

Imparfait : j'y → .... tu → .... il → ....

Passé simple : j'y → .... tu → .... il → ....

Futur : j'y → .... tu → .... il → ....

Score... /12

3 *LE, LA, LES* AVANT LE VERBE. Mettez les verbes entre parenthèses au présent. *Comptez 1 point par bonne réponse.*

Je la (voir) .... et toi, tu la (voir) .... ? Lui, il ne la (voir) .... pas. • On les (attendre) .... • Nous l'(admirer) .... • (être) ....-tu prêt ? • Pourquoi ne l'(aimer) ....-tu pas ? • Le professeur, tu l'(écouter) .... ? • Ces vidéos ? Je les (avoir) .... chez moi. Je les (regarder) .... souvent.

Score... /10

4 LES MAJUSCULES ET LA PONCTUATION. Ajoutez les majuscules et les signes de ponctuation manquants. *Comptez 1 point par bonne réponse.*

au moyen âge le roi arthur était devenu le maître de douze royaumes parmi lesquels il y avait la grande bretagne et la petite bretagne notre bretagne actuelle c'est un anglais geoffroy de mormouth qui le premier raconta son histoire tant en angleterre qu'en france on la reprit et on la transforma en légende

Score... /10

5 **IMPARFAIT ET PASSÉ SIMPLE.** Mettez les verbes aux temps indiqués : imparfait (I) ou passé simple (PS). *Comptez 2 points par bonne réponse.*

La photo

Mon père (se prêter, PS) .... docilement aux exigences du photographe : il me (montrer, PS) .... qu'il en (souffrir, I) ...., mais qu'il n'(oser, I) .... pas être impoli. Monsieur le curé nous (regarder, PS) .... un instant, les yeux clignés. Enfin il (reculer, PS) .... de quatre pas, (appliquer, PS) .... l'appareil sur sa ceinture et (s'écrier, PS) .... : « Ne bougeons plus ! »

D'après Marcel Pagnol (1895-1974), *La Gloire de mon père*, © Marcel Pagnol.

Score.../16

6 **LES TEMPS SIMPLES.** Mettez les verbes aux temps indiqués : présent (P), imparfait (I) ou passé simple (PS). *Comptez 2 points par bonne réponse.*

Au nord du Nord de la Terre

Hier encore nous (être, I) .... à Paris, dans une mer de mauvais temps. Aujourd'hui nous (être, P) .... au nord du Nord de la Terre, admirant les bleus transparents et les violets du paradis. Les glaces, le vent, les vagues (avoir, P) .... des couleurs que je ne (connaître, I) .... pas. Il (faire, P) .... froid et humide. Dans la hutte, il (faire, P) .... chaud. La chasse n'a pas été bonne, ces temps-ci. Nous (économiser, P) .... la graisse de phoque. Mais au bout de ce cap du bout du monde, loin de tout et de tous, nous (être, P) .... heureux d'être ensemble.

D'après Paul-Émile Victor (1907-1995), *L'Iglou*, Stock, 1987.

Score.../16

7 **LES TERMINAISONS DES VERBES.** Ajoutez la dernière lettre des verbes. *Comptez 2 points par bonne réponse.*

Sur un radeau

Je suis en train de traverser l'océan Atlantique, sur un simple radeau en caoutchouc. Je tent.... de démontrer les chances de survie que peu.... avoir un naufragé. Voici des passages de mon journal de bord : « Je sai.... bien que, quand on vien.... d'apercevoir une côte, on cri.... : « Terre ! Terre ! ». Mais moi, c'es.... « Pluie ! Pluie ! » que j'allai.... crier. Vers deux heures de l'après-midi, j'eu.... une terreur sans nom. Je lisai.... paisiblement lorsqu'un choc violent se produisi..... « Tien...., encore un requin », pensai....-je. Je me retournai. J'aperçu.... alors un poisson de grande taille qui paraissai.... d'humeur méchante.

D'après Alain Bombard (1924-2005), *Naufragé volontaire*, Arthaud, 1970.

Score.../26

Score total.../100

Niveau 5e

ÉTAPE 7

Leçon

1. *Pouvoir*, *vouloir*, *valoir* au présent

Je veux donc je peux.

pouvoir	vouloir	valoir
je peux	je veux	je vaux
tu peux	tu veux	tu vaux
il peut	il veut	il vaut
nous pouvons	nous voulons	nous valons
vous pouvez	vous voulez	vous valez
ils peuvent	ils veulent	ils valent

Attention ! Les verbes *savoir* et *devoir* ne prennent pas de *x* aux personnes du singulier. On écrit : je sais, tu sais, je dois, tu dois.

2. -er ou -é à la fin d'un verbe

Pour savoir s'il faut écrire *-er* ou *-é*, à la fin d'un verbe du 1er groupe, on peut le remplacer par un verbe d'un autre groupe dont on entend la terminaison à l'infinitif.

Tu peux m'aider. (= Tu peux m'écrire.) C'est un infinitif en *-er*.

Il était très apprécié. (= Il était connu.) C'est un participe passé en *-é*.

Préparer la dictée

1 POUVOIR – VOULOIR. **Mettez les verbes au présent en leur donnant le sujet entre parenthèses.**

Peut-il les surveiller ? → (tu) .... ; → (nous) .... ; → (vous) .... ; → (ils) .... ; → (je) .... • Voulez-vous l'expliquer ? → (tu) .... ; → (il) .... ; → (ils) ....

2 SAVOIR – DEVOIR. **Mettez les phrases au présent.**

Je ne savais pas. → ....
Tu ne le sauras pas. → ....
Il n'en sut rien. → ....
Je devrais le faire. → ....
Tu devras le dire. → ....
Il devait accepter. → ....

3 LE PLURIEL. **Mettez les groupes nominaux au pluriel.**

un dragon → (deux) ....
un regard étonné → ....
un monstre → ....
un enfant bien élevé → ....
le chevalier → ....
une haute tour → ....

Dictée préparée

Merlin et les deux dragons

« Peux-tu m'aider ? demanda le roi Arthur à Merlin. Nous avons construit et reconstruit une tour pour surveiller les alentours ; mais à peine élevée, elle s'écroule. Je veux savoir pourquoi.

– Je peux te l'expliquer, dit Merlin, car moi je sais pourquoi : deux dragons, l'un blanc, l'autre rouge, vivent sous la tour. Tu dois les déloger. »

Le roi écouta Merlin. Les chevaliers, étonnés, virent les deux dragons sortir et se précipiter l'un sur l'autre. Leur combat, long et effrayant, allait durer un jour et une nuit et se terminer par la mort des deux monstres. « Tu peux rebâtir ta tour, maintenant, dit Merlin : elle ne va plus s'écrouler. »

Revoir les difficultés

4 **SUJET SINGULIER OU PLURIEL.** Soulignez les sujets des verbes et remplacez-les par *il*, *elle*, *nous* ou *ils* puis écrivez les verbes entre parenthèses au présent.

■ Exemple : Lancelot et Bohort (arriver) au château. → Ils arrivent.

Le roi Arthur et la reine Guenièvre (organiser) une fête. → ....

Les douze chevaliers (venir) à la cour. → ....

Toi et moi (devoir) reconstruire la tour, (dire) le roi. → ....

Merlin (pouvoir) l'aider. → ....

5 **L'INFINITIF.** Donnez l'infinitif des verbes conjugués de chacune de ces phrases.

Nous les délogeâmes. → .... • Ils bâtissaient une tour. → .... • On les vit sortir. → .... • Ils se précipiteront. → .... • Tout s'écroulait. → ....

6 **-ER OU -É À LA FIN DES VERBES ?** Ajoutez les terminaisons qui conviennent.

Il faut l'aid..... • Il a été aid..... • Nous allons termin.... ce devoir. • Il est déjà termin..... • Nous avons délog.... les taupes de leur terrier. • Fallait-il les délog.... ? • Tout le monde s'est précipit..... • Il est inutile de s'y précipit..... • Cela va dur.... combien de temps ? • Cela a déjà trop dur.... !

Dictée non préparée

Savants et sorciers

Dans leurs laboratoires, les chimistes du Moyen Âge cherchaient comment transformer en or le métal le plus ordinaire. Plus tard, un savant, Frankenstein, voulut donner la vie à une créature artificielle. Un grand poète allemand, quant à lui, nous rapporte qu'un homme, parce qu'il voulait rester jeune, absorbait un breuvage spécial donné par le diable : « En échange, je veux, au jour de votre mort, votre âme ! » avait exigé le démon. De nos jours, on cherche toujours le moyen de se procurer de l'or. On veut créer artificiellement la vie et on demande à rester toujours jeune – même si, dans cette recherche, on ne fait plus officiellement appel aux sorciers, ni même au diable !

ÉTAPE 8

Leçon

1. Le passé composé conjugué avec *avoir*

J'ai joué et j'ai gagné.

Au passé composé, l'auxiliaire (ici, *avoir*) est conjugué au présent ; il est suivi du participe passé du verbe.

donner	défendre	avoir
j'**ai** donn**é**	j'ai défendu	j'ai eu
tu **as** donn**é**	tu as défendu	tu as eu
il **a** donn**é**	il a défendu	il a eu
ils **ont** donn**é**	ils ont défendu	ils ont eu

Rappel : Employé avec *avoir*, le participe passé ne s'accorde jamais avec le sujet. Il s'accorde avec le complément d'objet direct du verbe si celui-ci est placé avant lui.

2. *À*, *a* ; *la*, *l'a*, *là* ; *voilà* ; *cela*

- Il ne faut pas confondre *a* sans accent (verbe *avoir* : on peut remplacer *a* par *avait*) avec *à* avec accent (préposition). Il **a** appris **à** pratiquer la magie.
- On peut remplacer *l'a* par *l'avait*. Son permis de conduire ? Il **l'a**. (l'avait)
- *La* sans accent est un déterminant ou un pronom. **La** mer ? Je **la** vois au loin.
Là, avec un accent, désigne un lieu. Le bureau du directeur ? C'est **là**.
- *Voilà* se termine par *à* (mais *cela* se termine par *a* sans accent).

Préparer la dictée

1 **LE PASSÉ COMPOSÉ.** Mettez les verbes au passé composé.

Elle enseigne. → ....
Il le sauve. → ....
On l'élève. → ....
Il en offre. → ....
On le défend. → ....
Ils l'emmènent. → ....

2 **LE PLURIEL.** Mettez ces groupes nominaux au pluriel.

son souhait → (ses) ....
un pouvoir → (des) ....
un cercle → (trois) ....
une branche → (cinq) ....
un an → (douze) ....
son secret → (ses) ....

3 **LES MOTS DIFFICILES.** Complétez avec les mots suivants : apparaître – intelligence – à peine né – Quand – traçait – s'asseyait – Prince des ténèbres – fils.

Le diable, appelé aussi ...., venait d'....................... . Il .... et .... des signes incompréhensibles. .... il avait fini, des monstres surgissaient. Merlin, ... du diable, en avait l'....................... . On dit qu'....................... il savait parler et se montrer plus fort que ses ennemis.

Dictée préparée

Les pouvoirs de Merlin

Merlin a eu pour père le diable, a-t-on dit. À peine né, il savait parler et discuter avec intelligence. Il était encore enfant quand sa mère, une douce jeune femme, a été accusée, menacée de mort : il l'a défendue et sauvée. Plus tard, pendant une longue nuit de veille, le prince des Ténèbres lui a appris la magie. Il lui a offert une étoile à cinq branches et lui a transmis des pouvoirs. Merlin opérait ainsi : il traçait trois cercles, s'asseyait dans le premier et faisait apparaître une fée qui réalisait tous ses souhaits.

C'est Merlin qui a élevé le jeune roi Arthur jusqu'à l'âge de douze ans. Il l'a emmené dans la forêt et lui a enseigné ses secrets.

Niveau 5e

Revoir les difficultés

4 A, À, LA, L'A, LÀ, VOILÀ, CELA. Choisissez parmi ces mots pour compléter le texte.

Le Roi Arthur .... conquis douze royaumes. Merlin .... aidé ; mais .... la fin de toutes ces guerres, on pleure .... mort de trente-deux chevaliers. Le roi, un soir se rend dans une prairie ; .... il voit une inscription qui annonce sa mort. Qu'est-ce que .... veut dire ?

5 LE PASSÉ COMPOSÉ. Mettez les verbes au passé composé.

Merlin (se métamorphoser) .... Il (devenir) .... un beau jeune homme. Bientôt, il (apercevoir) .... une jolie jeune fille. Il (aller) .... lui parler. Il (chercher) .... à lui plaire. Il (réussir) .... : ils (passer) .... une merveilleuse soirée.

6 L'ACCENTUATION. Ajoutez les accents nécessaires.

sa mere • une etoile • intelligence • defendre • son pere • les tenebres • la foret • une fee • le secret • Elle a ete sauvee • une riviere • une vallee • un acces • un chateau • le tresor

Dictée non préparée

Le bonnet magique

Le jeune prince Siegfried est parti à l'aventure. Un jour, dans une forêt, il est arrivé devant un château gardé par des nains. Après avoir vaincu le dragon qui en défendait l'accès, il s'est emparé du bonnet magique du roi des nains : cette coiffure permettait de se rendre invisible quand on le souhaitait.

Armé de ce pouvoir merveilleux, il a gagné de nombreux combats. Un seigneur, en échange d'une victoire, lui a donné sa sœur en mariage. C'est finalement heureux et comblé d'honneurs qu'il est revenu chez le roi, son père.

D'après « Siegfried et le trésor des Nibelhungen », *La Légende du Roi Arthur et autres légendes de l'Europe médiévale*, Hatier.

ÉTAPE 9

Leçon

1. Le plus-que-parfait conjugué avec *avoir*

Il l'avait dit.

Au plus-que-parfait, l'auxiliaire (ici, *avoir*) est conjugué à l'imparfait ; il est suivi du participe passé du verbe.

employer	prendre	dire
j'avais employé	j'avais pris	j'avais dit
tu avais employé	tu avais pris	tu avais dit
il avait employé	il avait pris	il avait dit
nous avions employé	nous avions pris	nous avions dit
vous aviez employé	vous aviez pris	vous aviez dit
ils avaient employé	ils avaient pris	ils avaient dit

2. *M* avant *m* ; *b* ; *p*

On écrit *m* (au lieu de *n*) avant les consonnes *m*, *b* ou *p* : immangeable ; immobile ; le nombre ; l'ambulance ; embarrasser ; la lampe ; emporter ; le triomphe…

Exceptions : bonbon ; bonbonnière ; bonbonne ; néanmoins ; embonpoint, etc.

Préparer la dictée

1 LE RÉCIT AU PASSÉ. Mettez les verbes entre parenthèses à l'imparfait (I) ou au passé composé (PC).

Ce jour là, Renard (avoir, I) .... faim. Tout à coup, il (voir, PC) .... arriver une charrette remplie de poissons. Il (se coucher, PC) .... sur la route et il (faire, PC) .... le mort. Deux hommes l'(attraper, PC) .... ; ils l'(jeter, PC) .... sur leur chariot et (reprendre, PC) .... leur route. Alors Renard, heureux, (manger, PC) .... à satiété puis il (s'enfuir, PC) .... Ce n'est qu'à leur arrivée que les deux hommes (comprendre, PC) .... la ruse de Renard.

2 LE PLUS-QUE-PARFAIT. Mettez les verbes au plus-que-parfait.

Renard (employer) .... de nombreuses ruses. • Je vais parler des ruses qu'il (employer) .... • Il (voler) .... des poissons. • Les poissons qu'il (voler) .... ? Ils les (manger) .... • Le loup (recevoir) .... des coups de bâtons. • Après les coups de bâton qu'il (recevoir) .... le loup s'était enfui.

3 SINGULIER ET PLURIEL. Mettez ces groupes nominaux au singulier.

les entrées → .... des bergers → ....
les pièges → .... des puits → ....

Dictée préparée

Les ruses de Renard

« Il y avait six jambons chez un prêtre. Je lui en ai fait manger tant et tant qu'il fut gonflé et ne put sortir par le trou d'entrée. Je l'ai fait pêcher dans le puits, une nuit de pleine lune : il a pris pour un pain doré le croissant blanc du reflet. Je l'ai fait s'asseoir dans l'eau gelée jusqu'à ce que sa queue fût prise dans la glace. Je l'ai fait prendre au piège sur lequel j'avais posé un lapereau. Je l'ai attiré vers le bercail ; là, les bergers l'ont découvert et roué de coups de bâtons. »
Ainsi se vantait le Renard des ruses qu'il avait employées pour tromper le loup.

Marie Lagier, *Le Livre du loup*, éd. Nathan, 1998.

Revoir les difficultés

4 **L'IMPARFAIT (I), LE PASSÉ COMPOSÉ (PC), LE PLUS-QUE-PARFAIT (PQP).**
Mettez les verbes aux temps indiqués.

On n'.......... (savoir, PC) jamais .... qui (écrire, PQP) .... *Le Roman de Renart*. On .... (dire, PC) seulement .... que ces récits (dater, I) .... du XIIe siècle. Ils (mettre, I) .... en scène différents animaux : un « goupil », Renart, un loup qui (s'appeler, I) .... Ysengrin, un ours qui (se nommer, I) .... Brun, etc. On (remarquer, PC) .... bien sûr, que le caractère de ces héros, ainsi que leurs vies, (être, I) .... à l'image de ceux des hommes. Renart – le personnage principal – (être, I) .... très rusé : il (jouer, I) .... de mauvais tours aux uns et aux autres et ses aventures (tourner, I) .... toujours à son avantage. Ces histoires .... (plaire, PC) toujours beaucoup ....

5 **M DEVANT *M, B, P*.** **Trouvez des mots de la même famille. Utilisez des préfixes.**

beau → ....
mener → ....
porter → ....
buvable → ....
bras → ....
possible → ....
nombre → ....
patient → ....

Dictée non préparée

Au théâtre, autrefois

La foule, qui était rassemblée sur la place, applaudissait, debout. La pièce avait été un succès et le miracle avait eu lieu : Théophile*, le héros de l'histoire, était sauvé. Certaines personnes avaient déjà vu le spectacle plusieurs fois. On compatissait aux malheurs de cet homme qui avait injustement perdu tous ses biens. Dieu ne l'avait pas écouté, alors il était allé demander l'aide du diable ! Et le diable était apparu sous la forme d'un magicien qui lui avait proposé un marché : s'il lui vendait son âme, il aurait bientôt retrouvé sa fortune. Mais le héros risquait d'être emporté en enfer… Dieu finalement avait eu pitié de lui.

* Le texte évoque « Le miracle de Théophile » de Rutebeuf, poète du XIIIe siècle.

ÉTAPE 10

Leçon

1. Imparfait, passé simple, passé composé

raconter → je racontais, je racontai, j'ai raconté
se promener → je me promenais, je me promenai, je me suis promené(e)
voir → je voyais, je vis, j'ai vu
sortir → je sortais, je sortis, je suis sorti(e)
être → j'étais, je fus, j'ai été
avoir → j'avais, j'eus, j'ai eu

■ Pour **raconter**, on utilise :
– le passé simple dans les récits classiques à la 3e personne (par exemple, dans les contes) ;
– le passé composé dans les autres types de récit (par exemple, dans les récits journalistiques).
■ L'imparfait est le temps de la **description**.

2. Consonnes doubles et famille de mots

■ On écrit deux *f* dans les mots commençant par *af-*, *ef-*, *sif-*, *suf-*, *souf-* (et dans les mots de la même famille) : affoler ; affolement mais Afrique, Africain ; effrayé, effrayant ; suffisant, insuffisant, suffisamment ; souffrir, souffrance mais le soufre.
■ Les mots de la même famille s'écrivent souvent de manière semblable. Ainsi, on écrit deux *n* dans connu ; connaître ; reconnaître ; inconnu ; méconnaissable ou dans année ; annuel ; anniversaire, etc

Préparer la dictée

1 **L'IMPARFAIT (I), LE PASSÉ SIMPLE (PS), LE PASSÉ COMPOSÉ (PC).** Mettez les verbes aux temps indiqués.

L'homme (parler, PS) .... d'une voix forte et (chasser, PS) .... tout le monde. Les enfants s'en (aller, PS) .... seuls. Ils (voir, PS) .... une calèche s'approcher. Ils y (monter, PS) .... Bientôt des voleurs les (entourer, PS) .... Le cocher (sortir, PS) .... son fusil : les malfaiteurs (s'enfuir, PS) ...., (se disperser, PS) .... Ce sont mes amis qui m'(raconter, PC) .... cette histoire.

2 **SINGULIER ET PLURIEL.** Mettez les groupes nominaux au singulier.

des hurlements → .... des bûcherons → ....
des animaux → .... des langues inconnues → ....
dans les bois → .... des bandes de loups → ....

3 **LES MOTS DIFFICILES.** Trouvez des mots de la même famille.

forestier → .... l'effroi → ....
boisé → .... effrayant → ....
la bûche → .... le charme → ....
hurler → .... connu → ....

Dictée préparée

Le charmeur de loups

Une nuit, dans la forêt de Châteauroux, deux hommes – ceux qui m'ont raconté cette histoire – virent passer, sous bois, une grande bande de loups. Ils en furent très effrayés et montèrent sur un arbre, d'où ils virent ces animaux s'arrêter à la porte de la hutte d'un bûcheron. Ils l'entourèrent en poussant des hurlements effroyables. Le bûcheron sortit, leur parla dans une langue inconnue, se promena au milieu d'eux, après quoi ils se dispersèrent sans lui faire aucun mal.

George Sand (1804-1876), « Légendes rustiques ».

Revoir les difficultés

4 **LE PASSÉ COMPOSÉ.** Mettez les verbes au passé composé.

Écrira-t-il ? → ....
Répondra-t-il ? → ....
Dormira-t-il ? → ....
Reviendra-t-elle ? → ....
Verra-t-il ? → ....
Les écouterez-vous ? → ....
L'entendrez-vous ? → ....
Leur parlera-t-il ? → ....

5 **LES CONSONNES DOUBLES.** Trouvez des mots de la même famille.

affranchir → ....
effiler → ....
siffler → ....
souffrance → ....
ennui → ....
effeuiller → ....
effrayer → ....
souffler→ ....
année → ....
annelé → ....

6 **LES MAJUSCULES ET LA PONCTUATION.** Ajoutez les majuscules et les signes de ponctuation manquants.

amandine aurore lucie dupin naquit à paris sa mère sophie victoire la confia à sa grand-mère qui vivait à nohant dans le berry elle commença à rédiger des textes dès l'âge de douze ans plus tard elle devint célèbre plus tard sous le nom de george sand

Dictée non préparée

Tristan au service du roi

Tristan a été abandonné, blessé, sur son bateau par ses ennemis qui le croient mort.

Des pêcheurs recueillirent Tristan : ils l'emmenèrent au château de la reine qui connaissait le secret des herbes qui guérissent ; et ce fut Yseult la blonde qui le soigna. Bientôt le jeune homme reprit des forces et annonça son départ. Une autre mission l'attendait : celle d'aller chercher la future épouse du roi Marc. Tristan repartit donc, heureux de montrer à tous qu'il servait de tout cœur le roi son oncle.

D'après « Tristan et Yseult », *La Légende du roi Arthur et autres légendes de l'Europe médiévale*, Hatier.

Niveau 5e

ÉTAPE 11

Leçon

1. Le présent des verbes du 3e groupe

Je vois et j'entends.

écrire	dormir	voir	entendre
j'écris	je dors	je vois	j'entends
tu écris	tu dors	tu vois	tu entends
il écrit	il dort	il voit	il entend
nous écrivons	nous dormons	nous voyons	nous entendons
vous écrivez	vous dormez	vous voyez	vous entendez
ils écrivent	ils dorment	ils voient	ils entendent

2. Le participe présent

- Le participe présent du verbe se termine par *-ant* : chantant, finissant, sortant… Il est toujours **invariable** : Je vois des enfants courant dans les prés.
- Il ne faut pas le confondre avec l'adjectif verbal qui s'utilise comme un adjectif qualificatif et qui s'accorde avec le nom auquel il se rapporte : un jeu amusant – des histoires amusantes.

Préparer la dictée

1 LA FORME INTERROGATIVE. Mettez les sujets après les verbes.

Il entend. → ....
Il sort. → ....
Il lui parle. → ....
Il arrive. → ....
Tu en veux. → ....
Il vous obéit. → ....

2 LE PLURIEL. Mettez les groupes nominaux au pluriel.

le champ → ....
le cheval → ....
un kilomètre → (28) ....
ce poète → ....
une lieue → (7) ....
ce long trajet → ....

3 LES MOTS DIFFICILES. Utilisez les mots suivants pour compléter les phrases : désormais – sérieusement – apparition – Eh bien – breuvage – tout ce qui – ce que – peinant.

Il parle avec sérieux, ...
Un nouveau produit a fait son ....
Étonné, il s'exclama : « .... ! Que vous est-il arrivé ? »
Je ne sais pas .... cela signifie.
Vous devrez avaler ce .... !
Il gravirent la montagne, essoufflés, ... sous le poids de leurs sacs à dos. Vous le ferez tous les jours ....
Racontez-moi .... s'est passé.

Dictée préparée

Jean de La Fontaine, poète

Les chevaux ne parcourant guère plus de sept lieues par jour, que fait-il pendant les longs trajets [qu'il effectue] ? Écrit-il ou dort-il ?
« Je regarde » me répond-il le plus sérieusement du monde le jour où je lui pose la question. Que regarde-t-il ? Eh bien, tout ce qu'il observe depuis l'enfance. Les simples gens assis devant leur masure [...] ou peinant dans les champs [...].
Jean regarde donc. [...] Et le café ? En a-t-il déjà bu, de ce café qui a fait son apparition en France en 1644 et dont on parle beaucoup sans jamais le voir ? Eh bien, il l'a vu, il en a bu, comme Louis XIV qui a troqué désormais son verre matinal de bourgogne contre un bol de ce breuvage.

Jackie Landreaux-Valabrègue, *Jean de la Fontaine, l'ami de toujours*, Hachette Jeunesse, 1995.

Revoir les difficultés

4 **LE PARTICIPE PASSÉ ET LE PRÉSENT.** Mettez les verbes au participe passé puis au participe présent. devoir → dû, devant

peiner → .... boire → ....
parcourir → .... voir → ....
s'asseoir → .... prendre → ....

5 **L'IMPARFAIT, LE PASSÉ SIMPLE, LE PASSÉ COMPOSÉ.** Mettez les verbes à l'imparfait (I), au passé simple (PS) ou au passé composé (PC).

La Fontaine (vivre, PC) .... à l'époque de Louis XIV. Il (avoir, PC) .... pour amis Molière, Boileau, Racine. Il (être, PS) .... bien accueilli par Fouquet, le surintendant des Finances, dans son magnifique château de Vaux-le-Vicomte, non loin de Paris. Il (composer, PS) .... pour lui de longs poèmes qui (chanter, I) .... la beauté des lieux. Plus tard, il (écrire, PC) .... des Fables, qui (connaître, PC) .... le succès et qui (faire, PC) .... sa gloire.

Dictée non préparée

Le philtre magique

Lorsqu'elle apprit qu'elle devrait quitter sa famille et son pays pour aller au loin épouser un roi qu'elle ne connaissait pas, la belle Yseult fut triste.
Sa mère la reine dit à la suivante d'Yseult : « Le soir des noces, tu donneras aux deux époux ce breuvage magique : ainsi un grand amour naîtra entre eux et ils seront heureux. » La servante promit ; mais malheureusement, au cours du voyage, elle confondit le vin ordinaire et le philtre merveilleux. C'est ainsi qu'Yseult, après en avoir bu, tendit la coupe à Tristan. Dès lors, l'amour naquit en leur cœur. Ils ne se quittèrent plus des yeux.

D'après « Tristan et Yseult », *La Légende du roi Arthur et autres légendes de l'Europe médiévale*, Hatier.

Niveau 5e

ÉVALUATION 2

1 ***POUVOIR, VOULOIR, VALOIR, SAVOIR.*** **Mettez les verbes entre parenthèses au présent.** *Comptez 2 points par bonne réponse.*

Combien (valoir) .... cette maquette, Mademoiselle, s'il vous plaît ? Je (vouloir) .... l'acheter pour mon frère. – Je ne (pouvoir) .... pas vous le dire : je ne (savoir) .... pas ! Adressez-vous à mon collègue : il (pouvoir) .... vous renseigner, lui !

Score.../10

2 **LE PRÉSENT (P), L'IMPARFAIT (I), LE PASSÉ SIMPLE (PS). Mettez les verbes entre parenthèses aux temps indiqués.** *Comptez 2 points par bonne réponse.*

Au Moyen Âge, après le règne des Mérovingiens, ce (être, PS) .... celui des Carolingiens. Parmi eux, on (connaître, P) .... particulièrement bien Charlemagne. Il y (avoir, PS) .... ensuite les Capétiens. Les fils (succéder, I) .... à leur père. Les femmes n'(avoir, I) .... pas le droit de régner.

Score.../10

3 ***C'ÉTAIT OU S'ÉTAIT, S'ÉTAIENT.*** **Complétez avec l'un de ces mots.** *Comptez 2 points par bonne réponse.*

Autrefois, ... un long et lourd travail de fabriquer un livre et de le diffuser. Dans l'abbaye de Saint-Denis, quinze copistes .... mis à la tâche pour recopier la Bible. Leur travail .... étalé sur une année. Et heureusement que l'écriture .... simplifiée ! .... en lettres « carolines » – qui s'étaient appelées ainsi en l'honneur de Charlemagne – que désormais l'on écrivait.

Score.../10

4 **LES CONSONNES DOUBLES : *F OU FF, N OU NN.* Complétez ces mots.** *Comptez 0,5 point par bonne réponse.*

La foule entière était a....olée. • C'était l'a....olement général. • Le Maghreb est-il en A....rique ? • Ce sont des A....ricains. • Tout le monde était e....rayé. • C'était e....rayant. • Nous avons vu des chevaux, des â....es et des a....ons. • La jeune fille avait des e....uis : son cas était e....uyeux.

Score.../5

5 **L'ACCENTUATION. Ajoutez les accents nécessaires.** *Comptez 0,5 point par bonne réponse.*

Voici, voila, regardez par la ! • La directrice est deja la. • Je vais a Tarascon puis a Montpellier. • Sur la carte, la, vous voyez Geneve. • Comment cela ? • J'ai ete surpris.

Score.../5

Dans les textes qui suivent, mettez les verbes entre parenthèses aux temps indiqués : présent (P), imparfait (I), passé simple (PS), passé composé (PC), plus-que parfait (PQP). *Comptez 2 points par bonne réponse.*

6 DANS LES BOIS

Nous (avancer, I) .... très lentement. Nous (franchir, PQP) .... une distance de trois ou quatre kilomètres en suivant le ruisseau sur sa droite quand nous (apercevoir, PS) .... des roches. Nous (s'engager, I) .... prudemment vers ces roches, quand nous (entendre, PS) .... un son bizarre.

D'après Conan Doyle (1859-1930), *Le Monde perdu.*

Score.../10

7 LE COMMISSAIRE MAIGRET

Il (être, I) .... minuit quand Maigret (rentrer, PS) .... chez lui. Il (aimer, I) .... bien marcher à pied. Plusieurs fois il (rencontrer, PQP) .... des femmes seules : chaque fois il (lire, PQP) .... la peur au fond de leur regard. C'(être, P) .... que, depuis six mois, cinq femmes qui (marcher, I) .... seules dans les rues de Paris avaient été assassinées. L'assassin (travailler, I) « .... » toujours de la même façon : il n'y (avoir, PQP) .... pas .... de vol. – Un fou, (penser, PS) .... Maigret. *(à suivre)*

Score.../20

8 UNE MÈRE DÉFEND SON FILS

L'enquête (commencer, PQP) .... On (arrêter, PQP) .... finalement .... un homme. Maigret (aller, PS) .... interroger sa mère. La femme qui (venir, PS) .... ouvrir (être, I) .... encore jeune mais on (voir, I) .... remuer sans arrêt ses bras maigres et ses épaules.

– Qu'est-ce que vous (vouloir, P) ...., (demander, PS) .... -t-elle.

– Vous (voir, PC) .... votre fils, hier au soir ?

– Mon fils n'(avoir, P) .... rien à faire avec la police, (crier, PS) ....-t-elle. Je vous (dire, P) .... moi, qu'il n'(faire, PC) .... jamais .... de mal à personne !

Maigret (comprendre, PS) .... qu'il n'obtiendrait aucune réponse. Il lui (falloir, I) .... maintenant interroger l'épouse du suspect. *(fin)*

D'après Georges Simenon (1903-1989), *Maigret tend un piège.*

Score.../30

Score total.../100

ÉTAPE 12

Leçon

1. Le futur simple (2)

Je viendrai et je verrai.

appeler	dire	voir	venir
j'appellerai	je dirai	je verrai	je viendrai
tu appelleras	tu diras	tu verras	tu viendras
il appellera	il dira	il verra	il viendra
nous appellerons	nous dirons	nous verrons	nous viendrons
vous appellerez	vous direz	vous verrez	vous viendrez
ils appelleront	ils diront	ils verront	ils viendront

Attention ! Les verbes en *-eler* ne s'écrivent pas toujours avec deux *l* : j'appelle, j'appellerai mais j'appelai, j'ai appelé.

2. *Quand, qu'en, quant (à)*

- *Quand* : ce mot exprime le temps, on peut le remplacer par *lorsque*.
- *Qu'en* se décompose en : *que en*.
- *Quant à* signifie *en ce qui concerne*….

Je sortirai **quand** il ne pleuvra plus. – **Qu'en** dis-tu ? – **Quant à** moi, je ne ferai rien.

Préparer la dictée

1 **LE FUTUR DE L'INDICATIF.** Mettez ces phrases au futur de l'indicatif.

Je suis prête. → ……………………………… Tu restes ici. → ……………………………………
Tu es heureuse. → ………………………… Tu deviens grande. → …………………………
Cela t'est utile. → ………………………… Je reviens. → ……………………………………

2 ***QUAND, QU'EN, QUANT À.*** Utilisez ces mots pour compléter le texte.

– Moi, dit Sarah, …………… je serai grande, je serai diseuse de bonne aventure. Je me déguiserai en bohémienne et je prédirai l'avenir. …………… penses-tu ?
– Mais qu'arrivera-t-il …………… tu annonceras de très mauvaises nouvelles ? …………… moi, je préfère devenir exploratrice. Au fait, tiens, dis-moi …………… je partirai !

3 **LES MOTS DIFFICILES.** À quel mot correspond chacune des définitions : nain – l'avenir – inquiet – prédire ?

Annoncer ce qui doit arriver : ……………………………………………………………
Le futur : ……………………………………………………………………………………
Qui est agité par la crainte, l'inquiétude : ………………………………………………
Dont la taille est de beaucoup inférieure à la moyenne : …………………………………

Dictée préparée

La bonne aventure

– Et quand je serai grande, dit la petite fille.
– Tu resteras petite, dit le chat.
– Alors je serai naine, dit la petite fille inquiète.
– Non, dit le chat, tu seras reine, reine de tes rêves et tu deviendras une femme en restant une enfant.
– Je serai belle, dit la petite fille.
– Oui, dit le chat.
– Vous dites ça pour me faire plaisir, dit la petite fille.
– Non, dit le chat, mais cela te sera utile.
– Merci, chat, je reviendrai l'année prochaine, dit la petite fille.
– L'année prochaine ! Tu vois, c'est tout simple, toi aussi tu prédis l'avenir, dit le chat.

Jacques Prévert (1900-1977), *Imaginaires*, Albert Skira, 1970.

Revoir les difficultés

4 LE FUTUR DE L'INDICATIF. Conjuguez au futur (forme négative).

revenir l'année prochaine	prédire l'avenir
Je ne	Je ne ....
Tu	Tu ....
Elles	Elles ....

5 LES TEMPS SIMPLES. Mettez les verbes au présent puis à l'imparfait.

Tu resteras là. →	Tu verras. → ....
Tu seras reine. →	Vous direz. → ....

6 LES VERBES EN *-ELER*. Écrivez les verbes à la 3e personne du singulier au présent de l'indicatif puis au futur simple.

Il (appeler) .... / .... son chien. • Il (atteler) .... / .... les chevaux. • Il (épeler) .... / .... son nom. • Il (renouveler) .... / .... son abonnement.

Dictée non préparée

Un corbeau et un renard affamés

Le corbeau, ayant faim, sortit du bois voisin. Devant la ferme, un millier de fromages étaient en train de sécher au soleil. « Comment ferai-je pour en attraper un ? se dit-il. Quand la gardienne rentrera chez elle, je prendrai le plus beau et m'envolerai. » Le renard, quant à lui, tout aussi affamé, vit le corbeau et son fromage. « Je les mangerai bientôt l'un et l'autre, se promit-il. D'abord, je parlerai à l'oiseau, lui ferai des compliments sur sa voix et il lâchera sa proie ! Il s'approchera tellement que je l'attraperai, lui aussi ! »

D'après *Le Roman de Renart*.

ÉTAPE 13

Leçon

1. Le conditionnel présent

Je viendrais si…

Au conditionnel présent, tous les verbes présentent les mêmes terminaisons : *-ais*, *-ais*, *-ait*, *-ions*, *-iez*, *-aient*, toujours précédées de la consonne *r*.

appeler	aller	venir	avoir
j'appelle**rais**	j'irais	je viendrais	j'aurais
tu appelle**rais**	tu irais	tu viendrais	tu aurais
il appelle**rait**	il irait	il viendrait	il aurait
nous appelle**rions**	nous irions	nous viendrions	nous aurions
vous appelle**riez**	vous iriez	vous viendriez	vous auriez
ils appelle**raient**	ils iraient	ils viendraient	ils auraient

Attention ! Ne confondez pas la 1re personne du singulier du conditionnel présent (en *-rais*) avec celle du futur simple (en *-rai*) : j'appellerai, j'irai, Je viendrai, j'aurai.

2. Les noms féminins en [e]

- Ils se terminent généralement par ***-ée*** : une épée – une allée – une denrée, etc. mais la clé (ou clef).
- Les **noms en *-té* ou *-tié*** s'écrivent généralement sans *e* final : la cité – la beauté – la santé – la moitié – l'amitié.

Exceptions : la dictée – la jetée – la montée, etc. et les mots exprimant un contenu : une cuillerée – une pincée, etc.

Préparer la dictée

1 **LE CONDITIONNEL.** Mettez les verbes au conditionnel présent.

Je prendrai un sac. → ....
Il les transportera. → ....
Je me brancherai. → ....
Je te le dirai. → ....
Ils t'appelleront. → ....
Tu viendras. → ....

2 **L'ACCENTUATION.** Ajoutez les accents nécessaires.

bientot • plutot • aussitot • ou aller ? • une epee • rien a craindre • une difficulte • un systeme • son frere

3 **LES MOTS DIFFICILES.** Trouvez des mots de la même famille.

ordinaire → ....
heureux → ....
difficile → ....
vainqueur → ....
long → ....
battre → ....
communiquer → ....
secourir → ....
porter → ....
brancher → ....

Dictée préparée

Une grande mission

– Si j'avais des pouvoirs extraordinaires, je me transporterais loin d'ici. J'aurais une épée de feu pour combattre mes ennemis et je n'aurais jamais rien à craindre, dit Louis.
– Moi, dit Inès, je prendrais plutôt ma baguette magique et j'irais au secours de tous les enfants malheureux aussitôt qu'ils m'appelleraient. Bientôt, tout le monde saurait qu'on peut compter sur moi.
– Mais qui te dirait où aller ? lui demande son frère.
– J'établirais un système secret de communication. Je me brancherais sur la longueur d'onde de la douleur, des pleurs… Pourquoi ne viendrais-tu pas avec moi ? Nous avons une grande mission, et, à nous deux, nous pourrions vaincre toutes les difficultés.

Niveau 5e

Revoir les difficultés

4 **LE PLURIEL.** Récrivez le début de la dictée (jusqu'à *craindre*) en utilisant la troisième personne du pluriel.

S'ils ……………………………………………………………………………………………
……………………………………………………………………………………………………
……………………………………………………………………………………………………

5 **LE CONDITIONNEL ET LE FUTUR.** Mettez les verbes au conditionnel présent ou au futur simple.

Je (venir) …………………… si je peux. • Si je pouvais, je (venir) …………………… . • Demain, je (partir) …………………… . • À ta place, je ne (partir) …………………… pas. • Ils ont un téléphone : ils m'(appeler) …………………… . • S'ils avaient un téléphone, ils m'(appeler) …………………… . • Réponds-moi : (aller) ……………………-tu les voir ? • Elle se demandait si elle (aller) …………………… chez eux dimanche.

Dictée non préparée

La liberté en échange d'un trésor

Imaginons le moment de l'accusation du renard lorsque le loup l'amènerait devant la cour où on le jugerait. « Le Roi aimerait vous entendre ! » dirait-il à travers la porte. Mais le renard ne voudrait pas sortir. Sa femme le supplierait : « Vous si habile, si vous y alliez, vous trouveriez facilement à vous justifier ! » Finalement il irait et il serait condamné. Mais heureusement il aurait une idée qui pourrait le sauver. « Je voudrais me confesser », dirait-il. Il avouerait alors ses vols ; mais rusé, il ajouterait : « Je n'aurais pas pu mourir de faim car j'avais toujours mon immense trésor d'or et d'argent bien caché. » Le roi dresserait l'oreille. Un trésor ? Il en aurait bien besoin. Aussi demanderait-il qu'on relâche son baron. Le renard regagnerait sa liberté.

D'après Goethe, *Le Renard*.

ÉTAPE 14

Leçon

1. Le conditionnel présent et passé

j'aimerais – j'aurais aimé

Au conditionnel passé, l'auxiliaire est conjugué au conditionnel présent ; il est suivi du participe passé du verbe.

aimer		vouloir	
j'aimerais	j'**aurais** aimé	je voudrais	j'aurais voulu
tu aimerais	tu **aurais** aimé	tu voudrais	tu aurais voulu
il aimerait	il **aurait** aimé	il voudrait	il aurait voulu
nous aimerions	nous **aurions** aimé	nous voudrions	nous aurions voulu
vous aimeriez	vous **auriez** aimé	vous voudriez	vous auriez voulu
ils aimeraient	ils **auraient** aimé	ils voudraient	ils auraient voulu

2. Préfixes et suffixes

- *In-*, *dés-*, *en-*, *re-*, etc. sont des **préfixes**. Ajoutés devant un mot, ils en modifient le sens : attendu → **in**attendu ; obéir → **dés**obéir ; serrer → **en**serrer ; faire → **re**faire.
- Les **suffixes** s'ajoutent à la fin des mots : le livre → le livr**et** ; ami → ami**tié**.
- Pour bien écrire un mot dérivé, il faut penser au mot simple, à partir duquel il est formé : habiter → in**habit**é → in**habit**able.

Préparer la dictée

1 LE CONDITIONNEL PRÉSENT. **Mettez les verbes à la 3e personne du pluriel.**

Il serait riche. → Ils ....
Il s'offrirait une auto. → ....
Il pouvait en profiter. → ....
Il viendrait à la fête. → ....
Il singeait les adultes. → ....
Il promettait. → ....

2 LE PLURIEL. **Mettez ces groupes nominaux au pluriel en ajoutant -*s* ou -*x*.**

le boxeur → ....
le préposé → ....
le moyen → (tous les) ....
le boniment → ....
le geste → ....
le jeu → ....

3 L'IMPARFAIT ET L'INFINITIF. **Choisissez parmi les verbes suivants pour compléter le texte :** sautaient – promettait – était – pouvaient – profiter – encaisser – contenter – monter – regarder.

Il n'.................. que cinq heures. Allaient-ils se .... de rentrer chez eux ? Non, ils allaient en .... : ils .... jouer pendant deux heures. « Nous allons .... dans ma chambre, dit Auguste. J'ai une nouvelle console de jeu ; à moins que tu ne préfères .... la télévision ? »

Dictée préparée

À la fête foraine

Ils auraient bien voulu monter dans les autos tamponneuses, mais ils durent se contenter de regarder les adultes en faisant les gestes de la conduite et en singeant les préposés qui sautaient avec souplesse d'une voiture à l'autre pour encaisser. Ils se promettaient que, lorsqu'ils seraient grands, ils viendraient à la fête foraine et, riches, s'offriraient tous les moyens de réjouissance : les baraques de monstres, de danseuses orientales, de boxeurs et de lutteurs… Mais ils pouvaient profiter de tout ce qui était gratuit : les boniments, la parade, les jeux des autres.

Robert Sabatier (né en 1923), *Les Allumettes suédoises*, Éd. Albin Michel, 1969.

Revoir les difficultés

4 L'INDICATIF ET LE CONDITIONNEL. Mettez le premier verbe des phrases à l'imparfait de l'indicatif et le second au conditionnel présent.

Si j'(être) .... riche, j'(acheter) .... une maison. • S'il (devenir) .... un grand sportif, il (avoir) .... beaucoup d'admirateurs. • Si elle (obtenir) .... son diplôme, elle (aller) .... travailler à l'étranger. • Si tu le (pouvoir) ...., (faire) ....-tu une grande fête ? • Si le juge les (condamner) ...., ce (être) .... une injustice.

5 LES PRÉFIXES ET LES SUFFIXES. Ajoutez des préfixes et/ou des suffixes pour former de nouveaux mots.

souple → ....
riche → ....
vivre → ....
facile → ....
monstre → ....
grand → ....
fortune → ....
ami → ....

Dictée non préparée

Les méfaits de Renard

Bientôt le Roi des animaux rassemblera ses barons. Tous, il le sait, vont réclamer justice contre le renard. Mais il faudra faire venir ce rusé coquin et ce ne sera pas facile !
– Si je faisais venir le loup, il me raconterait comment le renard blesse ses enfants et si j'écoutais l'ours, c'est de vols qu'il me parlerait. Le coq viendrait sans doute, pleurant sa femme et ses poussins.
La panthère plaiderait :
– C'est un voleur, un assassin ! Il n'y a pas plus méchant que lui. Tous les seigneurs et le roi même perdraient-ils leur fortune qu'il en rirait !
Bon, c'est d'accord. Le Roi ordonnera d'aller chercher le traître. On le jugera et on le condamnera.

D'après Goethe, *Le Renard*.

ÉTAPE 15

Leçon

1. L'impératif présent

Aie confiance !

parler	se lever	ouvrir	dormir	prendre	avoir	être
Parle !	Lève-toi !	Ouvre !	Dors !	Prends !	Aie !	Sois !
Parlons !	Levons-nous !	Ouvrons !	Dormons !	Prenons !	Ayons !	Soyons !
Parlez !	Levez-vous !	Ouvrez !	Dormez !	Prenez !	Ayez !	Soyez !

Attention ! À la 2e personne du singulier de l'impératif, les verbes du 1er groupe en *-er* se terminent par *e*. Les autres verbes, à la 2e personne du singulier, s'écrivent avec *s* : finis, cours, viens.

2. *Peu, peut, peux*

Il ne faut pas confondre *peu* (adverbe) et *peux, peut* (verbe *pouvoir* : *je/tu peux, il peut*). Pour les distinguer, on peut essayer de mettre la forme à l'imparfait.
Elle **peut** (pouvait) le faire mais Il lit **peu** (≠ beaucoup).

Préparer la dictée

1 **DE L'INDICATIF À L'IMPÉRATIF.** Mettez les phrases à l'impératif présent.
■ Exemple : Tu écoutes. → Écoute !

Vous ouvrez la porte. → .... Vous n'avez pas peur. → ....
Tu te prépares. → .... Vous vous tournez. → ....

2 **LA PHRASE EXCLAMATIVE.** Formez des phrases exclamatives selon le modèle.
Ses cheveux sont longs. → Ah ! qu'ils sont longs !

Ses yeux sont beaux. → .... • Cette personne est belle. → .... • Sa taille est jolie. → .... • Ce visage est mignon. → .... • Elle est agréable. → .... • Son regard est pénétrant. → ....

3 **LES MOTS DIFFICILES.** Utilisez les mots suivants pour compléter le texte : ne ... point – donc – car – un peu – Monsieur – à – Ah – Qu'en – s'il vous plaît – apporter – grâce – et.

« Dites-moi, ..., quel est le chemin qui mène à la ville ? » demande le valet de Dom Juan .... un pauvre. « C'est par là, mais il y a des voleurs : faites .... attention ! Mais, ..., vous qui êtes riche, ... pourriez-vous .... me donner .... d'argent ? Je prierai pour vous. » « .... ! Merci, dit Dom Juan. Mais au fait, si tu demandais au Ciel de t'....................... à manger .... boire. .... penses-tu ? C'est impossible ? Alors, si tu renies Dieu, je te ferai la .... d'une pièce d'or. » Dom Juan fut très étonné .... le pauvre refusa.

Dictée préparée

Dom Juan se propose d'enlever une jeune fille dont il est tombé amoureux. Il fait ses dernières recommandations à son serviteur Sganarelle.

DOM JUAN – Prépare-toi donc à venir avec moi, et prends soin toi-même d'apporter toutes mes armes. [...]

Mais un peu plus tard, il rencontre Charlotte.

DOM JUAN – Ah ! la belle personne, et que ses yeux sont pénétrants !
CHARLOTTE – Monsieur, vous me rendez toute honteuse.
DOM JUAN – Ah ! n'ayez point de honte d'entendre dire vos vérités. Sganarelle, qu'en dis-tu ? Peut-on rien voir de plus agréable ? Tournez-vous un peu, s'il vous plaît. Ah ! que cette taille est jolie ! Haussez un peu la tête, de grâce. Ah ! que ce visage est mignon ! Ouvrez vos yeux entièrement. Ah ! qu'ils sont beaux !

Molière (1622-1673), *Dom Juan* (Actes I et II).

Niveau 5e

Revoir les difficultés

4 **L'IMPÉRATIF PRÉSENT.** Mettez les verbes à l'impératif.

Tu acceptes. →	Vous écoutez. → ....
Vous lui parlez. →	Tu te venges. → ....
Tu viens. →	Nous y allons. → ....
Tu es prêt. →	Tu écris. → ....
Tu as confiance. →	

5 **LES MOTS DE LA MÊME FAMILLE.** Ajoutez des préfixes et/ou des suffixes.

la honte →	porter → ....
gracieux →	entier → ....
vérité →	hausser → ....
guérison →	acceptation → ....

Dictée non préparée

Le paysan médecin

Un célèbre fabliau du Moyen Âge met en scène une femme rusée et son mari, un paysan qui a l'habitude de la battre. « Arrête ! lui disait-elle souvent, sinon, un jour, je me vengerai ! »
Or le roi cherchait un médecin pouvant guérir sa fille qui avait une arête de poisson dans le gosier. Il envoya des messagers. La femme du paysan leur dit : « Figurez-vous que mon mari est un très bon docteur. Mais il n'accepte de rendre service que si on le frappe. » Les hommes donnèrent donc des coups de bâton au paysan en disant : « Viens avec nous ! Suis-nous ! ». « Allons-y ! » finit-il par dire. Arrivé au château, il trouva une solution. « Regardez-moi ! Faites comme moi ! » dit-il à la princesse en faisant des grimaces. Elle rit tellement que l'arête sortit de sa gorge...

Résumé d'un fabliau du Moyen Âge, « Le Vilain Mire ».

ÉTAPE 16

Leçon

1. Le subjonctif présent

Il faut que je m'en aille.

être	avoir	faire	aller
que je sois	que j'aie	que je fass**e**	que j'aille
que tu sois	que tu aies	que tu fass**es**	que tu ailles
qu'il soit	qu'il ait	qu'il fass**e**	qu'il aille
que nous soyons	que nous ayons	que nous fass**ions**	que nous allions
que vous soyez	que vous ayez	que vous fass**iez**	que vous alliez
qu'ils soient	qu'ils aient	qu'ils fass**ent**	qu'ils aillent

Sauf pour les verbes *être* et *avoir*, les terminaisons du subjonctif présent sont toujours : *-e*, *-es*, *-e*, *-ions*, *-iez*, *-ent*.

2. Noms terminés par *-tion*/*-sion*

Beaucoup de noms féminins se terminent par le suffixe *-tion*, où le *t* se prononce [s] : représentation ; récréation ; action ; attention ; multiplication ; solution.
Dans d'autres, le suffixe s'écrit *-sion* : ascension ; tension ; appréhension ; suspension.

Préparer la dictée

1 **LE SUBJONCTIF.** Mettez les verbes au subjonctif présent, en commençant par *Il faut que…*

Il appelle. → ....
J'ai le temps. → ....
Je suis prêt. → ....
Je tiens. → ....
C'est bien. → ....
Je le fais. → ....
Je peux. → ....
J'y vais. → ....

2 **L'INDICATIF.** Mettez les verbes au présent de l'indicatif.

J'aurais un rôle. → ....
Je le détesterais. → ....
Il semblait malade. → ....
Il secouerait la tête. → ....
Je perdrais le souffle. → ....
Ils piailleraient. → ....

3 **L'ACCENTUATION.** Ajoutez les accents nécessaires.

bientot • plutot • la fievre • il est pret • il deteste • un medecin • la piece • repeter • deja la • le role • la derniere fois

4 **LES MOTS DIFFICILES.** Trouvez des mots de la même famille.

cesser → ....
impossible → ....
imaginaire → ....
piaillement → ....

Dictée préparée

La dernière représentation

« Bientôt le rideau va se lever. Il faut que je sois prêt pour jouer la pièce ! se répétait Molière. Mais je suis si fatigué ! J'ai chaud, j'ai froid : il semble que j'aie de la fièvre… Et il faut que je fasse cesser la toux qui me secoue, sinon, il est impossible que je puisse dire un mot ! Le malade imaginaire : il semble que ce soit moi, aujourd'hui ! Faut-il que j'appelle un médecin ? Le roi Louis XIV s'amuserait si je le faisais, lui qui déteste encore plus que moi les terribles petits hommes en noir !… Je perds le souffle… Ah ! Les spectateurs sont déjà là, il faut que j'y aille… pour la dernière fois. »

Revoir les difficultés

5 L'INDICATIF ET LE SUBJONCTIF. Tracez une flèche entre le début et la fin de la phrase.

Ils le •	• revienne.
Je retourne le leur •	• demandent.
Il faut que •	• prêts.
Ils sont •	• penses à moi.
Ils veulent que je •	• je le fasse.
J'aimerais que tu •	• dire.

6 LES SUFFIXES. Terminez les mots.

Le *Malade imagin*………… est la dernière pièce jouée par Molière, en 1673. Son héros, Argan, toujours plein d'inquiét………… pour sa propre santé, veut un mari………… entre sa fille et un médecin, Diafoirus, qui sera là pour prêter atten………… à lui. Mais sa fille est amour………… d'un autre. Le père donnera finale………… son consente………… au mariage. Et il se fera lui-même médecin ! La représenta………… de cette bouffonn………… sera un succès : le public rira franche…………

Dictée non préparée

La peste

Un mal qui répand la terreur, la peste, venait de s'abattre sur les animaux. Ils ne mouraient pas tous, mais tous étaient inquiets. Leur roi convoqua alors une assemblée et dit :

– Mes chers amis, il est clair que les dieux nous punissent. Il faut que chacun d'entre nous s'accuse loyalement du mal qu'il a fait. Il faudra ensuite que le plus coupable périsse ! Je commence. Voilà : j'ai dévoré quelques moutons…

– Ne vous accusez pas ! dit le renard, toujours flatteur. Si vous les avez dévorés, c'est un honneur pour eux.

Le tigre puis l'ours se trouvèrent des excuses. Enfin arriva un âne qui, humblement, avoua avoir brouté dans le pré de son voisin. On affirma que tout le mal venait de lui. Il fallait qu'on le condamne à mort. L'histoire ne dit pas si les dieux furent d'accord !

D'après Jean de La Fontaine, « Les Animaux malades de la peste », *Fables*.

ÉVALUATION 3

1 LES DIFFÉRENTS MODES. Conjuguez le verbe *voir* à la 2e personne du singulier et du pluriel, aux temps et aux modes indiqués. *Comptez 2 points par bonne réponse.*

Futur de l'indicatif → .... Conditionnel présent → ....
Impératif présent → .... Indicatif présent → ....
Subjonctif présent → ....

Score.../10

2 LES VERBES EN -*ELER*. Écrivez ces verbes à la 1re personne du singulier du présent, de l'imparfait, du passé simple de l'indicatif. *Comptez 2 points par verbe.*

(rappeler) → je ....
(épeler) → ....
(ficeler) → ....
(ensorceler) → ....
(décongeler) → ....

Score.../20

3 LA FORME NÉGATIVE. Formez une seule phrase. *Comptez 1 point par bonne réponse.*

▪ Exemple : Tu acceptes ? – Pas du tout ! – Tu n'acceptes pas.

Tu lui parleras ? → – Jamais – .... • Tu vois quelque chose ? → – Rien ! – .... • Il le croit ? → – Pas du tout ! – .... • On a perdu du temps ? → – Pas du tout ! – .... • Ils invitent tout le monde ? → – Personne ! – ....

Score.../5

4 LES NOMS EN [E]. Ajoutez -é ou -ée. *Comptez 1 point par bonne réponse.*

Nous avons fait une dict......... • J'admire la beaut........ de ce paysage. • J'ai une id......... • C'est une belle propriét......... On y entre par une grande all......... En voici la cl......... Tournez la poign......... Vous êtes dans l'entr......... • L'habilet........ de cet artisan m'étonne. • Quelle est la dur........ de ce film ?

Score.../10

5 LES MODES INDICATIF, CONDITIONNEL, SUBJONCTIF. Mettez les verbes entre parenthèses aux modes et temps indiqués : indicatif présent (Ip), subjonctif présent (Sp), ou conditionnel présent (Cp). *Comptez 2 points par bonne réponse.*

La loi de la jungle

La loi de la jungle (établir, Ip) .... très clairement que chaque loup, (pouvoir, Ip) ...., lorsqu'il (se marier, Ip) .... se retirer du Clan auquel il (appartenir, Ip) .... Les petits sont libres de courir où il leur (plaire, Ip) .... et jusqu'à ce qu'ils aient tués leur premier daim, il n'(être, Ip) .... pas d'excuse valable pour le loup adulte et du même Clan qui (tuer,

Cp) .... l'un d'eux. Comme châtiment, c'est la mort, pour le meurtrier où qu'il (se trouver, Sp) .... et, si vous (réfléchir, Ip) .... une minute, vous verrez qu'il (devoir, Ip) .... en être ainsi.

Résumé de : Rudyard Kipling (1865-1936), *Le Livre de la jungle*.

Score.../20

6 **L'INDICATIF PRÉSENT (IP) ET LE CONDITIONNEL PRÉSENT (CP).** Mettez les verbes entre parenthèses aux modes et temps indiqués. *Comptez 1 point par bonne réponse.*

Les perdrix et le chasseur

Les perdrix et le laboureur (vivre, Ip) .... en paix, à la distance qu'il (falloir, Ip) .... l'un de l'autre pour ne pas se gêner. Mais j'(arriver, Ip) .... et la perdrix (s'envoler, Ip) .... et le laboureur n'(être, Ip) .... pas tranquille. Je (s'approcher, Ip) .... de la haie et je (regarder, Ip) .... par-dessus. Il me (sembler, Ip) .... qu'un col d'oiseau (se dresser, Ip) .... à l'ombre de l'arbre. Aussitôt, mes battements de cœur (s'accélérer, Ip) .... J'(entrer, Ip) .... dans le pré avec mon chien. Soudain, il (tomber, Ip) .... ou plutôt il (s'aplatir, Ip) .... en arrêt. Il y (avoir, Ip) .... je le (jurer, Cp) .... des perdrix sous son nez !

D'après Jules Renard (1864-1910), *Histoires naturelles*.

Score.../15

7 **L'IMPARFAIT (I), LE PASSÉ SIMPLE (PS), LE PASSÉ COMPOSÉ (PC), LE PLUS-QUE PARFAIT (PQP).** Mettez les verbes entre parenthèses aux temps indiqués. *Comptez 1 point par bonne réponse.*

L'enfant et le dauphin

Près d'un lac il y (avoir, I) .... une colonie dont les enfants (avoir, I) .... l'habitude de faire des courses de natation. L'un d'eux se trouvant un jour en difficulté très loin du rivage, (voir, PS) .... surgir un dauphin à ses côtés. Plongeant et replongeant d'abord autour de lui, le dauphin le (prendre, PS) .... tout à coup sur son dos, puis (partir, PS) .... vers le rivage et le (déposer, PS) .... près de ses camarades. Dès le lendemain, les garçons (retourner, PS) .... nager. Le dauphin (faire, PS) .... pour eux des sauts et des cabrioles. Il se laissa désormais approcher, mais, il (marquer, PS) .... toujours une préférence pour l'enfant qu'il (sauver, PQP) ....

D'après Anne Collet et Raymond Duguy, *Les Dauphins*,
Coll. « Sciences et découvertes », éd. Le Rocher, 1987.

Score.../20

Score total.../100

ÉTAPE 17

Leçon

1. Le passé composé conjugué avec *être*

Elle est partie.

rester	aller	venir	partir
je suis resté(e)	je suis allé(e)	je suis venu(e)	je suis parti(e)
tu es resté(e)	tu es allé(e)	tu es venu(e)	tu es parti(e)
il est resté	il est allé	il est venu	il est parti
elle est restée	elle est allée	elle est venue	elle est partie
ils sont restés	ils sont allés	ils sont venus	ils sont partis
elles sont restées	elles sont allées	elles sont venues	elles sont parties

2. *Qui*, pronom relatif

Qui est un pronom relatif sujet. On accorde le verbe suivant *qui* avec le nom ou le pronom pour lequel il est mis. Le père **qui** avait une ferme et **qui** n'était jamais sorti de son village, avait trois fils **qui** souhaitaient voir le monde. Il dit à l'aîné: «Toi **qui** es le plus intelligent… »

Préparer la dictée

1 **L'ACCORD DU PARTICIPE PASSÉ. Écrivez *être* au présent (P) ou au futur (F) et ajoutez, si nécessaire, une terminaison aux participes passés.**

Il (être, P) .... devenu.... roi. Elle (être, P) .... devenu.... reine. Il (être, P) .... né.... fils d'un roi de France. Elle (être, P) .... né.... en Espagne. Après son mariage, elle n'(être, P) .... plus jamais retourné.... dans son pays. Louis XIII (être, F) .... sacré.... roi. À sa mort, leur fils, Louis XIV n'ayant que cinq ans, elle (être, F) .... nommé.... régente.

2 **LES MAJUSCULES ET LES CHIFFRES ROMAINS. Ajoutez-les.**

le roi louis 13 a succédé à son père, henri 4, assassiné en 1610. il a épousé, la fille du roi d'espagne, appelée anne d'Autriche parce que sa propre mère était originaire de ce pays. ils ont eu deux fils : l'aîné est connu sous le nom de louis 14 ; le second prit le titre de gaston d'orléans.

3 **LES MOTS DIFFICILES. Utilisez les mots suivants pour compléter le texte :**
Bègue – discours – autorité – successeur – obéissance – enfance – défaut.

Louis XIII a été appelé Louis le Juste mais aussi Louis le .... Ce .... de prononciation le fit beaucoup souffrir dans son .... et lui fit craindre le pire lorsqu'il prononça son premier .... : déclaré majeur à l'âge de quatorze ans, il s'adressa au parlement. Il devait faire preuve d'.................... et demander l'.................... de ses sujets, car il devenait le .... du roi Henri IV.

Dictée préparée

Louis XIII, roi de France

Moi, Louis XIII, qui suis devenu très jeune roi de France, j'ai toujours voulu régner avec justice tout en demandant à mes sujets le respect et l'obéissance qui sont dus à l'autorité royale. Mon enfance n'a pas été facile. Pendant quelques années j'ai été heureux avec mon père, Henri IV. Mais lui qui était si bon, si joyeux, a été lâchement assassiné par un fou. Ma mère ne m'a jamais aimé : elle préférait mon frère. Il faut dire que j'ai toujours été obstiné, colérique ; et puis, hélas, je suis né bègue et je le suis toujours resté.

Aujourd'hui, après un règne traversé par des guerres nombreuses, épuisantes, je sais que je peux compter sur mon successeur. Il se nommera Louis XIV. Avec de la chance et par la grâce de Dieu, il héritera de mes qualités, mais mes défauts lui seront épargnés…

(Louis XIII est né en 1601 et mort en 1643.)

Niveau 5e

Revoir les difficultés

4 LES TEMPS COMPOSÉS. L'ACCORD DES PARTICIPES PASSÉS. Écrivez les participes passés.

Enfant, Louis XIII a été (élever) .... par des nourrices. L'une d'elles lui a (apprendre) .... à lire. Ses sœurs n'ont pas (avoir) .... la même éducation. Il ne s'est jamais (entendre) .... avec son frère, Gaston d'Orléans, qui avait toujours (être) .... le préféré de leur mère, Marie de Médicis et qui avait été (doter) .... de talents que le roi n'avait pas : il parlait facilement, avait un caractère joyeux. Plus tard, Louis XIII s'est toujours (méfier) .... de lui et l'a toujours (tenir) .... à l'écart des affaires du royaumes.

5 L'EMPLOI DE *QUI*. Formez deux phrases. Reliez les éléments en utilisant plusieurs fois *qui*.

Louis XIII • né en 1601 • fils d'Henri IV • a régné jusqu'en 1643.

Louis XIII • gouverna avec Richelieu • Richelieu devint son plus fidèle soutien.

Dictée non préparée

Une reine de France

Lorsque la belle et blonde princesse d'Espagne – Anne d'Autriche – est venue en France pour épouser Louis XIII, elle n'était âgée que de quatorze ans. Pendant son voyage, elle était accompagnée d'un millier de personnes et il était prévu que cent resteraient avec elle pour adoucir sa vie dans le sombre et froid palais du Louvre. Son carrosse était suivi d'un long cortège et de malles remplies de robes, de manteaux, de capes, de bijoux et d'objets divers pour sa maison… Mais bientôt sa cour est repartie, sur ordre de son mari et elle est restée seule. Après vingt ans de mariage, deux fils lui sont nés : l'aîné, qui était si beau, si fier, était promis, elle en était sûre, à un glorieux avenir. Elle ne se trompait pas puisqu'il s'agissait du futur Louis XIV.

ÉTAPE 18

Leçon

1. Les verbes pronominaux au passé composé

je me suis levé(e)	nous nous sommes levé(e)s
tu t'es levé(e)	vous vous êtes levé(e)s
il s'est levé	ils se sont levés
elle s'est levé(e)	elles se sont levées

Aux temps composés, les verbes pronominaux se conjuguent **avec l'auxiliaire *être***. Pour les verbes de sens réfléchi comme *se lever*, l'accord se fait avec le COD s'il est placé avant. Elle s'est coiffé**e** (elle a coiffé qui ? *se* mis pour *elle*) mais Elle s'est coiffé les cheveux (elle a coiffé quoi ? les cheveux).

2. Consonnes simples ou doubles

Les mots commençant par *ac-*, *at-* ou *ap-* prennent généralement deux *c*, deux *t*, deux *p* :
– accusation, accord, acclamer mais acompte, acacias ;
– attraper, attendre, attirer mais atome, atlas ;
– apporter, appeler, apprendre mais apercevoir, apostropher.

Préparer la dictée

1 **L'ACCORD DES PARTICIPES PASSÉS.** Complétez les participes passés.

Il s'est querell.... avec son voisin. • Le renard aura dévor.... la belette. • Il se peut qu'elle ait été mang.... par le loup. • L'âne aurait été accus..... • L'animal est perd..... • Une panthère s'est montré.... dans la cour de la ferme. • J'ai empêch.... les chasseurs de tirer. • Où sont pass.... les hirondelles ?

2 **UNE CONSONNE OU DEUX ?** Ajoutez *c*, *t* ou *p* si nécessaire pour compléter les mots.

L'ac....usé se défendit. On l'avait ap....réhendé, at....rap....é alors qu'il se sauvait. Il rap....ela que personne n'avait ap....orté de preuves de sa culpabilité. Un ac....ord fut trouvé : il ap....rit bientôt qu'il était libre.

3 **LES MOTS DIFFICILES.** Utilisez les mots suivants pour compléter le texte :
panthère – animaux – menacer – grommelèrent – saigner – malmener – les loups – renard – volaille(s) – poulailler(s).

Dans les fermes, à la campagne, il y a des .... où vivent des poules et des coqs. Parfois un .... cherche à attraper une poule. Mais .... vivent désormais très loin. Et comment une .... aurait-elle pu arriver là pour .... les .... et .... les bêtes, allant jusqu'à .... à mort les canards et autres .... ? – Heureusement, ces animaux parlent : nous pourrons leur poser des questions, ... les enfants.

Dictée préparée

La panthère en accusation

– Tu t'es querellée hier soir avec le cochon, et, pour te venger, tu l'auras dévoré dans un coin !
– Mais je ne suis pas seule à m'être querellée avec lui, riposta la panthère. Et s'il faut qu'il ait été mangé, pourquoi ne l'aurait-il pas été par vous, les parents ? À vous entendre, on croirait que vous n'avez jamais mangé de cochon ! Depuis que je suis ici, m'a-t-on vue malmener une bête de la ferme ou la menacer ? Sans moi, combien de volailles seraient passées par la casserole, combien d'animaux vendus au boucher ? Et je ne parle ni du loup ni des deux renards que j'ai empêchés de saigner le poulailler…
– Toujours est-il que le cochon est perdu, grommelèrent les parents.

Résumé de : Marcel Aymé (1902-1967), « Le Canard et la Panthère », *Les Contes du chat perché*, Gallimard.

Niveau 5e

Revoir les difficultés

4 LES VERBES PRONOMINAUX. Écrivez ces verbes au présent, à la deuxième personne du singulier.

s'habituer → …………………… • s'arrêter → …………………… • se préparer → …………………… • se taire → …………………… • se défendre → …………………… • se souvenir → …………………… • s'asseoir → ……………………

5 LA FORME INTERRO-NÉGATIVE. Transformez les phrases affirmatives en phrases interro-négatives.

■ Exemple : Il l'aurait été. → Ne l'aurait-il pas été ?

Il aurait compris. → ……………………… • Il a dit cela. → ……………………… • Ils l'ont appris. → ……………………… • Elle me l'a promis. → ……………………… • Il s'est perdu. → ……………………… • Je l'ai dit. → ……………………… • Vous vous étiez cachés. → ………………………

Dictée non préparée

L'État du Soleil

« J'ai visité, a raconté Cyrano de Bergerac, différentes parties de cet immense État qu'est le Soleil. Un jour, mon guide m'a dit :
– Là, c'est le Royaume des trois rivières. La première, on l'a appelée "mémoire". J'ai vu des perroquets, des pies, des pinsons qui gazouillent ce qu'ils ont appris. Le deuxième fleuve est appelé "imagination", a dit plus loin mon guide. Il a toujours brillé et même étincelé, mais on a des difficultés à le suivre.
Bientôt nous sommes arrivés à la troisième rivière, nommée "jugement", il y a toujours eu des serpents dans sa vase ainsi que des plantes empoisonnées.
Depuis que le monde est monde, ces trois fleuves ont toujours arrosé le Soleil et permis la vie. »

D'après *L'Autre Monde*, « Le Soleil », Cyrano de Bergerac, éd. Belin.

ÉTAPE 19

Leçon

1. La voix passive et l'emploi de l'auxiliaire *être*

La voix passive se forme avec l'auxiliaire *être* suivi du participe passé du verbe.
Le chat mange la souris. (voix active) → La souris **est mangée** par le chat. (voix passive)
Marie prépare les repas. (voix active) → Les repas **sont préparés** par Marie. (voix passive)
Une nappe recouvrait la table. (voix active) → La table **était recouverte** d'une nappe. (voix passive)
Rappel : Employé avec l'auxiliaire *être*, le participe passé s'accorde toujours avec le sujet du verbe.

2. Les déterminants numéraux

- Les déterminants numéraux **cardinaux**, comme *trois*, *cinq*, *sept*, etc. sont toujours invariables, sauf *vingt* et *cent*, lorsqu'ils indiquent des vingtaines ou des centaines entières : quatre-vingts ; deux cents.

Attention ! *Mille* ne prend jamais d'*s*, mais les noms *millier*, *milliard* peuvent être mis au pluriel : des millions, quinze milliards.

- Les déterminants numéraux **ordinaux** (qui indiquent le rang) sont variables : les seconds rôles, la cinquième roue du carrosse.

Préparer la dictée

1 **LA VOIX ACTIVE ET LA VOIX PASSIVE.** Écrivez les participes passés des verbes entre parenthèses et accordez-les si nécessaire.

La peste a (tuer) .... des milliers de personnes. • Des milliers de personnes ont été (tuer) .... par la peste. • Les bateaux ont (transporter) .... des marchandises. • Des marchandises ont été (transporter) .... par des bateaux. • Les rats avaient (apporter) .... cette maladie. • Cette maladie avait été (apporter) .... par les rats. • L'épidémie a (toucher) .... la population. • La population a été (toucher) .... par l'épidémie.

2 **LE PLURIEL.** Mettez les groupes nominaux au pluriel. Écrivez les chiffres en lettres.

un an → (30) ....
au siècle passé → ....
un bateau → ....
un conflit → (d'autres) ....
un jour → (100) ....
la campagne française → ....
une épidémie contagieuse → ....
un million → ....

3 **LES MAJUSCULES ET LA PONCTUATION.** Ajoutez les signes de ponctuation et les majuscules manquants.

c'était pendant le moyen age il y a eu la guerre de cent ans et la guerre de trente ans la population française a beaucoup souffert la france était constamment en guerre autrefois il en était souvent ainsi en orient comme en occident

Dictée préparée

Les guerres et les maladies d'autrefois

Les guerres ont été nombreuses, en France, dans les siècles passés. Il y a eu, par exemple, au Moyen Âge, la guerre de Cent Ans. Au XVIIe siècle, ce fut la guerre de Trente Ans ; par la suite, d'autres conflits ont encore éclaté.
Les maladies contagieuses, qui se propageaient rapidement, ont fait, quant à elles, des millions de morts. Pendant l'épidémie de peste noire, au XIVe siècle, le tiers de la population française a été touchée. Elle avait été apportée par des rats, embarqués sur des bateaux chargés de marchandises venant d'Orient.
Et puis, on mourait de faim, dans les campagnes lorsque les récoltes étaient mauvaises. Les enfants décédaient souvent à la naissance. Bref, la durée moyenne de la vie n'était que de trente ans. De nos jours, heureusement, la vie est plus facile, en Europe.

Revoir les difficultés

4 LA VOIX PASSIVE ET L'ACCORD DU PARTICIPE PASSÉ. Mettez les phrases suivantes à la voix passive.

La mairie organise des courses de vélo en été.
→ ....

Les oiseaux ont mangé toutes les cerises.
→ ....

La tempête a déraciné plusieurs arbres.
→ ....

Les films d'aventures passionnent Adèle.
→ ....

5 LE PASSIF. Écrivez les verbes au présent de la voix passive.

Le toit (emporter) .... par un cyclone. • L'entrée (cacher) .... par des arbres. • Le chevalier (protéger) .... par sa cuirasse • Les enfants (punir) .... par leur père. • Elle (aider) .... par un professeur.

Dictée non préparée

Cyrano séjourne sur la lune

« Lorsque j'étais sur la lune, a raconté Cyrano de Bergerac, un démon est venu me voir. Il m'a demandé si j'avais faim. Un enfant a pris son arme et a tué vingt à trente alouettes. En fait, elles sont tombées toutes rôties à nos pieds… Les ayant ramassées, je les ai mangées : je n'avais jamais rien mangé de plus délicieux. Après ce déjeuner, mon démon a donné à notre hôte un papier. J'ai voulu savoir si c'était pour payer. Il m'a expliqué que, dans ce pays, en effet, on paie avec des poésies : il venait d'en donner deux. Mon démon a ajouté : « Ici, quand les auteurs ont composé des pièces, ils les emportent à la cour des monnaies. Là elles sont payées selon leur mérite par le roi. »

D'après *L'Autre Monde*, « Le Soleil », Cyrano de Bergerac, éd. Belin.

ÉTAPE 20

Leçon

1. L'accord du participe passé conjugué avec *avoir*

▪ Employé avec l'auxiliaire *avoir*, le participe passé ne s'accorde jamais avec le sujet. Mais il s'accorde **avec le complément d'objet direct** (COD) si celui-ci est placé avant le verbe.
J'ai chanté des chansons. → Les chansons que j'ai chant**ées**…
▪ Pour trouver le complément d'objet direct, il faut poser la question *Qui ?* ou *Quoi ?* après avoir lu le verbe.

2. Préfixes d'origine latine ou grecque

▪ Certains préfixes sont d'origine **latine**, comme *bi-* ; *bis-* (« deux fois »), *extra-* (« en dehors »), *super-* (« au-dessus »), *trans-* (« au-delà »).
▪ D'autres préfixes sont d'origine **grecque**, comme *bio-* (« vie »), *biblio-* (« livre »), *poly-* (« plusieurs »), *hélio-* (« soleil »), *télé-* (« loin »).

Préparer la dictée

1 **L'ACCORD DU PARTICIPE PASSÉ.** Écrivez les participes passés des verbes et accordez-les si nécessaire.

Nous avons (devoir) .... partir très tôt. Nous avons rejoint d'autres camarades. Enfin nous sommes (arriver) .... Nous avons (trouver) .... un hôtel et y avons (dormir) .... Mais la nuit, la neige a (recommencer) .... à tomber. Le lendemain, il a (être) .... difficile de repartir.

2 **LE PLURIEL.** Mettez ces groupes nominaux au pluriel et écrivez les chiffres en lettres.

votre vêtement → ....
un message → ....
un objet → (divers) ....
un sac à dos → ....
un spectateur → (tous les) ....
un mètre → (3 000) ....

3 **LES MOTS DIFFICILES.** Complétez les phrases suivantes en utilisant ces mots ou expressions : téléphérique – téléski – sac à dos – reportage – arrivée – hélicoptère – direct.

Nous sommes arrivés en .... Le temps était clair et idéal pour réaliser un .... en .... Nous avons donc pris chacun notre .... et nous sommes partis, les uns en .... les autres en .... selon le plan prévu au départ et dès notre .... nous avons commencé à filmer.

Dictée préparée

En montagne

Pour faire notre reportage, nous avons pris le téléphérique et nous sommes arrivés sur l'autre versant de la montagne. Tout le jour, nous avons dû transporter un sac à dos et divers objets sans montrer notre fatigue. À trois mille mètres d'altitude, la neige s'est remise à tomber. Nos vêtements ont vite été transpercés. Nous avons pris un téléski puis nous avons recommencé à marcher. Enfin nous avons rejoint l'autre équipe. Les cameramen de la télévision étaient là, car ils voulaient retransmettre en direct l'arrivée au sommet. On nous a ramenés en hélicoptère et, à notre retour, nous avons trouvé des messages de félicitations de tous les téléspectateurs.

Revoir les difficultés

4 **LE PARTICIPE PASSÉ CONJUGUÉ AVEC *AVOIR*.** Écrivez les verbes au passé composé.

Nous (marcher) .... • Que de longues marches nous (faire) .... ! • Au bas des pistes, on (attendre) .... leur retour. • Tout le monde (craindre) .... les avalanches, les chutes. • Il y (avoir) .... des moments de panique. • Les aventuriers nous (raconter) .... ensuite leur ascension. • Je ne sais si, ensuite, ils (écrire) .... un livre.

5 **LES PRÉFIXES.** Formez de nouveaux mots avec extra-; trans-; biblio-; micro-; télé- ou poly-.

........thèque • ....ordinaire • ....terrestre • ....porter • ....scope • ....phone • ....vision • ....objectif • ....gone.

6 **LES NOMS D'ORIGINE ÉTRANGÈRE.** Mettez les groupes nominaux au pluriel.

un clown → .... un sweater→ ....
un short → .... un tramway → ....
un caméraman (ou cameraman) → .... (ou des → ....)
un gentleman → .... (ou des → ....)

Dictée non préparée

La planète de l'inventeur

Par des moyens ultrarapides, nous avions été téléguidés jusqu'à cette planète microscopique qui tournait sur elle-même dans l'espace.

Là, vivait un inventeur qui avait mis au point divers procédés mécaniques lorsqu'il était sur terre. Il les avait transportés jusqu'ici et était heureux de les faire fonctionner. Notre guide nous a expliqué :

– Beaucoup de voyageurs ont bénéficié de trajets gratuits que l'inventeur leur a offerts. C'est un moyen divertissant de se déplacer que celui du chariot aérien.

Nous avons félicité cet inventeur heureux avant de poursuivre notre périple.

D'après Phylos, *J'ai vécu sur deux planètes*, éd. Laffont, 1998.

ÉTAPE 21

Leçon

1. Le plus-que-parfait

venir	espérer
j'étais venu(e)	j'avais espéré
tu étais venu(e)	tu avais espéré
il était venu	il avait espéré
nous étions venu(e)s	nous avions espéré
vous étiez venu(e)s	vous aviez espéré
ils étaient venus	ils avaient espéré

Remarque : *Nous*, comme *vous*, peut être masculin ou féminin. *Vous* peut par ailleurs représenter un singulier (*vous* de politesse) ou un pluriel.

2. *Quelque, quel que*

▪ *Quelque* déterminant s'accorde avec le nom déterminé : **quelque** temps, **quelque** chose, **quelques** questions (= plusieurs questions).
Quelque adverbe ne prend jamais d'*s* : Nous avions fait quelque (= environ) cent kilomètres.
▪ *Quel que*, *quels que*, *quelles que* (en deux mots) sont suivis d'un verbe au subjonctif ; l'adjectif *quel* s'accorde avec le nom auquel il se rapporte : **quel que** soit le problème ; **quelle que** soit la solution.

Préparer la dictée

1 **L'ACCORD DU PARTICIPE PASSÉ.** **Complétez le texte ci-dessous à l'aide de participes passés que vous accorderez en fonction de l'auxiliaire utilisé.**

Elle avait toujours (détester) .... prendre le train. • Hier, ces élèves n'avaient pas (faire) .... leur travail. • La vendeuse avait (secouer) .... la tête. • La directrice était (venir) .... nous féliciter. • L'enfant avait (mettre) .... le jouet dans sa poche. • Elle avait (espérer) .... recevoir une nouvelle montre, mais son espoir avait été (décevoir) .... • Les équations étaient (poser) ....

2 **LES MOTS DIFFICILES.** **Utilisez les mots suivants pour compléter le texte :** appareil – ustensile(s) – boîte – vilain – métallique(s) – déçu – rougeaud – quel(le) que.

Nous avons ouvert la ...., nous demandant quel .... elle pouvait bien contenir. Un robot plein de fils .... et au visage ...., tenant des .... bizarres en sortit. Il était très .... « Je pense que, ... soit la personne qui me l'a envoyé, je vais le lui réexpédier, soupira, ..., Clément. »

Dictée préparée

L'école en 2155

Margie avait toujours détesté l'école, mais maintenant elle la détestait plus encore. Quel que soit le test que lui faisait subir le maître mécanique, elle s'en tirait mal. Finalement sa mère avait secoué tristement la tête et fait venir l'inspecteur régional. L'inspecteur, un petit homme rond à la figure rougeaude, était venu avec une boîte pleine d'ustensiles, d'appareils de mesure et de fils métalliques. Il avait fait un sourire à l'enfant et lui avait donné une pomme. Puis il avait mis le maître en pièces détachées. Margie avait espéré qu'il ne saurait pas le remonter, mais son espoir avait été déçu. Au bout d'une heure environ, le maître était là de nouveau, gros, vilain, noir, avec un grand écran sur lequel les leçons apparaissaient et les questions étaient posées…

D'après Asimov, *Ce qu'on s'amusait* !, « Fiction », n° 35.

Niveau 5e

Revoir les difficultés

3 LE PLUS-QUE-PARFAIT. **Écrivez les verbes au plus-que-parfait.**

Je chante. → .... • Tu travailles. → .... • Il se divertit. → .... • Elle revient. → .... • Nous comprenons. → .... • Vous partez. → .... • Ils écrivent. → ....

4 QUEL QUE, QUELQUE OU QUELQUES. **Complétez les phrases par *quel que* (attention à l'accord de *quel*), *quelque* ou *quelques*.**

J'aimerais emprunter .... bandes dessinées à la bibliothèque. • Il y a .... danger à faire seul de l'escalade. • .... soit votre décision je suis d'accord avec vous. • As-tu besoin de .... chose ? • Nous avons .... peine à trouver un film qui plaise à tout le monde.

5 LES SUFFIXES. **Formez de nouveaux mots en ajoutant les suffixes :** -aud/-aut ; -asse ; -âtre ; -eur ; -et/(-ette) ; -ot ; -acé ; -ir **ou** -oyer.

rouge → ....
noir → ....
bleu → ....
vert → ....
blanc → ....
jaune → ....

Dictée non préparée

D'où vient la vie ?

Quel est le berceau de la vie ? On n'a pas encore la réponse ! Les briques de la vie ont pu être apportées par des météorites… ou apparaître près des sources d'eau chaudes au fond des océans. Autre scénario : ces molécules ont pu se former à partir des gaz de l'atmosphère primitive, grâce aux éclairs. Les pluies les auraient ensuite entraînées dans les océans ou au sol. Finalement, quand et comment l'homme est-il apparu sur Terre ? On ne le sait pas encore avec certitude !

D'après Isabelle Masson, *Du Big Bang à l'homme – La Spirale du temps*, éd. Milan Junior, 2004.

ÉTAPE 22

Leçon

1. Le participe passé employé avec *être*

■ Aux **temps composés**, certains verbes comme *aller, venir, sortir, partir, arriver, rester, tomber, descendre*… se conjuguent avec l'auxiliaire *être*.
Ils sont arrivés. – Elles sont arrivées. – Elle était descendue. – Dès qu'elle fut partie… – Dès qu'ils seront revenus…

■ Pour former la **voix passive** d'un verbe, on utilise l'auxiliaire *être* suivi du participe passé du verbe.

Rappel : Employé avec l'auxiliaire *être*, le participe passé s'accorde avec le sujet.

2. Le participe passé employé comme adjectif

Le participe passé des verbes peut être utilisé comme adjectif **pour qualifier** un nom. Il s'accorde avec lui au masculin et au féminin, au singulier et au pluriel.

→ Un appartement loué, vendu, remis en état, repeint, embelli.
→ Des appartements loué**s**, vendu**s**, remi**s** en état, repein**ts**, embelli**s**.
→ Un**e** maison lou**ée**, vend**ue**, rem**ise** en état, repein**te**, embelli**e**.
→ Des maisons lou**ées**, vend**ues**, rem**ises** en état, repein**tes**, embelli**es**.

Préparer la dictée

1 **LES PARTICIPES PASSÉS DES VERBES.** Accordez les participes passés.

Certains animaux sont menacé......... • Menacé........, ils s'enfuient. • Ils sont pourchassé........, braconné........ par des chasseurs. • Pourchassé........, braconné........, les éléphants cherchent refuge dans des lieux protégé......... • Ces animaux sauvages ont été tué........, décimé......... • Pauvres animaux, si souvent tué........, décimé......... • Heureusement, des réserves ont été créé......... • Venu........ de forêts éloigné........, ils sont parvenu........ à survivre.

2 **LE PLURIEL.** Mettez les groupes nominaux au pluriel.

un éléphant gris → ....
un troupeau apeuré → ....
cet endroit sûr → ....
un parc africain → ....
un lieu protégé → ....
la limite du parc → ....
une réserve naturelle → ....

3 **LES MOTS DIFFICILES.** Trouvez des mots de la même famille.

un éléphanteau → ....
le tropique → ....
braconner → ....
africain → ....
asiatique → ....
une troupe → ....

Dictée préparée

Les éléphants menacés

Des parcs et des réserves naturelles ont été créés en Asie et en Afrique : ces endroits protégés et gardés sont des refuges pour la grande faune tropicale. Les éléphants y trouvent normalement la sécurité, même si, dans plusieurs parcs africains, ils y sont braconnés autant qu'ailleurs !

À la saison sèche, ils savent qu'ils sont menacés à l'extérieur et n'osent plus sortir des limites des parcs [...]. Les éléphants épuisent alors toute la végétation du milieu et des troupeaux entiers sont décimés par la faim...

Brigitte Arnaud, *Explorons le monde des éléphants*, éd. Rouge et or, 1989.

Revoir les difficultés

4 LA PHRASE. **Formez une phrase avec les éléments suivants, en tenant compte de la majuscule initiale et de la ponctuation.**

en Afrique, • mais elles ont disparu, • l'éléphant des savanes et l'éléphant des forêts. • si bien qu'il ne reste plus que deux races : • existaient plusieurs espèces d'éléphants ; • Il y a longtemps,

....

....

....

5 L'ACCORD DU PARTICIPE PASSÉ. **Écrivez les participes passés des verbes et accordez-les.**

Des nouvelles galaxies on été (découvrir) .... • Des voyages interplanétaires on été (organiser) .... • Les roses sont (faner) .... • Les plantes sont (mourir) .... • La saison chaude est (terminer) .... • Les animaux sont (partir) .... • Seuls quelques hommes sont (rester) .... • Bientôt la pluie s'est (mettre) .... à tomber. • Tout s'est (transformer) .... • La vie est (revenir) ....

Dictée non préparée

Sur la planète Vénus

Après avoir traversé les mondes interplanétaires, nous sommes arrivés sur Vénus. Mes amis et moi avons été éblouis.

Une belle jeune fille aux yeux clairs, calmes et gris est venue à nous. Elle était mince, gracieuse et souriante. Notre guide nous a expliqué qu'elle avait le don de voir les sons, d'entendre les rayons du soleil et de percevoir la musique de l'arc-en-ciel.

À peine l'avais-je vue que j'en suis tombé amoureux. Son frère bientôt est venu et nous avons parlé. Un repas délicieux de figues, de raisins, de noisettes, d'amandes et de pâtisseries légères nous a été offert.

D'après Phylos, *J'ai vécu sur deux planètes*, éd. Laffont, 1998.

Niveau 5e

ÉVALUATION 4

1 **LES CONSONNES DOUBLES.** Ajoutez une deuxième consonne si nécessaire (*c*, *t*, *p*, *f*). *Comptez 0,5 point par bonne réponse.*

At....ention ! Il faut ac....order les mots ! dit le prof....esseur. • Avez-vous ap....ris votre leçon ? • Qu'est-ce qu'une ap....ostrophe ? • Je n'ap....rouve pas votre at....itude. • L'at....ente est longue. • Les curieux s'at....roup....ent sur le trot....oir af....in de mieux voir la scène. Les policiers s'ap....rochent mais ne font qu'ap....ercevoir un homme qui s'enf....uit. • Pourquoi la personne avait-elle été bat....ue, frap....ée ? Ils souhaitaient s'ap....rocher, l'ap....réhender. • Y-a-t-il des ac....cias dans cette rue ?

Score.../10

2 **LES PRÉFIXES.** Utilisez un des préfixes suivants avant les mots : re- – dé- – dés- – en- – in- – im- – il- – pré- – trans- – télé- – extra- ou super-. *Comptez 0,5 point par bonne réponse.*

........attendu • ....orienter • ....faire ou ....faire • ....carburant • ....mettre ou ....mettre • ....ordinaire • ....lucide • ....objectif • ....former • ....lettré • ....légal • ....cercler • ....charger • ....possible • ....commander • ....lucide • ....dire • ....voir

Score.../10

3 **LES ADJECTIFS NUMÉRAUX ET ORDINAUX.** Écrivez en toutes lettres. *Comptez 1 point par bonne réponse.*

5 → .... • 15 → .... • 18 → .... • 20 → .... • 21 → .... • 27 → .... • 28 → .... • 32 → .... • 100 → .... • 300 → .... • 305 → .... • 1 000 → .... • 3 000 → .... • le 7ᵉ → .... • le 5ᵉ → .... • le 1/2 → .... • le 1/3 → .... • 1/10ᵉ → .... • le 100ᵉ → .... • le 1/1 000ᵉ → ....

Score.../20

4 **LES PARTICIPES PASSÉS EMPLOYÉS AVEC *AVOIR*.** Accordez les participes passés. *Comptez 2 points par bonne réponse.*

Les fleurs sont (cueillir) .... • L'école est (finir) .... • Le soleil est (coucher) .... • Les prés sont (mouiller) .... • Le jeune homme et la jeune fille sont (arriver) ....

Score.../10

5 **LES PARTICIPES PASSÉS EMPLOYÉS AVEC *AVOIR*.** Accordez les participes passés. *Comptez 2 points par bonne réponse.*

L'homme a (ouvrir) .... la porte à l'aide d'un passe-partout et a (pénétrer) .... dans l'appartement. Les voisins n'ont rien (voir) .... ; ils n'ont (entendre) .... aucun bruit. L'homme, une demi-heure plus tard, a (franchir) .... le seuil, une grosse serviette à la main. Le soir, Jacques et Jacqueline, de retour chez eux, ont (constater) .... le vol.

Score.../10

6 **L'ACCORD DES PARTICIPES PASSÉS.** Accordez les participes passés. *Comptez 2 points par bonne réponse.*

Le triangle infernal

Dans l'océan Atlantique, au large de la Floride, existe un lieu maléfique. Plus de cent avions et bateaux, plus de mille hommes y ont disparu........ sans laisser de traces. On n'a retrouvé........ ni corps ni épaves. C'est ainsi qu'en 1945, six appareils et leurs équipages s'y sont évanoui......... On a conservé........ un enregistrement radio. Une voix affolé........ disait : « Cas d'urgence. Nous avons été dévié........ de notre route. Nous ne pouvons plus apercevoir la terre. La mer paraît bizarre. Nos appareils ne fonctionnent plus. » On ne les a jamais revu........ et on n'a jamais su ce qu'ils étaient devenu......... Certains ont prétendu........ qu'ils avaient été enlevé........ par des extra-terrestres.

D'après Charles Berlitz, *Le Triangle des Bermudes*, éd. Flammarion, 1975.

Score.../20

7 **LE PLURIEL.** Ajoutez les terminaisons manquantes. *Comptez 2 points par bonne réponse.*

La fin du monde

Beaucoup de peuple........ ont cru qu'un jour viendrait la fin du monde. Les légende........ des pays du Nord ont décrit ce moment terrible où les dieu........ seraient tués par des géant........ et par des animaux monstrueux.

Voici comment, dans longtemps, un survivant qui aura échappé à la destruction, racontera l'histoire : « Ces événement........ se sont passés après trois année........ d'hiver continu et trois années de guerre........ ininterrompu......... D'énormes loup........ ont avalé le soleil et la lune. C'est le géant de feu qui s'est montré le plus terrifiant, avec son épée qui brillait d'un éclat plus vif que le soleil. Pourtant, tout n'avait pas été détruit. Un monde nouveau et plus heureux avait finalement surgi des eau......... »

D'après R. Place et F.Carlier, *Les Vikings*, éd. Gamma, 1982.

Score.../20

Score total.../100

Niveau 4e

SOMMAIRE DÉTAILLÉ DES LEÇONS

ET DICTÉES

ÉTAPE 1

Leçon

1. Le présent de l'indicatif et de l'impératif

■ Au **présent de l'indicatif**, les verbes du 1er groupe en *-er* prennent les terminaisons *-e*, *-es*, *-e*. Les verbes du 2e groupe prennent *-s*, *-s*, *-t*. Les verbes irréguliers du 3e groupe ont différentes terminaisons : je viens, il vient mais je vais, il va ; je peux, il peut, etc.

marcher		finir		aller	
je marche		je finis		je vais	
tu marches	marche	tu finis	finis	tu vas	va
il marche		il finit		il va	
nous marchons	marchons	nous finissons	finissons	nous allons	allons
vous marchez	marchez	vous finissez	finissez	vous allez	allez
ils marchent		ils finissent		ils vont	

■ Au **présent de l'impératif**, les verbes en *-er* se terminent par *-e*. Chante ! Les verbes du 2e groupe se terminent par *-s*. Finis ! Les verbes du 3e ont différentes terminaisons. Cours ! – Viens ! – Sache !

2. La ponctuation

■ Le **point** indique la fin d'une phrase. Si la phrase exprime une question, on met un **point d'interrogation**. Si la phrase exprime un sentiment vif, on met un **point d'exclamation**.
■ **Autres signes de ponctuation :** point-virgule, virgule, deux-points, guillemets, tirets, etc. Les uns chantaient, dansaient – parfois à tue-tête ; les autres, debout sur le trottoir, applaudissaient. Mais en quelle langue chantaient-ils ? Personne ne comprenait !

Préparer la dictée

1 **LE PRÉSENT DE L'INDICATIF.** Mettez les verbes au présent de l'indicatif.

je dormais → ....
je grossissais → ....
tu souffrais → ....
tu te lamentais → ....
il se plaignait → ....
il concluait → ....

2 **LA FORME INTERROGATIVE.** Écrivez le verbe avant son sujet.

Elle vieillit. → ....
Elle se plaint. → ....
Je peux. → ....
Elle s'inquiète. → ....

3 **LES MOTS DIFFICILES.** Utilisez ces mots pour compléter le texte : se plaindre – guérir – quelquefois – autrefois – quand – façon – maladies – insomnies – aïeules.

Jean de la Bruyère, ... il rencontrait, dans des salons, ses contemporains, les écoutait et s'amusait .... de la .... dont ils parlaient d'eux-mêmes. Mais aujourd'hui comme ...., on aime ...., parler de ses nombreuses ...., de son poids, de ses .... et comme à l'époque de nos aïeux et de nos ...., on se demande comment ....

Dictée préparée

Les maladies d'Irène

Irène, entreprend un long voyage pour aller consulter le dieu de la médecine[1]. « Je suis lasse et fatiguée ! se plaint-elle d'abord. – C'est que vous venez de faire un long chemin, prononce l'oracle. – Je souffre d'insomnies : je dors mal ! ajoute-t-elle. – N'allez au lit que pendant la nuit ! lui prescrit-on. – Et puis, je grossis ! se plaint encore Irène. – Il faut vous lever avant midi et vous servir quelquefois de vos jambes pour marcher ! – Je perds mes forces. Ma santé n'est plus aussi bonne qu'autrefois, quand j'étais jeune ! se lamente encore Irène. – C'est, dit le dieu, que vous vieillissez. – Et comment puis-je en guérir ? s'inquiète-t-elle. – La façon la plus courte, c'est de mourir, Irène, comme l'ont fait avant vous votre mère, votre grand-mère et toutes vos aïeules ! conclut le dieu. »

D'après Jean de La Bruyère (1644-1699), *Les Caractères de Théophraste*[2], traduits du grec, 1688.

1. Le dieu de la médecine se nommait Asclépios, en Grèce.
2. Théophraste, auteur grec (372-287 avant J.-C.).

Revoir les difficultés

4 L'INDICATIF ET L'IMPÉRATIF. Mettez les verbes à 2e personne du singulier du présent de ces deux modes.

jeter → ...., ...
appeler → ...., ...
aller → ...., ...
dire → ...., ...
se lever → ...., ...
se plaindre → ...., ...

5 LES MAJUSCULES ET LA PONCTUATION. Ajoutez-les.

on connaît bien certains auteurs du XVIIe siècle molière la fontaine racine on aime particulièrement des comédies comme le bourgeois gentilhomme l'avare ou le malade imaginaire dernière pièce jouée par molière

Dictée non préparée

La jalousie

Pierre et Jean sont deux frères qui ont grandi ensemble, dans la même famille.

Mais une vague de jalousie, une de ces jalousies dormantes qui grandissent presque invisibles entre frères ou entre sœurs jusqu'à la maturité et qui éclatent à l'occasion d'un mariage ou d'un bonheur tombant sur l'un, les tenait en éveil [...]. Certes ils s'aimaient, mais ils s'épiaient. Pierre, âgé de cinq ans à la naissance de Jean, avait regardé avec une hostilité de petite bête gâtée cette autre petite bête apparue tout à coup dans les bras de son père et de sa mère, et tant aimée, tant caressée par eux. Jean, dès son enfance, avait été un modèle de douceur, de bonté et de caractère égal ; et Pierre s'était énervé, peu à peu, à entendre vanter sans cesse ce gros garçon.

(à suivre)

Guy de Maupassant (1850-1893), *Pierre et Jean*.

ÉTAPE 2

Leçon

1. Les temps simples de l'indicatif : verbes en *-eler*

Présent	Imparfait	Passé simple	Futur
j'appelle	j'appelais	j'appelai	j'appellerai
tu appelles	tu appelais	tu appelas	tu appelleras
il appelle	il appelait	il appela	il appellera
nous appelons	nous appelions	nous appelâmes	nous appellerons
vous appelez	vous appeliez	vous appelâtes	vous appellerez
ils appellent	ils appelaient	ils appelèrent	ils appelleront

Remarque : Les verbes en *-eler* ne prennent pas **deux *l*** à toutes les personnes et à tous les temps. Exemples de verbes en *-eler* : grommeler – atteler – épeler – étinceler…
Attention ! Il y a des exceptions : par exemple le verbe *geler*. On écrit : il gèle.

2. La forme interrogative

Une question peut prendre trois formes. Tu sais ? – Est-ce que tu sais ? – Sais-tu ?
Lucas s'amuse ? – Est-ce que Lucas s'amuse ? – Lucas s'amuse-t-il ?
À l'écrit, on préférera l'inversion du sujet.
Remarques : 1. On intercale -t- pour éviter la rencontre de deux voyelles (Partira-t-il ?) ; **2.** On place le pronom sujet après l'auxiliaire aux temps composés (As-tu écrit ? A-t-il corrigé ?).

Préparer la dictée

1 **LA FORME INTERROGATIVE.** Inversez le sujet.

Tu écris. → ....
Il rectifie. → ....
Elle soupire. → ....
Il les fait. → ....
Il s'installe. → ....
Il en demande→ ....
Il l'affirme. → ....
J'y vais. → ....

2 **LE PLURIEL.** Mettez les GN au pluriel et écrivez les chiffres en lettres.

ton devoir → ....
un exercice (4) → ....
une heure (5) → ....
un texte (10) → ....
une seconde (3) → ....
une leçon (2) → ....
une rédaction → ....
une dictée → ....

3 **FÉMININ, PLURIEL.** Accordez les noms et les adjectifs.

une voix fort........ • des voix fort........ • à voix bas........ • à voix haut........ • de long........ minute........ • des injustice........ criant........ • des idée........ lumineu........ • des sortie........ habituel........ • des amies sûr........

Dictée préparée

La rédaction

«Tes devoirs sont finis ? demande Nathalie… – Oui, affirme René d'une voix forte – car sa mère passe à l'instant dans le couloir.» Trois secondes plus tard, il rectifie à voix basse : «Enfin… presque. Il me reste deux exercices de math, un résumé de géographie et cette fameuse rédaction. – Bon, soupire Nathalie. Dis plutôt que tu dois faire tout le travail pour demain. Et la piscine ? Et le cinéma ? Il est déjà plus de quatre heures… – Qu'est-ce que tu proposes ?, demande René timidement. Nous avons à peine deux heures. – C'est suffisant pour les devoirs. Installe-toi ici. – Ce sujet de rédaction est vraiment idiot, grommelle-t-il en relisant son cahier de textes : *Votre première rencontre avec l'injustice*… Qu'est-ce que je vais inventer ? – Rien, murmure Nathalie, résignée. Faisons comme d'habitude : je te dicte et tu écris. Tu es prêt ? *Ce matin-là…* »

D'après Christian Grenier, *Une bonne coupe.*

Revoir les difficultés

4 LA FORME INTERROGATIVE. **Transformez ces questions orales en questions écrites en utilisant l'inversion du pronom sujet.**

Tu y allais ? → ……………………… Tu les avais ? → ………………………

Vous partez quand ? → ……………………… Tu en voulais ? → ………………………

Tu cherchais quelque chose ? → ………………………………………

Tu voyais quelque chose ? → ………………………………………

Tu acheteais quelque chose ? → ………………………………………

5 VERBES EN *-ELER*. **Écrivez les verbes au présent, à l'imparfait, au passé simple puis au futur à la 3e personne du singulier.**

appeler → ……………………… épeler → ………………………

ensorceler → ……………………… chanceler → ………………………

Dictée non préparée

Une graine de chagrin

Pierre vient d'apprendre que son frère Jean, et lui seul, hérite de la fortune d'un ami de la famille.

Dès qu'il fut dehors, Pierre se dirigea vers la rue de Paris, la principale rue du Havre, éclairée, animée, bruyante. L'air un peu frais des bords de mer lui caressait la figure, et il marchait lentement, la canne sous le bras, les mains derrière le dos.

Il se sentait mal à l'aise, alourdi, mécontent comme lorsqu'on a reçu quelque fâcheuse nouvelle. […] Il avait mal quelque part, sans savoir où ; il portait en lui un petit point douloureux, une de ces presque insensibles meurtrissures qui gênent, fatiguent, attristent, irritent, une souffrance inconnue et légère, quelque chose comme une graine de chagrin.

(à suivre)

Guy de Maupassant (1850-1893), *Pierre et Jean.*

Niveau 4e

ÉTAPE 3

Leçon

1. Indicatif et impératif

	Indicatif présent	Indicatif imparfait	Indicatif passé simple	Indicatif futur	Impératif présent
être	je suis	j'étais	je fus	je serai	
	tu es	tu étais	tu fus	tu serais	sois
avoir	j'ai	j'avais	j'eus	j'aurai	
	tu as	tu avais	tu eus	tu auras	aie
pouvoir	je peux	je pouvais	je pus	je pourrai	
	il peut	il pouvait	il put	il pourra	*pas d'impératif*
souffrir	je souffre	je souffrais	je souffris	je souffrirai	
	tu souffres	tu souffrais	tu souffris	tu souffriras	souffre
mourir	je meurs	je mourais	je mourus	je mourrai	
	tu meurs	tu mourais	tu mourus	tu mourras	meurs

- Le verbe *mourir* prend deux *-r* au futur.
- Les verbes *cueillir*, *offrir, ouvrir*, *souffrir* se conjuguent comme les verbes en *-er*.

2. *M* avant *m*, *b*, *p*

On écrit *m* au lieu de *n* avant *m, b, p* : emménager – emmurer – immobile – bombe – embarquer – framboise – jambe – ombre – plomb – complot – empiler – empocher – lampe.

Exceptions : bonbon – bonbonnière – bonbonne – embonpoint – néanmoins.

Préparer la dictée

1 LE PRÉSENT DE L'INDICATIF. Mettez les verbes au présent.

Cela suffisait. → ....

Vous y alliez. → ....

Ils y étaient. → ....

Il y songera. → ....

On y était. → ....

On l'imitera. → ....

Vous en voudriez. → ....

Vous pourriez. → ....

2 LE PRÉSENT DE L'IMPÉRATIF. Mettez les verbes à l'impératif et à la forme négative.

Vous oubliez. → ....

Vous souffrez. → ....

Vous songez à eux. → ....

Vous le dites. → ....

Vous abdiquez. → ....

Tu m'imites. → ....

3 LES MOTS DIFFICILES. Trouvez des mots de la même famille.

obliger → ....

vieillir → ....

infecter → ....

conseiller → ....

soulagement → ....

douleur → ....

malheureux → ....

nécessaire → ....

testamentaire → ....

succession → ....

Dictée préparée

Le testament de Louis XIV

[Le futur Louis XV] n'avait que cinq ans et demi lorsque le 26 août 1715, il fut amené à son arrière grand-père, qui souffrait d'une infection de la jambe si grave qu'on a pu dire que sa jambe mourut avant lui. Le vieillard considéra avec une gravité douloureuse celui qui allait lui succéder. Il en avait même, dit-on, les larmes aux yeux. « Mon cher enfant, lui dit-il, vous allez être le plus grand roi du monde, n'oubliez pas les obligations que vous avez [...]. Ne m'imitez pas dans les guerres ; tâchez de toujours maintenir la paix avec vos voisins, de soulager votre peuple autant que vous le pourrez, ce que j'ai eu le malheur de ne pouvoir faire par les nécessités de l'État. Suivez toujours les bons conseils et songez bien que c'est à Dieu que vous devez ce que vous êtes. »

Edmond Jaloux, *Louis XV.*

Revoir les difficultés

4 IMPARFAIT (I) ET PASSÉ SIMPLE (PS). Mettez les verbes aux temps indiqués.

Pendant le règne de Louis XV, on (se réunir, I) .... souvent dans les salons qu'(animer, I) .... des duchesses ou des comtesses. Les hommes de lettres y (briller, I) .... par leur esprit. Ils (côtoyer, I) .... des mathématiciens, des financiers. Bientôt des philosophes les (rejoindre, PS) .... qui, eux, (agiter, I) .... des idées nouvelles, « révolutionnaires ». Les cafés (prendre, PS) .... de l'importance. Voltaire et Diderot les (fréquenter, PS) .... On y (échanger, I) .... des écrits que le pouvoir royal (interdire, I) ....

5 M DEVANT M, B, P. Complétez les mots.

Il marchait à gra....des e....ja....bées. • Atte....tion ! • Des co....plots se préparent ; des o....bres rôdent dans la nuit. • Tous restaient i....mobiles. • Les journaux s'e....parèrent de l'affaire. • Elle est dans l'e....barras.

Dictée non préparée

Si j'étais riche

Que fera Jean de son héritage ? Chacun des membres de la famille a une idée.

« Moi, disait à Jean Mme Roland, voici ce que je ferais tout de suite. Je m'installerais richement, de façon à frapper l'œil, je me montrerais dans le monde, je monterais à cheval [...]. Je voudrais être une sorte d'avocat amateur très recherché. Grâce à Dieu, te voici à l'abri du besoin, et si tu prends une profession, en somme, c'est pour ne pas perdre le fruit de tes études et parce qu'un homme ne saurait jamais rester à rien faire. » Le père Roland déclara : « [...] À ta place, c'est moi qui achèterais un joli bateau. J'irais jusqu'au Sénégal, avec ça. » *(à suivre)*

Guy de Maupassant (1850-1893), *Pierre et Jean.*

Niveau 4e

ÉTAPE 4

Leçon

1. Les temps simples de l'indicatif : verbes en *-eter*, *-ger*

	Présent	Imparfait	Passé simple	Futur
jeter	je jette	je jetais	je jetai	je jetterai
diriger	je dirige	je dirigeais	je dirigeai	je dirigerai
prendre	je prends	je prenais	je pris	je prendrai
savoir	je sais	je savais	je sus	je saurai
vouloir	je veux	je voulais	je voulus	je voudrai

2. L'accord des noms et des adjectifs qualificatifs

■ Les adjectifs s'accordent **avec le nom** auquel ils se rapportent.
un appel important → des appels importants ; une information importante → des informations importantes ; un manteau royal → des manteaux royaux.

■ Les noms et les adjectifs qualificatifs forment en général leur pluriel en *s*. Cependant certains prennent *x* (noms et adjectifs en *-eau*, *-eu*, en particulier).

Préparer la dictée

1 LE PRÉSENT (P), L'IMPARFAIT (I), LE PASSÉ SIMPLE (PS). Mettez les verbes aux temps indiqués.

On le (savoir, P) .... • Ils (être, P) .... là. • Tu (vouloir, P) .... bien ? • J'y (aller, P) .... • Il (chercher, I) .... • On y (être, I) .... • Ils (diriger, I) .... • Ils le (jeter, PS) .... • Elle les (détruire, PS) .... • Elle les (prendre, PS) .... • Ils (éclater, PS) .... de rire. • Il (vaincre, PS) ....

2 LES MAJUSCULES. Ajoutez les majuscules lorsqu'elles sont nécessaires.

la ville d'athènes, en grèce • deux grecs célèbres : socrate et platon • l'atlantide et les atlantes • l'europe et l'asie • les colonnes d'hercule

3 LES MOTS DIFFICILES. Complétez avec les mots ou groupes de mots suivants : héros – écrits – île située – envahisseurs – à conquérir – quel – dont – en effet – D'après – mille – toutes leurs armées – exploits.

Les légendes grecques ont gardé le souvenir des .... accomplis par les hommes-dieux qui habitaient la fameuse .... dans l'Atlantique, ... on pense qu'elle possédait une civilisation plus avancée que la nôtre. .... d'anciens ...., ils avaient .... le don de matérialiser n'importe quelle pensée, n'importe .... désir. Cela se passait il y a plus de dix .... ans, avant que ces .... déchus cherchent ...., grâce à ...., des terres éloignées. Devenus des ...., ils se condamnaient à disparaître, car leurs pouvoirs n'existaient que lorsqu'ils les utilisaient pour le bien.

Dictée préparée

Un antique exploit ignoré

– Écoute, Socrate, une histoire à la vérité fort étrange, mais parfaitement vraie. Les Grecs, nos ancêtres, en sont les héros, ainsi que les Atlantes, dont on ne sait plus rien.

– Et de quel exploit, maintenant oublié, veux-tu parler ?

– Je vais t'en faire le récit. En effet, nous savons, d'après les écrits conservés par de vieux prêtres égyptiens, qu'Athènes détruisit, il y a neuf mille ans, une immense puissance qui cherchait à conquérir l'Europe et l'Asie. Ce grand royaume, que nous nommons l'Atlantide, était une île située au-delà des colonnes d'Hercule. Les rois qui la dirigeaient jetèrent pour nous asservir toutes les armées dans la bataille. Rendons hommage à notre cité qui prit alors le commandement des troupes, et bientôt, sa force et son courage éclatèrent aux yeux de tous : elle vainquit l'envahisseur.

D'après Platon (427-347 av. J.-C.), *Timée*.

Revoir les difficultés

4 LES PARTICIPES PASSÉS EMPLOYÉS COMME ADJECTIFS. **Écrivez le participe passé des verbes entre parenthèses.**

des paroles (mettre) .... en musique • des corrections (reporter) .... • des documents (perdre) .... • des secrets (partager) .... • des objets (retrouver) .... • des livres déjà (lire) .... • une vérité (connaître) .... • un exploit (ignorer) ....

5 LES MOTS DE LA MÊME FAMILLE. **Donnez des mots de la même famille.**

vérité → ....
antique → ....
conquérir → ....
envahir → ....
Europe → ....
courage → ....
ancestral → ....
royaume → ....

Dictée non préparée

Des doutes affreux

Pierre continue de se poser la question : pourquoi M. Maréchal, l'ami de la famille, a-t-il laissé sa fortune à son frère et à lui seul ?

Comment aurait-il fait cela si Jean n'était point son fils ? Et soudain un souvenir précis, terrible, traversa l'âme de Pierre. Maréchal avait été blond, blond comme Jean. Il se rappelait maintenant un petit portrait miniature vu autrefois, à Paris, sur la cheminée du salon, et disparu à présent. Où était-il ? Perdu, ou caché ? Sa mère l'avait gardé peut-être dans le tiroir inconnu où l'on serre les reliques d'amour.

Sa détresse, à cette pensée, devint si déchirante qu'il poussa un gémissement. [...] « Je suis fou, pensa-t-il, je soupçonne ma mère. » *(à suivre)*

Guy de Maupassant (1850-1893), *Pierre et Jean*.

Niveau 4e

ÉTAPE 5

Leçon

1. Les temps simples de l'indicatif : verbes en *-cer* et verbes du 3ᵉ groupe

	Présent	Imparfait	Passé simple	Futur
annoncer	j'annonce	j'annonçais	j'annonçai	j'annoncerai
venir	je viens	je venais	je vins	je viendrai
mettre	je mets	je mettais	je mis	je mettrai
accueillir	j'accueille	j'accueillais	j'accueillis	j'accueillerai

Remarque : Les verbes qui s'écrivent avec *-illi-* (*cueillir*, *recueillir*, *tressaillir*, *bouillir*) gardent *-ill-* dans toutes leurs formes conjuguées.
Attention ! Aux deux personnes du pluriel de l'imparfait (*nous* et *vous*) : nous cueillions, vous cueilliez.

2. La lettre finale des noms au singulier

- Certains noms se terminent par *s* ou *x* même au singulier : le concours – le velours – le croquis – le héros – le houx – la voix – le choix.
- Les noms se terminant par le son [wa] s'écrivent en général *-oi* au masculin et *-oie* au féminin : l'envoi – le roi – le tournoi ; la joie – la soie – la voie.

Mais il existe des exceptions : un mois – un toit ; une loi – la foi – la paroi.

Préparer la dictée

1 **L'ACCORD DU VERBE ET DU SUJET.** Mettez les verbes au présent de l'indicatif.

Cette radio (émettre) .... depuis peu. • D'où (venir) .... -vous ? • Je (s'appeler) .... Ulysse. • Je (aller) .... répondre. • Le journaliste l'(annoncer) ....

2 **FÉMININ, PLURIEL.** Comment appelle-t-on les habitantes de ces pays ou villes ?

Canada → ....
France → ....
Amérique → ....
Tahiti → ....
Québec → ....
Paris → ....
Pékin → ....
Afrique → ....

3 **LES MOTS DIFFICILES.** Complétez avec les mots ou groupes de mots suivants : quel – bientôt – qui croyais – dites – locale – tournoi – francophonie.

J'ai participé à un .... de tir à l'arc, organisé non pas à l'échelle .... mais nationale. On notait .... était le score réalisé par chaque participant. Et moi .... l'emporter facilement, je fus .... détrompé. Ne me .... pas que ce n'est qu'un jeu, car je suis fort déçu de n'avoir pas remporté le prix, qui était un voyage en ....

Dictée préparée

Les gagnants

Ce soir, toutes les familles sont à l'écoute de la chaîne locale de télévision Alpha 1 qui émet depuis peu. Le journaliste annonce :
– Mesdames et Messieurs, je vais accueillir ce soir les premiers gagnants de la série de concours inaugurée par Alpha 1, votre nouvelle station. C'est une classe d'élèves de quatrième qui emporte le tournoi. Voyons, Mademoiselle, c'est vous qui allez répondre au nom de tous vos camarades. Comment vous appelez-vous et de quel établissement venez-vous ?
– Je m'appelle Pénélope et je suis élève au lycée Victor Hugo.
– Bravo ! Vous venez de gagner et bientôt vous partirez, avec vos amis, pour un voyage de vingt mille kilomètres dans quelques-uns des quarante pays francophones.

(à suivre)

Revoir les difficultés

4 **LES VERBES S'ÉCRIVANT AVEC *-ILL-*.** Mettez les verbes suivants au présent (P) puis à l'imparfait (I) à la première personne du singulier et du pluriel.

recueillir → (P) .... – ....
→ (I) – ....
tressaillir → (P) .... – ....
→ (I) – ....

5 **LES LETTRES FINALES DES NOMS AU SINGULIER.** Complétez les mots suivants.

le foi.... • le roi.... • une proi.... • une oi.... • de la soi.... • le tournoi.... • la croi.... • le croqui.... • la pai.... • le creu.... • une statu.... • la cohu.... • un comba.... • l'escro.... • un attribu.... • le ran.... • le vieillar.... • l'instan.... • le concour.... • un écri....

Dictée non préparée

Pierre s'en va

Devenu médecin, Pierre décide de partir. Il va s'embarquer à bord d'un paquebot, Le Lorraine, *et travailler pour une compagnie transatlantique.*

Pierre eut la chance d'être nommé en quelques jours. […] Sa première émotion fut celle d'un condamné à mort à qui on annonce sa peine commuée ; et il sentit immédiatement sa souffrance adoucie un peu par la pensée de ce départ et de cette vie calme toujours bercée par l'eau qui roule, toujours errante, toujours fuyante. Il vivait maintenant dans la maison paternelle en étranger muet et réservé. Depuis le soir où il avait laissé s'échapper devant son frère l'infâme secret découvert par lui, il sentait qu'il avait brisé les dernières attaches avec les siens. […] Jamais il ne rencontrait plus le regard de sa mère ou le regard de son frère. […] Quand il eut reçu sa lettre lui annonçant sa nomination, il la présenta, le jour même à sa famille. *(fin)*

Guy de Maupassant (1850-1893), *Pierre et Jean*.

Niveau 4e

ÉVALUATION 1

1 **LES TEMPS SIMPLES DE L'INDICATIF. Mettez les verbes entre parenthèses aux temps indiqués : présent (P), imparfait (I) ou passé simple (PS).** *Comptez 2 points par bonne réponse.*

Quand Louis XV (succéder, PS) .... à son arrière-grand-père, il n'(avoir, I) .... que cinq ans. Philippe d'Orléans (gouverner, PS) .... à sa place. À l'âge de quinze ans, le roi (épouser, PS) .... une princesse polonaise, Marie Leszczinska. Ils (avoir, PS) .... dix enfants. Louis-le-Juste était le surnom donné à Louis XIII. On (connaître, P) .... Louis XIV sous le nom de Louis-le-Grand et on (appeler, PS) .... Louis XV, Louis-le-Bien-Aimé. Son petit-fils, Louis XVI, (régner, PS) .... à partir de 1774 ; mais, comme on le (savoir, P) .... il (mourir, PS) .... sur l'échafaud en 1793.

Score.../20

2 **LES NOMS ET LES ADJECTIFS. Ajoutez les terminaisons nécessaires.** *Comptez 2 points par bonne réponse.*

Marie-Antoinette, que les personne.... de la cour.... de Louis XVI, médisant.... et peu charitabl...., appelaient « l'Autrichien.... » avait, il est vrai...., elle-même, souvent, des parole.... moqueus...., méchant.... . Des calomnie.... concernant la joli.... et trop coquet.... nouvel.... Reine de France se répandirent. Ses parent...., déjà, lui faisaient des reproche.... et à de nombreus.... reprise...., ils lui avaient demandé de se montrer moins légèr...., moins paresseu.... : « Vous avez des droit.... indéniable..... ; mais vous avez aussi des devoir.... et de lourd.... obligations. » Mais elle aimait les fête.... ébouissant...., les diamant...., les bijou...., les vêtement.... les plus cher...., les ornement.... et le château.... de Versailles ne cessait de retentir de ses joyeu.... éclat.... de rire..... Mais, de cruel.... déception...., de mortel.... difficulté.... allaient bientôt.... rythmer sa vie.

Score.../20

3 **LES MAJUSCULES ET LA PONCTUATION. Ajoutez les majuscules et les signes de ponctuation manquants.** *Comptez 0,5 point par bonne réponse.*

guy de maupassant 1850-1893 est né en normandie au château de miromesnil que ses parents avaient loué pour la circonstance il eut un frère hervé qui naquit quelques années après lui guidé par un grand écrivain gustave flaubert guy de maupassant devint bientôt célèbre parmi les romans qu'il a écrits on peut citer bel-ami et parmi ses nouvelles boule de suif il a toujours un large public

Score.../10

4 **METTEZ LES VERBES AUX TEMPS INDIQUÉS : PRÉSENT (P), IMPARFAIT (I) OU PASSÉ SIMPLE (PS).** *Comptez 2 points par bonne réponse.*

La brioche

« Nous (être, P) .... bien à court, (bégayer, PS) .... la Maheude, si nous (avoir, I) .... une pièce de cent sous seulement. » La phrase (s'étrangler, PS) ...., car les Maheu (être, I) .... fiers et ne (mendier, I) .... point. Ils (regarder, I) .... fixement la brioche, Cécile en (couper, PS) .... deux parts, qu'elle leur distribua. Et, sous le regard attendri de ses parents, elle acheva de les pousser dehors. Les pauvres mioches, qui n'(avoir, I) .... pas de pain, (s'en aller, PS) ...., en tenant cette brioche respectueusement dans leurs menottes gourdes de froid.

Émile Zola (1840-1902), *Germinal*.

Score.../20

5 **FÉMININ, PLURIEL.** **Mettez les mots incomplets au féminin et/ou au pluriel, lorsque nécessaire.** *Comptez 1 point par bonne réponse.*

Le Dr Knock cherche des clients

Knock – Commençons par le commencement. J'ai ici la matière de plusieurs causerie.... de vulgarisation...., des note.... très complète...., de bon.... cliché.... et une lanterne.... [...]. Tenez, pour débuter, une petite conférence, toute écrit...., ma foi, et très agréable, sur la fièvre typhoïde, les forme.... insoupçonné.... qu'elle prend, [...] les mois durant lesquel.... elle couve sans se trahir, les accident.... mortel.... qu'elle déchaîne soudain, les complication.... redoutable.... qu'elle charrie à sa suite, le tout agrémenté.... de joli.... vue.... [...]

Le patient – C'est que... Je suis impressionnable, moi ! Si je me plonge là-dedans, je n'en dormirai plus.

Jules Romains (1885-1972), *Knock*, Éd. Gallimard, 1924.

Score.../15

6 **LES NOMS MASCULINS OU FÉMININS.** **Écrivez *un* ou *une* avant ces noms.** *Comptez 0,5 point par bonne réponse.*

.... autoroute • .... aérogare • .... épithète • .... appendice • .... ivoire • .... obélisque • .... alvéole • .... pétale • .... hémisphère • .... atmosphère

Score.../5

7 **LE FÉMININ DES ADJECTIFS QUALIFICATIFS.** **Écrivez ces adjectifs au féminin.** *Comptez 2 points par bonne réponse.*

favori → .... • public → .... • grec → .... • torrentiel → .... • malin → ....

Score.../10

Score total.../100

ÉTAPE 6

Leçon

1. Le passé composé

avoir	être	soulever	entrer
j'ai eu	j'ai été	j'ai soulevé	je suis entré(e)
tu as eu	tu as été	tu as soulevé	tu es entré(e)
il a eu	il a été	il a soulevé	il est entré
elle a eu	elle a été	elle a soulevé	elle est entrée
ils ont eu	ils ont été	ils ont soulevé	ils sont entrés
elles ont eu	elles ont été	elles ont soulevé	elles sont entrées

Le passé composé se forme avec **l'auxiliaire** *avoir* ou *être* conjugué **au présent** et le participe passé du verbe.
Attention! Employé avec l'auxiliaire *être*, le participe passé s'accorde avec le sujet du verbe. Employé avec l'auxiliaire *avoir*, le participe passé s'accorde avec le complément d'objet direct du verbe, s'il est placé avant le verbe.

2. *Ce, se ; ces, ses ; c'est, s'est*

- Les déterminants démonstratifs *ce* et *ces* sont suivis d'un nom : **ce** livre (→ celui-là) – **ces** livres (→ ceux-là).
- Le déterminant possessif *ses* est suivi d'un nom : **ses** livres (→ les siens).
- *Se* ou *s'* font partie d'un verbe pronominal.

Il **se** regarde – Elle **s'est** regardée. (→ *verbe se regarder*).

- Dans *c'est*, *c'* a le sens de *cela*.

Préparer la dictée

1 **LE PASSÉ COMPOSÉ.** Mettez les verbes au passé composé.

Le temps (passer) .... Ils (avoir) .... un enfant. Cet enfant (soulever) .... l'admiration. Ils (organiser) .... différemment leur vie.

2 **-ER OU -EZ À LA FIN D'UN VERBE.** Ajoutez la bonne terminaison.

Vous aim.... chant.... • Ils vont rentr.... chez eux. • Veuill.... nous excus..... • Prière de ne pas stationn.... devant cette porte. • Vous dev.... gard.... le silence. • Il faut respect.... la consigne.

3 **LES MOTS DIFFICILES.** Complétez à l'aide de : hâte – Désormais – quelque – mollement – charger – convalescence – rythme.

Après plusieurs mois d'hospitalisation, j'allais enfin être en .... Déjà j'avais retrouvé .... force, mais pas encore mon .... habituel : je restais des heures .... allongé. .... ma famille allait se .... de moi. J'avais .... d'être complètement rétabli.

Dictée préparée

Des parents très occupés

Pierre et Germaine sont propriétaires d'une petite boutique de quartier, à Paris. Ils viennent d'avoir un fils et on décide, finalement, de l'élever à la maison : la vie va s'organiser différemment. Voici comment. On a décommandé la nourrice, acheté en hâte un berceau, un paravent pour partager l'unique pièce : on a cherché et trouvé une jeune fille qui voudrait bien se charger du bébé pendant la journée. Le temps de convalescence passé, Germaine est rentrée chez elle, portant dans ses bras un enfant superbe, rose et rond, qui a soulevé l'admiration générale et alimenté la chronique du quartier. Pierre et Germaine, désormais, ont eu un autre centre d'intérêt que leur petit commerce…

Résumé de : Suzanne Prou (1920-1995), *La Petite Boutique*, Mercure de France, 1973.

Revoir les difficultés

4 **L'ACCORD DU PARTICIPE PASSÉ.** **Écrivez les verbes au participe passé.**

Deux femmes ont (disparaître) .... : on ne sait pas ce qu'elles sont (devenir) .... La police n'a pas (trouver) .... le coupable • Arthur a (inviter) .... ses amis. Tous ceux qu'il a (inviter) .... sont là. Pénélope est (arriver) .... la première. Les autres ont (suivre) .... Ils ont (danser) .... Ils ont (rire) .... et la fête a (durer) .... toute l'après-midi.

6 ***CE, SE, CES, SES, C'EST, S'EST.*** **Complétez le texte avec ces mots.**

.... soir, ... la fête ! Tout le monde .... prépare. Ma sœur .... enfin décidée : elle mettra .... vêtements de velours noir. « Et tu veux garder .... baskets avec cette robe ? s'exclame soudain ma mère, horrifiée. .... hors de question ! »

Dictée non préparée

Double disparition

Un journal, La Gazette des tribunaux*, titre « Un double assassinat des plus singuliers » : où sont passés les corps des deux victimes ?*

Ce matin, vers trois heures, les habitants du quartier Saint-Roch furent réveillés par une suite de cris effrayants qui semblaient venir du quatrième étage d'une maison que l'on savait occupée par une dame et sa fille. Après quelques retards, la grande porte fut forcée avec une pince, et huit ou dix voisins entrèrent, accompagnés de deux gendarmes. Arrivés dans une vaste pièce située au quatrième étage, ils se trouvèrent en face d'un spectacle qui frappa tous les assistants d'une terreur non moins grande que leur étonnement. La chambre était dans le plus étrange désordre, les meubles brisés et éparpillés dans tous les sens. On ne trouva aucune trace des dames, mais on remarqua une quantité extraordinaire de suie dans le foyer. *(à suivre)*

Résumé de : Edgar Poe (1809-1849), *Histoires extraordinaires*, « Double Assassinat de la rue Morgue », trad. Charles Baudelaire.

Niveau 4[e]

ÉTAPE 7

Leçon

1. Le plus-que-parfait

avoir	être	faire	entrer
j'avais eu	j'avais été	j'avais fait	j'étais entré(e)
tu avais eu	tu avais été	tu avais fait	tu étais entré(e)
il avait eu	il avait été	il avait fait	il était entré
nous avions eu	nous avions été	nous avions fait	nous étions entré(e)s
vous aviez eu	vous aviez été	vous aviez fait	vous étiez entré(e)s
ils avaient eu	ils avaient été	ils avaient fait	ils étaient entrés

Le plus-que-parfait se forme avec **l'auxiliaire** *avoir* ou *être* conjugué **à l'imparfait** et le participe passé du verbe.
Rappel : Employé avec l'auxiliaire *être*, le participe passé s'accorde avec le sujet du verbe. Employé avec l'auxiliaire *avoir*, le participe passé s'accorde avec le complément d'objet direct du verbe, s'il est placé avant le verbe.

2. *Chaque, chacun, aucun*

- *Chaque* est toujours au singulier ; il ne prend jamais d'*s* : chaque jour.
- *Chacun* et *aucun* sont toujours au singulier, mais ils peuvent être féminins : chacun, chacune – aucun, aucune.
- *Aucun*, le plus souvent, est accompagné d'une négation. Aucun n'était présent.

Préparer la dictée

1 **LE PLUS-QUE-PARFAIT ET L'IMPARFAIT.** Écrivez les verbes aux temps indiqués entre parenthèses.

Il y (avoir, PQP) .... une famine, cette année-là. La réserve de riz tout entière y (passer, PQP) .... Ensuite, on (aller, PQP) .... mendier dans les villes. On nous (dire, IMP) .... que le touriste généreux (offrir, IMP) .... parfois, quand il éprouvait de la pitié, de quoi vivre pendant trois jours. Et moi, jeune garçon, sur la demande de ma mère, j'(accepter, PQP) .... d'aller implorer les passants.

2 **LA TERMINAISON DES VERBES.** Complétez avec *-ait*, *-aient*, *-é* ou *-er*.

Le père des enfants ét......... all......... travaill.......... Leur mère rest......... à la maison ; mais déjà Catherine, qui n'av......... que quinze ans, descend......... dans la mine. Ils av......... peu d'argent, peu à mang.......... Ainsi Zola racont.........-il la vie des mineurs, à la fin du XIXe siècle.

3 **LES MOTS DIFFICILES.** Complétez avec les mots suivants : aîné – bourgeois – prés – cueilli – coron.

Il marche dans les .... • La famille habite dans un .... • L'................ a onze ans. • Ils ont .... des pissenlits. • Comment vivent les .... ?

Dictée préparée

Les enfants des corons[1]

Le petit Jeanlin avait eu une idée. Après s'être, pendant une heure, le long du canal, roulé dans les prés avec les deux autres, il venait de songer, devant le tas de salade, qu'on ne mangerait jamais tout chez lui ; et au lieu de rentrer au coron, il était allé au village, poussant Lydie à sonner chez les bourgeois, où elle en offrait dans chaque maison. […] La gamine avait fait onze sous. Et, maintenant, les mains nettes, tous trois partageaient le gain.
– C'est injuste ! Faut diviser en trois ! Si tu gardes sept sous, nous n'en aurons que deux chacun, s'était écrié l'aîné des garçons.
– Injuste ! avait répliqué Jeanlin, furieux. J'en ai cueilli davantage, d'abord !
Finalement, le garçon avait accepté deux sous, et Lydie, tremblante, n'avait rien dit.

Émile Zola (1840-1902), *Germinal*.

1. Les corons : c'est le nom donné aux habitations des villes minières du Nord de la France.

Revoir les difficultés

4 *CHAQUE, CHACUN (E) ET AUCUN (E).* Complétez les phrases suivantes.

Voici des cadeaux pour .... d'entre vous. • À .... jour suffit sa peine. • Ce discours s'adresse à .... et .... d'entre vous. • Il n'y a .... différence. • Il parlait aisément, sans .... hésitation.

5 LE STYLE INDIRECT. Commencez les phrases par *Il a dit que…*

C'est injuste ! (Qu'a-t-il dit ?) → ....

J'en veux ! (Qu'a-t-il dit ?) → ....

On partage. (Qu'a-t-il dit ?) → ....

J'en ai cueilli davantage. (Qu'a-t-il dit ?) → ....

6 DU PASSÉ COMPOSÉ AU PRÉSENT. Mettez les phrases au présent.

Il en a cueilli. → ....

En as-tu trouvé ? → ....

On a rappelé. → ....

Ils ont fermé la porte. → ....

Dictée non préparée

Un horrible mystère

Toute cette affaire reste un horrible mystère et on n'a pas encore découvert, que nous sachions, le moindre fil conducteur. Bon nombres d'individus ont été interrogés relativement à ce terrible et extraordinaire événement, mais rien n'a transpiré qui puisse jeter quelque jour sur l'affaire. Quatre des témoins ont déposé que la porte de la chambre était fermée en dedans quand ils y arrivèrent. Les fenêtres dans la chambre de derrière et dans celle de face étaient fermées et solidement assujetties en dedans. Quelques témoins, rappelés, certifient que les cheminées sont trop étroites pour livrer passage à un être humain. *(à suivre)*

Résumé de : Edgar Poe (1809-1849), *Histoires extraordinaires*, « Double Assassinat de la rue Morgue », trad. Charles Baudelaire.

ÉTAPE 8

Leçon

1. Participe passé, participe présent, gérondif

Infinitif	Participe passé	Participe présent	Gérondif
danser	(ayant) dansé	dansant	en dansant
finir	(ayant) fini	finissant	en finissant
conduire	(ayant) conduit	conduisant	en conduisant
être	(ayant) été	étant	en étant
avoir	(ayant) eu	ayant	en ayant

L'infinitif, le participe et le gérondif sont des modes impersonnels.

- Le **participe passé** employé comme adjectif s'accorde avec le nom auquel il se rapporte. Employé avec l'auxiliaire *être*, il s'accorde avec le sujet.
Les marcheurs sont revenu**s** épuisé**s** de leur excursion. Des poésies mis**es** en musique.
- Le **participe présent** et le **gérondif** se terminent par *-ant*. Ils sont invariables.
Travaillant beaucoup, ils se divertissaient néanmoins **en pratiquant** divers sports.

2. *Leur* ou *leurs*

- *Leur*, placé avant un verbe, ne prend jamais d'*s*. On peut le remplacer par *lui*. Tu **leur** parles. → Tu **lui** parles.
- *Leur*, placé avant un nom, s'accorde avec ce nom. On peut le remplacer par *son*, *ses*. Ils jouent avec **leurs** amis. → Il joue avec **son** ami.

Préparer la dictée

1 **LES PARTICIPES PASSÉS.** Écrivez les participes passés des verbes et accordez-les.

Ils avaient (danser) .... toute la nuit. • Sa ceinture n'est pas (attacher) .... • Il a (mettre) .... un casque. • Une photo a été (prendre) .... • Le mystère s'est (éclaircir) ....

2 **CONSONNE SIMPLE OU DOUBLE.** Trouvez des mots de la même famille.

sommeil → ....
passage → ....
frappement → ....
enveloppe → ....
apparition → ....
planer → ....
terrifier → ....
commander → ....
piloter → ....
éveil → ....

3 **LES MOTS DIFFICILES.** Complétez ces mots si nécessaire.

une vin....taine.... • un fauteu....l • une forme ronde, sp....érique • un blan.... bleut.... • l'éblouiss....ment • C'est éton....ant, voir.... surprenant. • un fant....me • réguli....-rement • une allé.... • une extrémit.... • une des....ente • un sursau....

Dictée préparée

Un phénomène mystérieux

Vers cinq heures du matin, en mars 1963, un passager solitaire et une hôtesse de l'air sommeillaient dans leur fauteuil, sur le vol 539 allant de New-York à Washington. Ils furent soudain réveillés en sursaut par l'éblouissement d'un éclair qui sembla frapper et envelopper l'avion tout entier. Ce qui suivit fut encore plus surprenant – voire terrifiant. Par la porte conduisant au poste de pilotage apparut une forme sphérique, d'un blanc bleuté, planant à une vingtaine de centimètres au-dessus de la moquette. Pendant que les deux passagers l'observaient, elle descendit régulièrement l'allée, passa entre eux et disparut à l'extrémité de l'avion. Était-ce un OVNI ? Un fantôme ? N'était-ce qu'une tache qui avait dansé devant leurs yeux ?

D'après Francis Hitching, *Les Grands Mystères du monde*, éd. Albin Michel.

Revoir les difficultés

4 LE PARTICIPE PASSÉ ET LE PARTICIPE PRÉSENT. Écrivez-les.

jeter → .... – ....
bouger → .... – ....
aller → .... – ....
pouvoir → .... – ....
appeler → .... – ....
avancer .... – ....
cueillir → .... – ....
savoir → .... – ....

5 LES SIGLES. Écrivez le sigle (l'abréviation) qui correspond à l'appellation complète : OVNI – ONU – OGM – HLM – DOM-TOM.

habitation à loyer modéré → .... • organisme génétiquement modifié → .... • objet volant non identifié → .... • organisation des Nations Unies → .... • départements d'outre-mer et territoires d'outre-mer → ....

6 ACCORD DE *LEUR*. Complétez avec *leur* ou *leurs*.

On .... demanda de présenter .... passeports. • Tous les voyageurs ont bouclé .... ceintures pour tout le temps qu'a duré .... voyage. • « C'est pour votre sécurité », ... dit-on.

Dictée non préparée

Vers une élucidation ?

L'auteur et son ami Dupin vont à leur tour se rendre sur place.

Je pris mes pistolets, sans trop savoir ce que je faisais, – pendant que Dupin continuait à peu près comme dans un monologue. J'ai déjà parlé de ses manières distraites, dans ces moments-là. Son discours s'adressait à moi. « Les voix qui se disputaient, disait-il, les voix entendues par les gens qui montaient l'escalier n'étaient pas celles de ces malheureuses femmes. Cela nous est plus que prouvé par l'évidence. Cela nous débarrasse pleinement de la question de savoir si la vieille dame aurait assassiné sa fille et se serait ensuite suicidée. » *(à suivre)*

Résumé de : Edgar Poe (1809-1849), *Histoires extraordinaires*, « Double Assassinat de la rue Morgue », trad. Charles Baudelaire.

ÉTAPE 9

Leçon

1. La formation et l'accord du participe passé

■ Le **participe passé** des verbes du 1er groupe **se termine** par *-é* : chanté.
Celui des autres verbes se termine par :
– *-i* comme fini, sorti ;
– *-is* comme acquis, assis, compris, ;
– *-s* comme clos, dissous ;
– *-u* comme lu, paru, vu, venu ;
– *-it* comme construit, dit, écrit ;
– *-t* comme fait, offert, soustrait.
Attention ! Le participe passé de *être* est été ; celui d'*avoir* est eu.
■ Employé avec l'auxiliaire *avoir*, un participe passé ne **s'accorde** jamais avec le sujet. Mais il s'accorde avec le COD quand celui-ci précède le verbe.
Les **amis** que vous avez invité**s** sont très sympathiques. (accord du participe passé *invités* avec le pronom relatif COD *que* qui représente *les amis*)

2. *Tel, quel, duquel, auquel*, etc.

■ *Tel* s'accorde avec le nom auquel il se rapporte.
Nous n'avions jamais vu de telles inondations.
■ *Quel* (en un mot) s'accorde avec le nom auquel il se rapporte.
Quelle bonne surprise !
Attention ! *Qu'elle* (en deux mots) peut être remplacé par *qu'il*.
Je crois qu'elle (qu'il) va venir.
■ Les pronoms relatifs *lequel, auquel* et *duquel* s'accordent avec les noms qu'ils représentent. Les élèves auxquels je m'adresse et desquels je parle…

Préparer la dictée

1 **L'ACCORD DU PARTICIPE PASSÉ.** Écrivez les participes passés des verbes entre parenthèses en les accordant si nécessaire puis soulignez les mots qui, éventuellement, justifient leur terminaison.

L'or qu'ils ont (trouver) .... a (être) .... réparti équitablement entre tous. • Le temple qu'ils ont (construire) .... était (dédier) .... aux dieux. • Les habitants avaient (acquérir) .... de vastes territoires. • On ne l'autorisa pas à révéler toutes les choses qu'il avait (voir) .... • Les gardes royaux étaient (revêtir) .... d'une tunique blanche. • Les palais qu'ils ont (habiter) .... étaient d'une splendeur sans pareille. • Les montagnes étaient (former) .... de cristaux et de roches précieux. • Les salles qu'ils avaient (aménager) .... étaient (orner) .... de fresques et de statues.

2 **LES MOTS DIFFICILES.** Trouvez des mots de la même famille.

riche → ....
îlot → ....
splendide → ....
admirer → ....
facile → ....
merveille → ....
voûté → ....
naître → ....
fertilité → ....
royauté → ....
émail → ....
vêtement → ....

Dictée préparée

L'Atlantide, paradis terrestre

Les Atlantes avaient acquis des richesses telles qu'on n'en avait jamais vues sur la terre et qu'on n'en verra pas facilement à l'avenir. L'île elle-même, qu'ils avaient merveilleusement aménagée, était formée d'une plaine qui était la plus belle de toutes les plaines et la plus fertile. Dans les mines, les habitants ont trouvé une grande quantité de métaux utiles et précieux, avec lesquels ils ont construit un palais et un temple. Le palais a été pour tous un objet d'admiration pour sa grandeur et sa splendeur. Le temple était entouré d'une clôture d'or : il était revêtu d'argent. La voûte était composée d'ivoire émaillé d'or, d'argent et d'autres métaux précieux. À l'extérieur, on avait dressé les statues d'or des princes et des princesses de l'Atlantide.

D'après Platon (427-347 av. J.-C.), *Critias*.

Revoir les difficultés

3 ***TELLE, QUELLE, QUELLES, AUQUEL, AUXQUELLES, LEQUEL.*** Utilisez ces mots en les accordant comme il convient.

Dans .... de ses livres Platon parle-t-il de l'Atlantide, ce continent disparu .... on a consacré tant d'ouvrages ? Au-delà de .... colonnes se situait-elle ? Les recherches .... ont participé des archéologues du monde entier n'ont pas dit .... était la vérité. Était-elle .... qu'on l'imagine, cette terre paradisiaque ?

4 **LE PARTICIPE PASSÉ DES VERBES.** Écrivez les participes passés.

rougeoyer →	employer →	déduire → ....
répondre →	repeindre →	croire → ....
craindre →	apprendre →	apparaître → ....
appeler →	amuser→	conclure → ....

Dictée non préparée

Des observations, des déductions

Qui donc était dans l'appartement où s'est déroulé le drame ?

Permettez-moi maintenant d'appeler votre attention, – non point sur les dépositions relatives à ces voix, mais sur ce qu'il y a de particulier dans ces dépositions. Les témoins, remarquez-le bien, sont d'accord sur la grosse voix ; là-dessus, il y a unanimité. Mais relativement à la voix aiguë, il y a une particularité. C'est que ces témoins n'ont distingué aucune parole. Maintenant, quel sera le premier objet de notre recherche ? Les moyens d'évasion employés par les meurtriers. Nous pouvons affirmer que nous ne croyons ni l'un ni l'autre aux événements surnaturels. Les auteurs du meurtre étaient donc des êtres matériels et ils ont fui matériellement. *(à suivre)*

Résumé de : Edgar Poe (1809-1849), *Histoires extraordinaires*, « Double Assassinat de la rue Morgue », trad. Charles Baudelaire.

Niveau 4e

ÉTAPE 10

Leçon

1. Le conditionnel

aimer	vouloir	avoir	être	venir
j'aimerais j'aurais aimé	je voudrais j'aurais voulu	j'aurais j'aurais eu	je serais j'aurais été	je viendrais je serais venu(e)

■ Au **conditionnel présent** le verbe présente les terminaisons : *-ais, -ais, -ait, -ions, -iez, -aient*, toujours précédées de *r* : je chanterais – il viendrait – vous souriez.

■ Le **conditionnel passé** peut se former avec l'auxiliaire *avoir* ou *être* au conditionnel présent et le participe passé du verbe.

2. Le pluriel des noms composés

■ Dans les noms composés, seuls les noms et les adjectifs peuvent prendre la **marque de pluriel** : des wagons-lits – des choux-fleurs – des belles-sœurs – des rouges-gorges.

■ Dans les noms composés, les verbes ne prennent jamais d'*s* : des tire-bouchons – des couvre-lits, etc. ; ici, *tire*, *couvre* correspondent aux verbes *tirer*, *couvrir*.

Attention ! On écrit, au singulier comme au pluriel : un/des porte-monnaie (pour porter la monnaie) – un/des chasse-neige (pour chasser la neige), etc.

Préparer la dictée

1 LES DIFFÉRENTS TEMPS ET MODES. Écrivez le participe passé des verbes.

Votre arrivée était bien (prévoir) .... pour aujourd'hui. • Vos services ont (réserver) .... trois chambres. • Nous aurions (devoir) .... téléphoner. • Les dossiers qu'il a (laisser) .... pour vous sont ici. • Ils ont (répéter) .... plusieurs fois les mêmes consignes. • Nous avons (faire) .... un bon voyage. • Nous aurions (aimer) .... recevoir un meilleur accueil. • J'ai (perdre) .... mes clés. • Le document qu'ils ont (présenter) .... était très intéressant. • Quand aurez-vous (terminer) .... ? • Ainsi, nous aurons tout (visiter) .... • Nous avons (atterrir) .... à sept heures. • Nous avions été (retarder) ....

2 LE PLURIEL. Mettez ces groupes nominaux au pluriel.

le trappeur → .... • leur char → .... • le vaste espace → .... • leur voiture → .... • la neige → .... • une chute → .... • un accueil fastueux → .... • une carte postale → .... • le gratte-ciel → ....

3 LES MAJUSCULES. Ajoutez-les.

au canada • à montréal • au québec • le grand nord • outre-atlantique • à la saint-jean

Dictée préparée

De la ville de Québec, capitale de la province francophone du même nom, Hugo envoie à ses parents une carte géante.

Carte postale du Canada

Nous voici au Canada : nous avons atterri à Montréal à l'heure prévue. Soyez rassurés : je n'ai pas perdu mon passeport ! Nous aurions dû arriver plus tôt à Québec, mais nous avons été retardés. Nous aurions aimé voir les chutes du Niagara, mais ce sera pour la prochaine fois !
Nous cousins d'Outre-Atlantique nous ont réservé un accueil fastueux et nous ont répété qu'ils nous aimaient beaucoup. Dans leurs « chars », c'est-à-dire leurs voitures, ils nous ont présenté la ville, où les gratte-ciel ne manquent pas. Demain, en route pour le lac Saint-Jean, les vastes espaces. Mais verrai-je les neiges, les ours et les trappeurs du Grand Nord ?

Revoir les difficultés

4 DU NOM À L'ADJECTIF. Donnez les adjectifs qualificatifs correspondant à ces noms. Écrivez-les au masculin puis au féminin.

France → ....
poste → ....
accueil → ....
province → ....
Canada → ....
violence → ....
espace → ....
faste → ....

5 LES NOMS COMPOSÉS. Mettez ces noms composés au pluriel.

un oiseau-mouche → ....
un garde-manger → ....
un laurier-rose → ....
un porte-clé → ....
un chien-loup → ....
une année-lumière → ....

Dictée non préparée

L'énigme résolue

Mon ami continua son argumentation : « Vous voyez, dit-il, que j'ai transporté la question du mode de sortie au mode d'entrée. Il était dans mon plan de démontrer qu'elles se sont effectuées de la même manière. Retournons maintenant dans l'intérieur de la chambre. Si un voleur avait pris quelques-uns des articles trouvés, pourquoi n'aurait-il pas pris les meilleurs, pourquoi ne les aurait-il pas tous pris ? Bref, pourquoi aurait-il abandonné les quatre mille francs en or pour s'empêtrer d'un paquet de linge ? L'or a été abandonné. Il nous faut donc supposer ce criminel assez indécis et assez idiot pour oublier à la fois l'or et le mobile qui l'a fait agir. »

Résumé de : Edgar Poe (1809-1849), *Histoires extraordinaires*, « Double Assassinat de la rue Morgue », trad. Charles Baudelaire.

Qui donc est le meurtrier ? Enfin la clé du mystère est dévoilée : il s'agit d'un animal, un orang-outang échappé d'un bateau qui était amarré dans le port voisin.

Niveau 4e

ÉVALUATION 2

1 LES TEMPS COMPOSÉS. Mettez les verbes entre parenthèses aux temps indiqués : passé composé (PC) ou plus-que-parfait (PQP). *Comptez 2 points par bonne réponse.*

J'(avoir, PC) .... quinze ans et nous (fêter, PC) .... mon anniversaire. • « Lorsque je (entrer, PC) .... au lycée, raconte Hermione, cela (être, PC) .... très difficile. Jamais je n'(avoir, PQP) .... de difficultés auparavant. » • Après la classe, lorsque j'(finir, PQP) .... mes devoirs, je lisais. • Ce soir-là, j'.... (recevoir, PC) .... un choc lorsque j'(regarder, PC) .... la télévision. • Un cataclysme (se produire, PQP) .... J'(appeler, PC) .... aussitôt .... mes cousins qui habitaient dans la région touchée.

Score.../20

2 LE PARTICIPE PASSÉ. Écrivez les participes passés des verbes et accordez-les. *Comptez 2 points par bonne réponse.*

Voici les gestes qu'elle aurait (devoir) .... faire. • Cette somme est (devoir) .... depuis longtemps. • La lettre qu'elle a (recevoir) .... lui a (redonner) .... espoir. • Cette nouvelle pièce de théâtre ? Non, je ne l'ai pas encore (voir) .... • Je lui ai (prêter) .... des livres qu'il ne m'a pas (rendre) .... • Ils ont (battre) .... les cartes puis les ont (distribuer) .... • N'avaient-il pas (promettre) .... de rentrer avant minuit ?

Score.../20

3 *QUEL, LEQUEL*. Complétez avec ces mots en les accordant. *Comptez 2 points par bonne réponse.*

On se demande chaque matin « .... temps fait-il ? » et « .... de ces vêtements vais-je mettre ? » • À l'école primaire, j'avais plusieurs camarades, parmi .... César et Auguste, qui devinrent des personnes sur .... je pouvais compter. • Tu parles de .... année ?

Score.../10

4 *LEUR OU LEURS*. Complétez les phrases avec *leur*, au singulier ou au pluriel. *Comptez 0,5 point par bonne réponse.*

Les parents sont venus avec .... enfants. • Les élèves et .... professeur ouvrent .... livres. • Ils .... ont confié .... secrets. • Elles .... disent la vérité. • Je ne crois pas à .... mensonges. • Les .... auriez-vous donnés ? • Tous .... amis étaient venus. • Je les .... ai promis.

Score.../5

5 **O COLLÈGUE !** Corrigez les fautes de ce texte.

Je met la main à la plume pour te dire que les grive sont pas venu cet année. rien mé rien. les perdrots non plus. j'y vais plus cé pas la pène. il veau bien mieux Travaillé à l'Ecole pour apprendre l'Ortograffe autrement quoi ? c'est pas possible. [...] et en plus il fet froid, avec mistralle. Tous les jours à la chasse j'ai les Pieds glassés. heureusement j'ai le Cachené. mais je me languis de toi.
Je t'envois une feuille de soge pour toi et une viollète pour ta mère. ton ami pour la vie Lili.

Marcel Pagnol (1895-1974), *Le Château de ma mère*, Éditions Pastorelly.

Score.../15

6 Ajoutez la terminaison des infinitifs, participes passés, etc. *Comptez 1 point par bonne réponse.*

Le jardin abandonn....

Ce jardin, ainsi livr.... à lui-même depuis plus d'un demi-siècle était deven.... extraordinaire et charmant. Les passants d'il y a quarante ans s'arrêtaient dans cette rue pour le contempl...., sans se dout.... des secrets qu'il dérobait derrière ses épaisseurs fraîches et vertes. Plus d'un songeur, à cette époque, a laiss.... bien des fois ses yeux et sa pensée pénétr.... indiscrètement à travers les barreaux de l'antique grille cadenass...., tordu...., branlante, bizarrement couronn.... d'un fronton d'arabesques indéchiffrables.

Victor Hugo (1802-1885), *Les Misérables*.

Score.../20

7 **LA LETTRE FINALE DES NOMS.** Ajoutez une lettre finale si nécessaire. *Comptez 0,5 point par bonne réponse.*

le velour..... • l'escro..... • la paroi..... • le héro..... • le poid..... • le secour..... • le minerai..... • le tapi..... • l'oubli..... • la sci.....

Score.../5

8 **LES ANTONYMES.** Dites le contraire en choisissant parmi les mots suivants : travailleur – repoussant – chaleureux – agité – inoffensif – intelligent – éblouissant – aimable – intéressant – pacifique.

calme → .... • féroce → .... • terne → .... • belliqueux → .... • revêche → .... • attirant → .... • froid → .... • ennuyeux → .... • paresseux → .... • stupide → ....

Score.../5

Score total.../100

Niveau 4e

ÉTAPE 11

Leçon

1. Les verbes pronominaux aux temps composés

Passé composé	Plus-que-parfait
il s'est retourné	je m'étais retourné(e)
je me suis retourné(e)	elle s'était retournée
il se sont retournés	ils s'étaient retournés

■ Un verbe pronominal se conjugue avec deux pronoms : **je me** lève, **tu te** lèvess, **il se** lève, **nous nous** levons, etc.

■ Aux temps composés, un verbe pronominal se conjugue **avec l'auxiliaire *être***.

Attention ! Bien qu'il soit conjugué avec *être*, le participe passé des verbes de sens réfléchi ou réciproque s'accorde comme s'il était conjugué avec *avoir*, c'est-à-dire avec le complément d'objet direct si celui-ci est placé avant.

Elles se sont chuchoté des secrets mais J'ai entendu les secrets qu'elles se sont chuchot**és**.

2. *Le*, *la*, *les* avant un verbe

■ Placés avant le verbe, *le*, *la*, *les* sont des **pronoms personnels compléments**. Aux temps simples, le verbe s'accorde toujours avec le sujet.

Pauline observe les étoiles. Elle **les** regarde à la jumelle.

■ Aux temps composés, le **participe passé** s'accorde avec *le*, *la* ou *les* placés avant le verbe.

Les étoiles, ils **les** ont regard**ées** à la jumelle.

Préparer la dictée

1 **L'ACCORD DU PARTICIPE PASSÉ.** Mettez les verbes au plus-que-parfait.

Ils (prendre) .... leurs fusils. Ils (chasser) .... toute la journée. Ils (voir) .... un ours. Ils (faire) .... feu sur l'animal et l'(tuer) .... L'ourse ? Il ne l'(avoir) .... pas .... Celle-ci (s'enfuir) .... au loin.

2 **LES FAMILLES DE MOTS.** Trouvez des mots de la même famille.

courage → .... hardi → ....

atteler → .... boisé → ....

3 **LES MOTS INVARIABLES.** Soulignez-les.

d'abord • tête • voiture • à • donc • épaule • et • contre • cheval • tout • présence • animal • hardiment • effrayé • revolver • légèrement • moment • seconde • trait

Dictée préparée

Nadia et l'ours

C'était un ours de grande taille. La tempête l'avait chassé des bois. Deux des chevaux, effrayés de la présence de l'énorme animal avaient pris la fuite. La courageuse Nadia n'avait pas perdu la tête. L'animal, qui ne l'avait pas vue tout d'abord, s'était attaqué à l'autre cheval de l'attelage. Nadia avait couru à la voiture, pris un des revolvers et, marchant hardiment sur l'ours, elle avait fait feu à bout portant. L'animal, légèrement blessé à l'épaule, s'était retourné contre la jeune fille. Nadia était donc revenue droit à l'ours, et, avec un sang-froid surprenant, au moment même où les pattes de l'animal allaient s'abattre sur sa tête, elle avait fait feu sur lui une seconde fois. – Tu n'es pas blessée, sœur ? dit Michel Strogoff. – Non, frère, répondit Nadia.

D'après Jules Verne (1828-1905), *Michel Strogoff.*

Revoir les difficultés

4 ***LE, LA, LES*** **AVANT UN NOM OU AVANT UN VERBE.** Accordez comme il convient.

Les steppe..... de Sibérie, ils les avaient travers...... • L'ordre ? Ils l'ont reçu..... d'un général. Ils lui ont affirmé que ce secret, ils le garderai...... • Les télégramme....., ils ne les reçoiv..... plus. • Ils ont sorti leurs bagages et les ont placé..... dans un coffre. • Les rebelle....., les insurgé....., il leur fallait les prendre..... de court. • Non, les voyageur..... n'ont pas été blessé...... Les coup..... de feu, c'est Nadia qui les a tiré......

5 **L'ACCORD DU PARTICIPE PASSÉ DES VERBES PRONOMINAUX.** Écrivez les participes passés des verbes et accordez-les.

Il s'était (faire) .... plusieurs réflexions. • Les réflexions qu'il s'étaient (faire) .... l'amenèrent à changer d'opinion. • Elle s'est (coiffer) .... • Ils se sont (poser) .... des questions. • Les questions qu'ils se sont (poser) ...., les voici. • Elles se sont (préparer) .... • Elle s'était (couper) .... • Elle s'était (couper) .... les cheveux. • Ils se sont (donner) .... le mot. • Toute la ville s'était (illuminer) ....

Dictée non préparée

Au service du Roi

Le jeune d'Artagnan vient d'avoir dix-huit ans lorsqu'il quitte son village du Sud-Ouest de la France. Son père lui donne un vieux cheval jaune et quinze pièces d'or. Sa mère y ajoute une recette mystérieuse et qu'on ne trouve nulle part, pour préparer un certain médicament qui guérit toutes les blessures. Il en aura grand besoin car il est batailleur et emporté. Avant d'arriver à Paris, où il compte se mettre au service du Roi, il est blessé et on lui dérobe sa lettre de recommandation pour le chef des mousquetaires. Mais qui s'était attaqué à lui ? Qu'allait-il faire, désormais ? C'est ainsi que ses aventures avaient commencé.

D'après Alexandre Dumas (1802-1870), *Les Trois Mousquetaires.*

ÉTAPE 12

Leçon

1. Imparfait et passé simple

être		avoir		voir	
j'étais	je fus	j'avais	j'eus	je voyais	je vis
tu étais	tu fus	tu avais	tu eus	tu voyais	tu vis
il était	il fut	il avait	il eut	il voyait	il vit
nous étions	nous fûmes	nous avions	nous eûmes	nous voyions	nous vîmes
vous étiez	vous fûtes	vous aviez	vous eûtes	vous voyiez	vous vîtes
ils étaient	ils furent	ils avaient	ils eurent	ils voyaient	ils virent

2. Singulier ou pluriel des noms

Les noms précédés de ***sans***, ***ni***, ***pas de***, ***point de***, ***plus de*** peuvent s'écrire au singulier ou au pluriel, selon leur sens. On écrira : Il marchait sans chaussures. – une montre sans aiguilles ni cadran – un jour sans soleil – une école sans élèves.

On posera la question : « Et s'il y en avait ? » Réponse : Il y aurait *des* chaussures, *un* cadran…)

On pourra écrire : une dictée sans fautes ou J'exige une dictée sans faute (lorsque le sens est : *sans aucune faute*).

Préparer la dictée

1 L'IMPARFAIT. Mettez à la 3e personne du singulier de l'imparfait.

Tu vas le vendre. → .... • Tu avais une montre. → .... • Je l'entrevois. → .... • Vous y alliez. → .... • Nous avions une idée. → .... • Tu te le demandais. → ....

2 -ER, -É (OU -ÉE, -ÉS), -AIT (-AIENT). Ajoutez la bonne terminaison.

Il fit claqu.... son fouet. Le cheval sembl......... vol.......... Le jockey se concentr......... sur la course. All.........-il gagn......... ? Toute cette énergie n'ét.........-elle pas gaspill......... en vain ? Les spectateurs, accoud......... aux barrières, crurent rêv......... : oui, leur favori l'av......... emport.......... Heureux ceux qui av......... pari......... !

3 LES MOTS DIFFICILES. Complétez le texte avec les mots suivants : rasoir – cet homme – difficiles – aiguilles – quelques déchirures – tête baissée – suffisant.

À l'approche du pôle Nord, le pilote se préparait à affronter des conditions de vol particulièrement......................... Sur le tableau de bord, les .... ne donnaient plus d'indications. Le magnétisme était .... pour dérégler tous les appareils. Naturellement, ... connaissait le phénomène. Les dents serrées, la .... il tâchait de se diriger au mieux .... s'étant produites dans la carlingue, sa vie était comme posée sur le fil d'un invisible ....

Dictée préparée

Le petit cireur de chaussures

Il fit claquer ses doigts en direction du gamin. « Tu recevras un bon pourboire si tu es généreux en crème et en cirage, et surtout si tu es rapide. » Le gosse vida ses boîtes sur les bottes de l'homme suffisant. [...] Tête baissée, il se mit à frotter. Il mit une lame de rasoir dans la brosse. Il réussit à cirer les chaussures de cet homme descendu de sa montagne d'argent, tout en pratiquant quelques déchirures. En frottant les bottes, il se demandait s'il allait voler la montre ou la gourmette. Toutes les deux en or. Sur le cadran de la montre, il n'y avait ni chiffres ni aiguilles. Une montre vide, elle ne donne l'heure qu'à son propriétaire. Difficile à revendre. La gourmette, c'était plus facile. Cirer des bottes l'aidait à se concentrer, à réfléchir : il entrevoyait ainsi de nouveaux plans d'action. Ses mains dans le chiffon jaune glissaient machinalement sur les chaussures. Il pensait au cirage qu'il venait de gaspiller.

D'après Tahar Ben Jelloun (né en 1944), *Moha le fou et Moha le sage*, Le Seuil, 1978.

Revoir les difficultés

4 LE PASSÉ SIMPLE. Mettez les verbes au passé simple.

Je vois. → .... • Il l'aperçoit. → .... • On le lui donne. → .... • Il fait beau. → .... • Nous réussissons. → .... • Tu es mécontent. → .... • Il s'est vengé. → .... • Il en est heureux. → ....

5 DU VERBE AU NOM. Écrivez les noms qui correspondent à ces verbes.

glisser →	gaspiller →	accélérer → ....
cirer →	réussir →	déchirer→ ....
chiffrer →	entrevoir →	apercevoir → ....

Dictée non préparée

Le Duc[1] et la Reine

Le Duc, premier ministre du roi d'Angleterre, est tombé amoureux de la reine de France, l'épouse de Louis XIII et veut se faire aimer d'elle. Au Louvre, résidence royale, le Duc, ce jour-là, attend qu'on veuille bien le recevoir. Soudain une femme paraît. C'est Anne d'Autriche. Elle est grande et ses beaux yeux verts sourient. « Revenez plus tard. », dit la reine. « Hélas, se plaint amèrement le Duc. J'ai cru que la neige pourrait fondre, que la pierre pourrait vivre et que votre cœur s'adoucirait pour moi... De grâce, donnez-moi quelque chose qui puisse me rappeler que je n'ai pas rêvé ! »

Alors la reine va chercher un coffret et le remet au Duc : il contient une parure de diamants. Elle ne sait pas qu'à cause d'eux, elle perdra peut-être sa réputation, si ce n'est sa vie.

D'après Alexandre Dumas (1802-1870), *Les Trois Mousquetaires*.

1. Il s'agit du duc de Buckingham (1592-1628), homme politique anglais.

Niveau 4e

ÉTAPE 13

Leçon

1. Temps simples et composés de l'indicatif (1)

	commencer	se diriger	servir
Présent	je commence	je me dirige	je sers
Imparfait	je commençais	je me dirigeais	je servais
Passé simple	je commençai	je me dirigeai	je servis
Futur	je commencerai	je me dirigerai	je servirai
Passé composé	j'ai commencé	je me suis dirigé(e)	je me suis servi(e)
Plus-que-parfait	j'avais commencé	je m'étais dirigé(e)	j'avais servi

2. Les consonnes doubles : *-cc-*, *-tt-*

- Il faut en général écrire deux *c* dans les mots commençant par *ac-* : accourir – accrocher – s'accouder – acclamer – accorder, etc. Mais acariâtre – acacia – acompte, etc. s'écrivent avec un seul *c*.
- Il faut en général écrire deux *t* dans les mots commençant par *at-* : attendre – attraper – attaquer – attirer – atteindre, etc.

Remarque : Des mots de la même famille s'écriront eux aussi avec deux *c* ou deux *t*.
Deux *c* : accompagner → accompagnateur ; accordéon → accordéoniste ; accuser → accusation.
Deux *t* : attraper → rattrapage ; attention → attentif ; s'attrouper → attroupement.

Préparer la dictée

1 **L'IMPARFAIT ET LE PASSÉ SIMPLE.** Mettez ces verbes à la 3e personne du singulier de l'imparfait puis du passé simple.

placer → ....
se coiffer → ....
revêtir → ....
arborer → ....
se diriger → ....
aller → ....
être → ....
glisser → ....

2 **LE FÉMININ ET LE PLURIEL.** Accordez les mots si nécessaire.

une quizaine.... de personne.... • quelque....-uns • une veste gansé.... • des tuyau.... • une entrée réservé.... • une porte clos....

3 **LES MOTS DIFFICILES.** Complétez le texte avec les mots suivants : tandis que – Dès lors – des airs importants – boxeurs – aplati.

Le match allait commencer : les deux .... s'échauffaient sur le ring avant de s'affronter, ... les managers s'installaient à proximité, prenant .... C'est alors que le boxeur au nez le plus .... lança son fameux cri de guerre. .... les deux hommes étaient devenus ennemis.

Dictée préparée

Aux portes du septième art

Jean enfila le costume qui lui avait servi pour son mariage : pantalon rayé et veste sombre gansée de satin, et se coiffa d'un chapeau melon. Ainsi accoutré, il annonça à Olivier qu'il allait tenter de faire du cinéma. L'enfant revêtit son costume de golf et, après un rapide petit déjeuner, le jeune homme et l'enfant se dirigèrent vers les studios [...]. La porte de métal, réservée aux figurants, était close et rien n'indiquait un besoin particulier de personnel de figuration. Cependant, quelques-uns affirmaient avec des airs importants qu'ils avaient des tuyaux et qu'avec un peu de chance, la plupart seraient retenus au moins pour la journée. Après une heure d'attente, un gros homme au nez aplati de boxeur sortit du café et annonça qu'il allait en choisir une quinzaine. Dès lors, chacun se redressa et arbora un sourire pour se rendre sympathique.

Robert Sabatier (né en 1923), *Les Allumettes suédoises*, éd. Albin Michel, 1969.

Revoir les difficultés

4 **LES VERBES EN *-CER*, *-GER*.** Écrivez ces verbes au présent puis à l'imparfait de l'indicatif, à la 2e personne du singulier.

grimacer → .... effacer → ....

menacer → .... se venger → ....

songer → .... changer → ....

5 **LES CONSONNES SIMPLES OU DOUBLES.** Ajoutez une deuxième consonne si nécessaire.

être ac.....oudé • ac.....order • conc.....order • conc.....urrence • oc.....troyer • ac.....roître • ac.....acia • ac.....ompte • ac.....ordéon • ac.....user • menot.....er • grelot.....er • at.....endre • une silhouet.....e • la fêt.....e • at.....aque • at.....raper • at.....rouper • at.....eindre • at.....mosphère • at.....ribuer • at.....ome • hut.....e

Niveau 4e

Dictée non préparée

Un étrange cambrioleur

Un jour, le héros de l'histoire découvre qu'il a la curieuse faculté de passer à travers les murs. Il décide d'en tirer parti.

Le premier cambriolage auquel il se livra eut lieu dans un grand établissement de crédit. Ayant traversé une douzaine de murs et de cloisons, il pénétra dans divers coffres-forts, emplit ses poches de billets de banque et avant de se retirer, signa son larcin à la craie rouge. La sympathie du public allait sans réserve à ce prestigieux cambrioleur qui narguait si joliment la police. Il se signalait chaque nuit par un nouvel exploit accompli soit au détriment d'une banque, soit à celui d'une bijouterie ou d'un riche particulier. Un jour, cette atmosphère de sympathie le mit tellement en confiance qu'il ne crut pas pouvoir garder le secret plus longtemps...

Résumé de : Marcel Aymé (1902-1967), *Le Passe-Muraille*, Gallimard, 1943.

ÉTAPE 14

Leçon

1. Temps simples et composés de l'indicatif (2)

	être	punir	venir	s'asseoir
Présent	je suis	je punis	je viens	je m'assieds je m'assois
Imparfait	j'étais	je punissais	je venais	je m'asseyais je m'assoyais
Passé simple	je fus	je punis	je vins	je m'assis
Futur	je serai	je punirai	je viendrai	je m'assiérai je m'assoirai
Passé composé	j'ai été	j'ai puni	je suis venu(e)	je me suis assis(e)
Plus-que-parfait	j'avais été	j'avais puni	j'étais venu(e)	je m'étais assis(e)

2. Le son [s]

Le son [s] s'écrit de différentes manières :

s comme dans : ainsi – sombre – danser ;
c comme dans : apercevoir – facile ;
sc comme dans : science – descendre – ressusciter – sceptre ;
ss comme dans : s'asseoir – posséder – épaissir – assemblée ;
ç comme dans : aperçu – soupçon – gerçure ;
t(i) comme dans : addition – providentiel.

Préparer la dictée

1 **L'IMPARFAIT.** Mettez les verbes à la 3e personne du pluriel de l'imparfait.

je donnerai → ....
on partage → ....
tu prêtais → ....
tu possèdes → ....
nous finissons → ....
j'inscrivis → ....
vous punissez → ....
on s'assied → ....

2 **LE FÉMININ ET LE PLURIEL.** Ajoutez, si nécessaire, une terminaison.

les dix roi.... • le dieu.... de l'Océan • une fois la nuit venu.... • une robe d'azur.... • les jugement.... rendu.... • dans les cendre.... • tou.... les cinq ou six an.... • cet.... terre • dans chacun.... de leur.... actes

3 **LES MOTS DIFFICILES.** Complétez le texte avec ces mots et expressions : chacun – laquelle – transmise – gravée – dédié – soumis – sacrée – gage – bonne foi – loi – sacrifice.

Le temple était .... à Jupiter. Sur l'autel brûlait la flamme .... On donnait à .... une tablette d'or sur .... était .... la .... qui avait été .... par les ancêtres et à laquelle tous étaient .... Offrir un .... aux dieux était un .... de .... sinon une preuve d'innocence.

Dictée préparée

Les dix rois de l'Atlantide

Dix rois se partageaient le pouvoir de l'île. Ils punissaient et faisaient mettre à mort qui ils voulaient. Mais dans chacun de leurs actes d'autorité, ils suivaient la loi transmise par le dieu de l'Océan, qui, à l'origine, possédait cette terre. La colonne sur laquelle la loi était gravée se trouvait dans le temple dédié à celui-ci. C'était dans ce lieu qu'ils s'assemblaient, tous les cinq ou six ans. Ils prêtaient serment, jurant sur le feu de respecter la loi. Une fois la nuit venue, ils revêtaient une robe d'azur sombre, s'asseyaient à terre dans les cendres de leur sacrifice et commençaient leur travail. Au matin, afin d'en conserver la trace, ils inscrivaient les jugements qu'ils venaient de rendre sur une table d'or.

D'après Platon (427-347 av. J.-C.), *Critias*.

Revoir les difficultés

4 LES VERBES DU 2ᵉ GROUPE. Écrivez ces verbes à la 2ᵉ personne du pluriel de l'imparfait.

grandir → .... rougir → .... embellir→ ....
s'évanouir → .... franchir → .... croître → ....

5 LE SON [S]. Complétez le texte avec *c*, *ç*, *s*, *ss*, *sc* ou *t*.

Un vent gla....é soufflait. L'atmosphère était gla....iale. Des ger....ures apparurent ....ur nos mains. L'a....en....ion fut rude, diffi....ile. Nous devions ....ans ....esse faire très atten....ion. Mais que d'émo....ion en arrivant au ....ommet lor....que nous aper....ûmes, à nos pieds, l'immen....ité des gla....iers !

6 LE VERBE *ASSEOIR*. Écrivez les verbes aux temps qui conviennent.

Permettez-vous que je m'(asseoir) .... là un instant ? • (Asseoir) ....-vous, je vous prie. Si vous vous (asseoir) ...., je commencerais. • Plus tard, mon fils, lorsque tu seras roi, tu t'(asseoir) .... sur ce trône et tu (revêtir) .... les habits d'apparat. • D'habitude, ils s'(asseoir) .... sans bouger.

Dictée non préparée

Madame la Comtesse

Le Commissaire, intrigué par le mot qu'il avait reçu, se rendit à l'Église du village où, ce matin-là, comme à l'accoutumée, Madame la Comtesse allait à la messe. Il ouvrit encore une fois son portefeuille et relut les quelques mots écrits en lettre d'imprimerie : « Je vous préviens qu'un crime sera commis… », suivis d'indications de lieux et de dates. Dans quelques minutes, les dernières prières seraient dites et ce serait terminé. Maigret se sentit plus léger, comme revigoré. Allons ! Venu pour rien, il repartirait content, rien ne s'étant passé. La Comtesse, tête baissée, n'avait pas bougé. Il fit un geste pour la prévenir. C'est alors qu'avec un bruit assourdi, elle s'abattit sur le sol. Stupéfait, les yeux écarquillés, le Commissaire s'aperçut qu'elle était morte.

Résumé de : Georges Simenon (1903-1989), *L'Affaire Saint-Fiacre*, Hachette.

Niveau 4ᵉ

ÉTAPE 15

Leçon

1. Le présent de l'indicatif et du subjonctif

paraître		aller		venir	
Indicatif	**Subjonctif**	**Indicatif**	**Subjonctif**	**Indicatif**	**Subjonctif**
je parais	que je paraisse	je vais	que j'aille	je viens	que je vienne
tu parais	que tu paraisses	tu vas	que tu ailles	tu viens	que tu viennes
il paraît	qu'il paraisse	il va	qu'il aille	il vient	qu'il vienne
nous paraissons	que nous paraissions	nous allons	que nous allions	nous venons	que nous venions
vous paraissez	que vous paraissiez	vous allez	que vous alliez	vous venez	que vous veniez
ils paraissent	qu'ils paraissent	ils vont	qu'ils aillent	ils viennent	qu'ils viennent

Le subjonctif s'emploie en particulier après un verbe qui exprime la nécessité (Il faut que tu **viennes**), la volonté (Je veux qu'il s'en **aille**), le souhait, un sentiment de crainte (Je crains que ce **soit** fini).

2. Les consonnes doubles : *-ff-*, *-pp-*

- Il faut écrire *ff* dans la plupart des mots commençant par *af-*, *ef-* : affolé – affronter – affamé, etc. (sauf dans afin et Afrique) ; effacer – effort – efficace, etc.
- Il faut écrire *pp* dans les mots commençant par *ap-* : appeler – apprivoiser – apporter – appartement, etc. (sauf dans apercevoir – aplanir – aplatir – apitoyer – apéritif, etc.).

Préparer la dictée

1 **LES DIFFÉRENTS TEMPS ET MODES.** Mettez les verbes aux temps et modes indiqués : présent (P), futur (F), passé composé (PC) de l'indicatif ou au subjonctif présent (Sp).

Ils (faire, P) .... un voyage. • Les élèves (visiter, PC) .... plusieurs pays. • Ils (se rendre, P) .... d'abord au Canada. • En Afrique, devant leurs yeux ébahis (apparaître, P) .... des troupeaux d'éléphants. • La savane (s'étendre, P) .... à perte de vue. • « Il faut que je (prendre, Sp) .... des photos, dit Pénélope. Au retour, je (pouvoir, F) .... étonner mes parents et mes amies ! »

2 **LES CONSONNES DOUBLES.** Ajoutez une deuxième consonne si nécessaire.

un buf....le • un él....éphant • un troup....eau • un hip....op....otame • un group....e • quit....er • mil....ier • famil....e • ap....araître • ac....ompagner • insup....ortable • ap....areil • une antilop....e

Dictée préparée

Dans les savanes du Sénégal

Au cours d'un périple de sept jours, nos amis font le tour du Sénégal en minibus. Ils ont déjà visité Dakar, Saint-Louis, les villages, les marchés… De très bonne heure, le groupe quitte le campement pour entreprendre la visite de la « réserve », où se côtoient les animaux les plus sauvages. Et, tout à coup, au cœur de la savane boisée qui s'étend sur des milliers d'hectares, apparaissent des troupeaux de buffles, des familles de lions, d'éléphants, d'antilopes.

– Vite ! Il faut que je prenne une photo ! s'écrie Hugo en sortant son appareil.

– Mais, ce sont des hippopotames ! s'exclament les adolescents un peu plus loin.

– Oui, dit l'accompagnateur : lorsqu'ils sentent que la chaleur du jour va devenir insupportable, ils se rendent près des trous d'eau où ils pourront boire.

Revoir les difficultés

3 **LE SUBJONCTIF PRÉSENT.** Mettez les phrases au subjonctif présent en commençant par *Il faut que*….

Je vais au collège. → .... • Tu reviens dès cinq heures. → .... • Je t'attends ? → .... • Tu le dis. → .... • On écrit ? → .... • Nous le faisons. → .... • Tu me le rends. → .... • Vous êtes prêt. → ....

4 **L'ACCENTUATION.** Ajoutez les accents nécessaires.

C'etait pendant l'ete. Nous avions organise une petite fete. • Quand etes-vous rentres ? • Dans le verger, tout pres, juste a cote, il y a des pruniers et des pechers. Les peches seront bientôt mures.

Dictée non préparée

Comment démasquer un criminel

Le fils de la Comtesse les convoqua tous : ce soir, il confondrait le coupable. Il accueillit ses invités dans la pièce la plus ancienne du château. Il annonça :

– Nous aurons au dîner du poulet aux champignons : ainsi, Messieurs, l'assassin va manger de ce plat, car il est certainement parmi nous !

– Oh ! Monsieur ! fit le régisseur en rougissant.

– Voyons, Docteur, questionna le Comte, ma mère a-t-elle souffert avant de mourir ? Elle se plaignait de ses essoufflements. Avait-elle de sérieux problèmes de cœur ?

Le Commissaire Maigret ressentait le malaise de l'assemblée. Le Comte s'était mis en tête de démasquer le criminel. Gagnerait-il son pari ?

Résumé de : Georges Simenon (1903-1989), *L'Affaire Saint-Fiacre*, Hachette.

ÉVALUATION 3

1 **LES TEMPS SIMPLES. Mettez les verbes aux temps indiqués : présent (P), imparfait (I), passé simple (PS) ou futur (F).** *Comptez 1 point par bonne réponse.*

Alexandre Dumas (être, P) .... l'auteur du célèbre roman *Les Trois Mousquetaires* (1844). Tout le monde (connaître, P) .... son héros : d'Artagnan. Arrivé à Paris, où il (vouloir, I) .... se mettre service du roi Louis XIII, le jeune homme (rencontrer, PS) .... Athos, Porthos et Aramis qui (devenir, PS) .... ses amis. Ils (avoir, F) .... de nombreuses aventures et (faire, F) .... face à de nombreux ennemis : ils (participer, F) .... par exemple, au siège de La Rochelle. Grâce à leur courage, leur audace, ils (être, F) .... toujours victorieux. De nos jours, ce roman historique (enthousiasmer, P) .... encore de très nombreux lecteurs.

Score.../10

2 **LES TEMPS SIMPLES. Mettez les verbes au passé simple.** *Comptez 1 point par bonne réponse.*

Je l'aperçois. → .... • Tu me l'annonces. → .... • Ils deviennent peu à peu mes amis. → .... • Nous nous apitoyons sur son sort. → .... • Vous aplanissez notre chemin. → .... • Le navire appareille. → .... • Ne ressens-tu rien ? → .... • Ils s'apaisent. → .... • Je le prends avec moi. → .... • Nous le prenons en bonne part. → ....

Score.../10

3 **LES CONSONNES SIMPLES OU DOUBLES *C, F, T, P*. Ajoutez une deuxième consonne si nécessaire.** *Comptez 0,5 point par bonne réponse.*

ac....rocher • ac....order • un ac....ordéon • un a....ompte • ac....ourir • ac....ueillir • af....reux • af....olant • af....in • afric....ain • un buf....le • un bouf....ée • af....iner • at....endre • at....ome • at....omique • at....aquer • at....raper • l'at....rait • l'at....ractivité • ap....rendre • ap....rentissage • ap....orter • ap....ercevoir • ap....latir • une ap....ostrophe • un ap....artement • un ap....areil • une nap....e • un trap....eur

Score.../15

4 **LE SON [S]. Complétez les mots avec *ss, sc, c, ç, ti*.** *Comptez 0,5 point par bonne réponse.*

la de....ente • l'arc-en-....iel • la gla....e • le gla....age • un ....ientifique • la ....ien....e • un e....ai • se ra....embler • une percep....on • de l'e....en....e • un a....en....eur • l'atten....on • l'émo....on • a....ez • s'a....eoir • un ....eptre • ca....er • la ger....ure • la fa....on • la superfi....ie

Score.../10

5 **LES TERMINAISONS VERBALES.** **Ajoutez-les.** *Comptez 2 points par bonne réponse.*

On peu.... dire de Marilyn Monroe qu'elle es.... une héroïne de légende, car elle fai.... figure de mythe cinématographique. Né.... en Californie, elle a pass.... son enfance près d'Hollywood. Le dimanche, avec sa mère ou une amie de celle-ci, elle allai.... admir.... les maisons des vedettes célèbres et elle s'extasiai.... devant les rois et les reines du cinéma. Les deux femmes racontai.... inlassablement les histoires des grandes stars ; elles lisai.... tous les magazines et s'émerveillai.... devant celles qu'elles voyai.... revêtue.... de fourrures et paré.... de diamants. On disai.... à l'enfant : « Ne t'en fai.... pas : tu sera.... une très belle jeune fille, quand tu sera.... grande. Tu sera.... une star de cinéma, c'es.... sûr ! »

D'après *Le Cinéma*, « Marilyn Monroe » (1926-1962), Éd. Bordas.

Score.../20

6 **LES LETTRES FINALES.** **Ajoutez-les, si nécessaire.** *Comptez 1 point par bonne réponse.*

Voici l'histoire..... C'est celle.... d'un jeune homme qui était trè.... beau ; les femme.... le regardaient, ce que, quan.... à lui, il ne remarquait même pas. Lui n'avait jamai.... eu en tête qu'une petite Arlésien.... toute en velour.... et en dentelles. Le père du jeune homme avait eu des difficulté.... à accepter l'idé.... de ce mariage. Or...., voilà qu'un dimanche soir, un étranger.... était arrivé et avait expliqué que cette jeune fille lui avait été promise. Le jeune.... homme n'avait plus parlé à personne. Un soir de fête, alor.... qu'on l'avait cru.... guéri...., il s'était tué en se jetant du hau.... du grenier.

D'après Alphonse Daudet (1840-1897), *Les Lettres de mon moulin.*

Score.../10

7 **LES LETTRES MUETTES.** **Ajoutez e ou *h* si c'est nécessaire.** *Comptez 0,5 point par bonne réponse.*

unad....érent • éba....ir • fé....rique • dés....ydraté • l'....oxyde • le....angar • un....égard • la ....oule • l'....ydrogène • un évén....ment • boul....verser • un ....andicap

Score.../5

8 **LES HOMONYMES.** **Trouvez des mots qui se prononcent de la même manière mais s'écrivent différemment.** *Comptez 2 points par bonne réponse.*

vert → .... • point → .... • chant → .... • pin → .... • foi → .... • prêt → .... • cœur → .... • sans → .... • moi → .... • saut → ....

Score.../20

Score total.../100

Niveau 4e

ÉTAPE 16

Leçon

1. Indicatif et conditionnel

	Indicatif présent	Indicatif passé simple	Indicatif imparfait	Conditionnel présent
avoir	j'ai	j'eus	j'avais	j'aurais
être	je suis	je fus	j'étais	je serais
constater	je constate	je constatai	je constatais	je constaterais
sentir	je sens	je sentis	je sentais	je sentirais
pouvoir	je peux	je pus	je pouvais	je pourrais
remettre	je remets	je remis	je remettais	je remettrais

Attention ! On emploie l'imparfait de l'indicatif dans la proposition commençant par *si* et le présent du conditionnel dans la seconde proposition. Si j'étais riche, je **partirais**.

2. Les préfixes

Les préfixes se placent **avant le radical** du mot. Ils en changent le sens. Quelques préfixes : *re-* (*r-*) ; *ré-* ; *in-* (*im-*) ; *dis-* ; *dé-* (*dés-*) ; *en-* ; *mé-* ; *pré-*. Exemples : dire → redire, médire, prédire ; écrire → récrire ou réécrire ; paraître → reparaître, disparaître.

Préparer la dictée

1 **MODES ET TEMPS.** Mettez les verbes à l'imparfait de l'indicatif puis au conditionnel présent.

Il le jette. → ....

Il l'est. → ....

Il le peut. → ....

2 **LE PASSÉ SIMPLE.** Mettez les verbes au passé simple.

Il revenait. → .... Il le ressent. → ....

Il le constatera. → .... Il la remet. → ....

On les distribue. → .... Il s'émeut. → ....

3 **LES MOTS DIFFICILES.** Complétez avec les mots suivants : hameau – l'imprimé – faits divers – affreux – logis – coup d'œil – Quelle chance – garde-chasse – ce – ce – flânant.

Lorsqu'il jeta un .... à son journal, ... matin là, il survola les ...., la politique, mais, comme il était à la recherche d'un .... il consulta les annonces immobilières. Dans un petit ...., une maison de .... était à vendre, ainsi que d'autres habitations. Il prit .... et décida qu'il irait tout en .... aux différentes adresses indiquées. Et si tout n'était pas .... ? Et s'il trouvait finalement .... qu'il cherchait ? .... ce serait !

Dictée préparée

Le facteur

Ce jour-là, le facteur, en sortant de la maison de poste, constata que sa tournée serait moins longue que de coutume, et il en ressentit une joie vive. La distribution serait vite faite ; il pourrait même flâner un peu en route et rentrer chez lui vers trois heures. Quelle chance !

Il distribua ses imprimés, et ses lettres dans le hameau puis se remit en route à travers champs pour porter le courrier du percepteur. Quand il en avait le temps, il jetait un coup d'œil sur les imprimés, avant de les remettre au destinataire. Donc, il ouvrit sa sacoche, prit la feuille : les faits divers le passionnaient. Ils étaient très nourris ce jour-là. Il s'émut même si vivement au récit d'un crime accompli dans le logis d'un garde-chasse qu'il s'arrêta pour le relire lentement. Les détails étaient affreux.

D'après Guy de Maupassant (1850-1893), *Contes du jour et de la nuit*, « Le Crime au père Boniface ».

Revoir les difficultés

4 **L'INDICATIF ET LE CONDITIONNEL.** Mettez les verbes soit au présent de l'indicatif, soit au présent du conditionnel.

Je (sortir) .... maintenant. • S'il faisait beau, on (sortir) .... • S'il était plus attentif, il ne (faire) .... pas de faute. • Si j'avais assez d'argent, j'(acheter) .... ce nouveau jeu !

5 **LES PRÉFIXES.** Écrivez de nouveaux mots en utilisant des préfixes.

perméable →	nuage →	lire→ ....
organisé →	mettre →	honorable → ....

6 **LE PLURIEL.** Mettez tous les éléments de la phrase au pluriel.

Le facteur distribue un imprimé ici, une lettre là, un paquet ailleurs : il parcourt un village, un hameau et va même jusqu'à une maison isolée dans la forêt.

....

....

Dictée non préparée

Les malheurs de Candide

Candide vécut jusqu'à l'âge de dix-sept ans dans le château d'un Baron allemand qui était, croit-on, un parent. Il y fut heureux. Tous étaient aimables avec lui. Il se promenait dans le grand parc, écoutait les leçons de son maître et surtout admirait Mademoiselle Cunégonde, qu'il trouvait extrêmement belle. Mais un jour, il déplut au Baron qui le jeta dehors. Il faisait froid et il avait faim. C'est alors que deux hommes habillés de bleu lui offrirent à boire et à manger. Candide, qui avait l'esprit des plus simples, crut qu'ils le prenaient en pitié. Hélas ! Le soir même, ils l'emmenèrent dans le régiment du Roi des Bulgares et, à coups de bâton, lui apprirent à manier les armes.

Résumé de : Voltaire (1694-1778), *Candide*.

ÉTAPE 17

Leçon

1. Indicatif, conditionnel et subjonctif

	Indicatif			Conditionnel	Subjonctif
	présent	**imparfait**	**passé simple**	**présent**	**présent**
se lever	il se lève	il se levait	il se leva	il se lèverait	qu'il se lève
surveiller	il surveille	il surveillait	il surveilla	il surveillerait	qu'il surveille
dire	il dit	il disait	il dit	il dirait	qu'il dise

2. Les suffixes

▪ Les suffixes se placent **après le radical** du mot. Ils en changent le sens. Quelques suffixes : *-able, -age, -eur, -eux, -ment, -onner, -té, -tié*, etc. Exemples : feuille → feuillage ; pâle → palot ; bref → brièveté.

▪ La formation savante de mots utilise des éléments grecs, comme *-algie* (« douleur »), *-cratie* (« pouvoir »), *-graphe* (« qui écrit »), *-logie* (« science »), *-onyme* (« nom »), *-scope* (« qui permet de regarder »), *-thérapie* (« guérison »).

Préparer la dictée

1 L'ACCORD DU VERBE AVEC SON SUJET. Transformez les phrases en commençant par les mots indiqués.

La braise du feu de camp s'envolait. → Les ....

Des vents de sable s'étaient levés. → Un ....

La voiture reprit sa route. → Les ....

2 LA TERMINAISON DES VERBES. Ajoutez *-t*, *-ez*, *-ons*, *-er*.

Ne vous endorm.... pas ! • Veillez à ne pas tamponn.... la voiture qui vous précède ! • Nous allumer.... nos phares. • Attention ! Il fau.... roul.... doucement !

3 LES MOTS DIFFICILES. Complétez en utilisant les mots suivants : tamponner – striant – cuivrée – Surveillez – endormez – en effet – cet – prudemment – plein fouet – colonel – troupe – position – intervalle.

Vous avez deviné juste : .... homme-là fut, ..., militaire de carrière : capitaine puis .... • Afin de ne pas se ...., les voitures roulaient lentement, ..., et laissaient entre elles un grand .... • .... donc mieux vos enfants ! • Ne vous .... pas au volant ! • Ils furent pris de .... par la tourmente. • Appel à tous : le commandant vous demande de préciser sans délai la .... exacte de votre .... • L'horizon prenait une teinte .... tandis que de violents éclairs, ... le ciel, laissaient apercevoir la cime courbée des grands arbres.

Dictée préparée

Une tempête de sable

– Il faut repartir, dit tout soucieux le colonel. Ça se gâte !
Il semblait en effet que la nuit fût retombée sur le désert. Le vent de sable s'était levé brutalement. Il arrivait de plein fouet sur la petite troupe, dispersait les braises du feu de camp qui s'envolaient en striant la brume d'une pluie d'étoiles filantes. C'était une nuit solaire, jaune au ras du sol et cuivrée vers le haut… Toute vision était déformée par cet écran de poussière mouvante.
– En route ! […] Vous, Officier, que votre chauffeur roule exactement sur nos traces, surveillez sa marche, ne vous endormez pas, attention à ne pas nous tamponner, nous allumerons les feux de position…
[…] Lentement et prudemment, les deux voitures reprirent les traces en direction du Sud.

Roger Frison-Roche (1906-1999), *La Piste oubliée*, Arthaud, 1941.

Revoir les difficultés

4 **LES FORMES IMPERSONNELLES.** Mettez ces verbes au présent, à l'imparfait, au passé simple, puis au passé antérieur.

falloir → ……………………………………………………………………
pleuvoir → ……………………………………………………………………
neiger → ……………………………………………………………………
grêler → ……………………………………………………………………

5 **LES SUFFIXES.** Formez de nouveaux mots en ajoutant des suffixes. Choisissez parmi ceux-ci : -able – -âtre – -ée – -oire – -eur – -eux – -asser – -onner – -al – -esque – -ique – -ose – -ite – -logie – -scopie – -cratie – -graphie.

automne → ………………	chevalier → ………………	bleu → ………………
blâmer → ………………	chanter → ………………	cuillère → ………………
cuivre → ………………	radio → ………………	bureau → ………………

Dictée non préparée

Candide en Hollande

Candide, par bonheur, vient d'échapper à l'armée du Roi des Bulgares. Beaucoup sont morts autour de lui. Il s'en va, se disant qu'il trouvera sûrement ailleurs un monde meilleur et plus pacifique. Quand, après plusieurs jours, il parvient en Hollande, il a la certitude que tout ira mieux. Ici, tout le monde est riche, semble-t-il : on lui donnera du pain ou de l'argent. Mais personne ne vient à son secours. Enfin, un marchand, ému par sa détresse, lui dit : « J'ai pitié de vous. Il ne sera pas dit qu'il ne se trouvera personne, en ce pays, pour vous être secourable. » Il offre alors à Candide de la nourriture, des vêtements, et même de la bière. Candide, réconforté, retrouve son optimisme.

Résumé de : Voltaire (1694-1778), *Candide*.

Leçon

1. La voix passive

La voix passive se forme avec **l'auxiliaire *être***.
- Présent de la voix passive : Les champs sont couverts de coquelicots.

À la voix active : Des coquelicots couvrent les champs.
- Passé composé de la voix passive : L'actrice a été coiffée par un célèbre coiffeur.

À la voix active : Un célèbre coiffeur a coiffé l'actrice.)

Rappel : Le participe passé, employé avec l'auxiliaire *être,* s'accorde avec le sujet.

2. La forme négative

Les locutions adverbiales de négation comportent généralement **deux éléments** : *ne... pas* ; *ne... plus* ; *ne... jamais* ; *ne... point* ; *ne... rien* ; *ne... personne* ; *ne... que*.
Elle **ne** comprenait **pas**. – **Jamais** vous **n'**avez compris. – On **n'**avait **rien** compris.

Préparer la dictée

1 **LE PLURIEL.** Mettez tous les éléments des phrases au pluriel.

Cet enfant prédestiné était indomptable, tapageur, bruyant.
→ ....

Il était tantôt triste, tantôt gai, mais toujours obstiné et curieux.
→ ....

Cette lettre à son ami était puérile.
→ ....

2 **LES VERBES À DIFFÉRENTS TEMPS ET MODES.** Mettez les verbes aux temps indiqués de l'indicatif : présent (P), imparfait (I), passé simple (PS) ; au subjonctif présent (Sp) ; au participe passé (pp) ou au participe présent (ppr).

Le jeune Bonaparte (être, I) .... à Paris lorsqu'en 1794, Robespierre fut (arrêter, pp) ...., (emmener, pp) .... en prison puis (guillotiner, pp) .... Bientôt (nommer, pp) .... général en second de l'armée intérieure et (devoir, ppr) .... prendre de graves décisions, il (répéter, I) .... : « Il (falloir, P) .... que nous (ramener, Sp) .... l'ordre dans la capitale ! ». Peu de temps après, toute la France (apprendre, PS) .... qui (être, I) .... ce nouveau chef (appeler, pp) .... d'abord Bonaparte, puis Napoléon Ier.

3 **LES MAJUSCULES ET LA PONCTUATION.** Ajoutez-les.

napoléon bonaparte est né à ajaccio en 1769 il est mort à sainte-hélène en 1821

Dictée préparée

L'enfance de Bonaparte

Quand un homme est devenu fameux, on lui compose un passé : les enfants prédestinés sont, dit-on, tapageurs, indomptables ; ils apprennent tout ou n'apprennent rien ; le plus souvent aussi ce sont des enfants tristes, qui ne partagent point les jeux de leurs compagnons, qui rêvent à l'écart et sont déjà poursuivis du nom qui les menace. On vient de déterrer des lettres de Napoléon à ses grands-parents ; il nous faut avaler ces puériles âneries.
En réalité, qu'un enfant soit gai ou triste, silencieux ou bruyant, n'en tirez aucune conclusion. Napoléon était donc un petit garçon comme les autres. « Je n'étais, dit-il, qu'un enfant obstiné et curieux. » Quand il quitta la maison paternelle, il ne savait que l'italien. Son ignorance de la langue française était presque complète.

François-René de Chateaubriand (1768-1848), *Mémoires d'outre-tombe*.

Revoir les difficultés

4 LES VERBES À DIFFÉRENTS TEMPS ET MODES. **Mettez les verbes aux temps indiqués de l'indicatif : présent (P), imparfait (I), passé simple (PS) ; au subjonctif présent (Sp) ; au participe passé (pp) ou au participe présent (ppr).**

Chateaubriand, pendant la révolution française, avait (devoir, pp) .... s'exiler à Londres. Son frère aîné avait été (tuer, pp) .... ; sa mère et sa sœur étaient (menacer, pp) .... (Revenir, pp) .... en France, lui et ses amis (attendre, PS) .... impatiemment que les rois (reprendre, Sp) .... leur place à la tête de l'État ; mais Bonaparte (devenir, PS) .... l'empereur Napoléon Ier et plus de dix ans (passer, PS) .... avant que le frère de Louis XVI ne (devenir, Sp) .... roi sous le nom de Louis XVIII.

Niveau 4e

Dictée non préparée

Candide et son professeur

Par un heureux hasard, l'ancien maître de Candide, qui a été expulsé de chez Monsieur le Baron, est en Hollande, lui aussi. Lui qui enseignait que tout est pour le mieux dans le meilleur des mondes possibles, est en piteux état. Il défaille d'épuisement. Candide l'emmène alors chez le riche marchand où il a été si bien accueilli. Bientôt on le soigne, on lui offre de la nourriture. Ensuite, chacun raconte ce qui lui est arrivé.
– Qu'est devenue la belle Cunégonde ? questionne naïvement Candide.
– Je crois qu'elle n'a pas réussi à s'enfuir du château et qu'elle a été tuée par les soldats.
– Ah ! mon Dieu, quel malheur ! soupire Candide, qui gardait toujours de l'amour pour elle en son cœur.

Résumé de : Voltaire (1694-1778), *Candide*.

ÉTAPE 19

Leçon

1. Différents temps et modes – Le verbe *falloir*

	se souvenir	périr	pouvoir	falloir
Indicatif				
présent	il se souvient	il périt	il peut	il faut
imparfait	il se souvenait	il périssait	il pouvait	il fallait
passé simple	il se souvint	il périt	il put	il fallut
Conditionnel				
présent	il se souviendrait	il périrait	il pourrait	il faudrait
passé	il se serait souvenu	il aurait péri	il aurait pu	il aurait fallu
Subjonctif				
présent	qu'il se souvienne	qu'il périsse	qu'il puisse	qu'il faille
passé	qu'il se soit souvenu	qu'il ait péri	qu'il ait pu	qu'il ait fallu

2. Le pluriel des noms propres

Les noms propres prennent la marque du pluriel quand ils désignent des peuples, des pays : la Grèce → les Grecs, l'Italie → les Italiens. Les noms de familles célèbres, connues dans l'histoire, peuvent aussi s'écrire avec un *s* : les Bourbons, les Condés.

Préparer la dictée

1 **LE SUBJONCTIF.** Mettez les verbes au subjonctif.

Est-ce la plus ancienne civilisation qui (exister, passé) .... ou la seule dont vous vous (souvenir, présent) .... ? • Quelques survivants réussirent à s'échapper avant que le navire ne s'(abîmer, passé) .... dans l'océan. • Quoi qu'ils (devenir, passé) ...., nous voulons le savoir.

2 **LES MOTS DIFFICILES.** Complétez avec les mots ou groupes de mots suivants : peu à peu – vieillards – ancêtres – tremblements de terre – île engloutie – descendants – cette – dieu – civilisation – merveilleuse – égoïstes – sacrée – dispersés.

Des conteurs, qui étaient souvent des .... à barbe blanche, racontaient de mille manières l'histoire de .... grande .... sous les flots et nommée l'Atlantide. Ses habitants avaient fondé une .... où les hommes avaient une vie .... Gouvernée à l'origine par le .... Poséidon, cette île avait le visage du paradis terrestre. Mais comment les enfants, les .... de tels .... parfaits devinrent-ils des monstres .... et méchants ? Leur lignée cessa .... d'être .... C'est alors que tous les dieux se déchaînèrent contre eux et que se produisirent des .... au cours desquels les Atlantes furent détruits ou .... sur différents rivages.

Dictée préparée

Les secrets de l'île engloutie

– L'Atlantide, puissance la plus merveilleuse qui ait jamais existé, périt un jour, dit le vieillard. Voici comment. Il n'y aurait eu, selon vous, qu'un seul déluge terrestre. C'est l'unique destruction dont vous vous souveniez. Mais en réalité, d'autres ont eu lieu dont nous, Égyptiens, avons gardé la mémoire grâce aux récits de nos ancêtres. Les Atlantes, donc, auraient pu conserver longtemps leurs pouvoirs extraordinaires : pour que cela soit, il aurait suffi qu'ils continuent d'écouter le dieu qui les inspirait. Mais il semble que peu à peu, ils soient devenus égoïstes, injustes, laids. Alors il y eut des inondations, des tremblements de terre ; il ne fallut qu'un jour et une nuit pour que l'île tout entière s'abîmât dans les mers.

D'après Platon (427-347 av. J.-C.), *Critias*.

Revoir les difficultés

3 **LE CONDITIONNEL PASSÉ 1re FORME.** Écrivez le verbe au conditionnel passé première forme.

– Si j'étais né en Grèce, j'(aimer) .... que cela soit au siècle de Périclès : je ne (aller) .... pas .... à l'école, mais j'(écouter) .... les grands maîtres parler, tout en me promenant sur l'agora. J'(suivre) .... leurs leçons et j'(apprendre) .... beaucoup de choses.

4 **LA PONCTUATION ET LES MAJUSCULES.** Ajoutez les majuscules et signes de ponctuation manquants.

platon 428 à 348 avant j.-c. fut l'élève de socrate après la mort de son maître il alla en sicile avant de revenir à athènes et de fonder l'académie il est l'auteur de vingt-huit dialogues quelques titres la république criton gorgias le banquet

Dictée non préparée

Un tremblement de terre

Candide et son maître vivent quelque temps chez Jacques, le riche marchand hollandais qui les a accueillis.

– Il faut que j'aille à Lisbonne, dit un jour celui-ci. J'ai à acheter des marchandises aux Portugais. Si vous le souhaitez, vous pourriez m'y accompagner, dit-il aux deux hommes qui sont devenus ses amis.

À leur arrivée, Jacques craint le pire : il est possible que le bateau ne puisse accoster. Enfin, ils regagnent la côte ; mais, à peine ont-ils fait quelques pas, qu'ils entendent un bruit terrible : c'est un tremblement de terre.

– C'est le dernier jour du monde ! se lamente Candide.

C'est à ce moment-là qu'il reçoit une volée de pierres sur la tête et s'évanouit. Décidément, tout n'est pas pour le mieux dans le meilleur des mondes possibles !

Résumé de : Voltaire (1694-1778), *Candide*.

ÉTAPE 20

Leçon

1. L'emploi des temps dans un récit au passé

■ Dans un récit de style simple, on emploie souvent le **passé composé**.
Nous avons découvert les Îles-sous-le-vent.
Dans un récit de style plus recherché, on emploie l'**imparfait** et le **passé simple**.
Enfin nous arrivâmes. Une surprise nous attendait.

■ Dans les dialogues introduits dans un récit, on peut rencontrer le présent, le futur de l'indicatif, le conditionnel, etc.

2. Le participe présent et l'adjectif verbal

■ Ils ont tous les deux la même terminaison : *-ant* ; mais le **participe présent** est invariable.
Les mouettes **volant** au dessus de la mer poussent des cris, **appelant** les autres mouettes à les suivre.

■ L'**adjectif verbal,** lui, se comporte comme un adjectif qualificatif : il s'accorde avec le nom auquel il se rapporte. Leurs propos amusant**s**, leurs remarques surprenant**es** firent rire leurs camarades.

Préparer la dictée

1 **DU PRÉSENT AU PASSÉ COMPOSÉ.** Mettez les verbes au passé composé.

Il retient son billet. → ....
Vous visitez les îles. → ....
Nous partons. → ....
Il est content. → ....
Nous acceptons. → ....
Nous restons. → ....
Nous le découvrons. → ....
Ils se bousculent. → ....

2 **LE PLURIEL.** Mettez les groupes nominaux au pluriel.

le paysage → .... • ce long périple → .... • une dizaine → .... • un plateau → .... • notre ami → .... • un envoyé spécial → .... • sous le cocotier → .... • un reporter → .... • une question → ....

3 **LES MAJUSCULES ET LA PONCTUATION.** Ajoutez les majuscules et les signes de ponctuation manquants.

île de la polynésie française dans dans l'océan pacifique tahiti appartient au groupe des îles du vent la ville principale est papeete l'ile est entourée de récifs de corail bora bora est une des îles sous le vent en polynésie française elle est située au milieu d'un vaste lagon

Dictée préparée

C'est Pénélope, une élève, qui raconte comment s'est terminé le voyage qu'elle vient de faire avec sa classe.

Un retour triomphal

La dernière étape de notre voyage a été éblouissante. Lorsque nous nous avons découvert les Îles-sous-le-Vent, dans l'océan Pacifique, Bora Bora, Tahiti, nous sommes restés sans voix, tant la splendeur des paysages, la pureté de l'air et de l'eau nous ont impressionnés… Mais après ce long périple, une immense surprise nous attendait à notre retour : des dizaines de journalistes, reporters, et même envoyés spéciaux de chaînes étrangères se bousculaient à l'aéroport. Mille questions nous étaient posées en même temps. L'une d'elles a retenu tout particulièrement notre attention : « Accepteriez-vous de venir sur les plateaux de télévision de notre station Oméga 1 pour y participer à une émission ? » Fous de joie, nous avons donné notre accord. Cette fois, nous étions partis pour la gloire !

Revoir les difficultés

4 LE PARTICIPE PRÉSENT ET L'ADJECTIF VERBAL. Ajoutez aux verbes la terminaison *-ant* et accordez si nécessaire.

Le sable et les rochers sont (brûler) .... Des jeunes filles (rire) .... et (danser) ...., des colliers de fleurs (orner) .... leurs tenues colorées, entourèrent les visiteurs. Nous avons vu des scènes (étonner) ...., (surprendre) .... parfois même (bouleverser) ....

5 LES TEMPS COMPOSÉS. Mettez les verbes au passé composé (PC) ou au plus-que-parfait (PQP).

Ils .... (faire, PC) .... un voyage lointain. ....- vous (prendre, PC) .... des photos ? Mes cartes postales, les ....-vous (recevoir, PC) .... ? Nous n'.................... (avoir, PC) .... aucune nouvelle depuis qu'elle .... (partir, PC) ....

Dictée non préparée

Candide et Cunégonde

Après avoir rencontré de nombreuses aventures, Candide retrouve par hasard Cunégonde à Lisbonne. En pleurant, elle lui raconte sa triste histoire. Son père ainsi que sa mère ont été tués par des soldats. Ayant appris que Candide se trouvait en ville, elle a demandé à sa servante de le lui amener. Quel plaisir d'être ensemble ! C'est le bonheur retrouvé. Mais pour défendre l'honneur de Cunégonde, Candide tue un homme. Notre héros, obligé de s'enfuir encore, emmènera cette fois avec lui la ravissante Cunégonde. Mais ce n'est pas encore la fin de leur longue histoire. Retrouveront-ils jamais les lieux bien-aimés où ils passèrent leur insouciante enfance ?

Résumé de : Voltaire (1694-1778), *Candide*.

ÉVALUATION 4

1 LES TEMPS SIMPLES ET LES TEMPS COMPOSÉS. **Écrivez les verbes aux temps composés correspondant aux temps simples donnés.** *Comptez 2 points par bonne réponse.*

Les enfants ? Je les surveille. → ....
Il leur explique la leçon. → ....
Ils les préviendront. → ....
Tu comprends. → ....
On entendait tout ce qui se disait. → ....

Score.../10

2 LE FUTUR SIMPLE ET LE CONDITIONNEL PRÉSENT. **Mettez les verbes soit au futur simple, soit au présent du conditionnel.** *Comptez 2 points par bonne réponse.*

Demain, il (pleuvoir) .... S'il faisait beau, je (sortir) ...., je (retrouver) .... ma meilleure amie et nous (aller) .... nous promener. J'(aimer) .... bien être en vacances.

Score.../10

3 PRÉFIXES ET SUFFIXES. **Ajoutez-les pour former de nouveaux mots.** *Comptez 1 point par bonne réponse.*

commencer → .... • mortel → .... • attention → .... • obéir → .... • veiller → .... • périr → .... • patient → .... • voyager → .... • habiter → .... • paraître → .... • vêtir → .... • chasser→ .... • mythe → .... • régulier → .... • las → ....

Score.../15

4 LES MAJUSCULES ET LA PONCTUATION. **Ajoutez-les.**

Mythe, légende ou réalité ?

platon auteur grec qui vivait à athènes il y a 2 500 ans évoque l'histoire méconnue de l'atlantide continent disparu au cours de deux dialogues critias s'adressant au grand philosophe socrate lui rapporte les faits que les anciens ont relatés dans des documents qui existaient encore à cette époque

Score.../5

5 LES VERBES. **Ajoutez la terminaison des verbes conjugués, des infinitifs, des participes passés ou participes passés employés comme adjectifs.** *Comptez 2 points par bonne réponse.*

Une civilisation disparu....

Dans le dialogue intitul.... *Critias*, Socrate et ses amis en apprenn.... un peu plus sur l'Atlantide, « grande et admirable puissance » qui s'est « abîmé....dans la mer » après avoir été vaincu.... par Athènes. Critias continu.... de révél.... ce qu'il tien.... de son ancêtre, un vieux prêtre égyptien ; mais il ajout.... : « Souvenon....-nous qu'il s'est écoul.... 9 000 ans depuis l'époque où des guerres meurtrières avaient opposé.... les Grecs aux Atlantes. »

D'après Platon (427-347 av. J.-C.), *Critias*.

Score.../12

6 LE FÉMININ ET LE PLURIEL. Ajoutez, lorsqu'elles sont nécessaires, les marques du féminin et/ou du pluriel. *Comptez 0,5 point par bonne réponse.*

Les pays où on parle le français

Au XIXe siècle, Victor Hugo pensait que le français allait devenir la langue du monde entier. En fait, durant les siècle.... précédent...., on parlait français dans tout.... les grand.... capital.... européen...., parmi les intellectuel.... et chez les souverain..... C'était vrai à la cour de Frédéric II de Prusse comme dans celle d'Elizabeth Ire, reine.... d'Angleterre. L'anglais, en s'imposant dans le monde des affaire.... est devenu une langue rival.... de la nôtre..... Néanmoins, on estime qu'il y a, aujourd'hui, à travers le monde.... cent.... vingt.... million.... de francophone...., c'est-à-dire de personne.... s'exprimant en français*.

Source documentaire : *Okapi*, Bayard Presse

* Il y aurait, en outre, dans le monde, 60 million.... de « francophone.... partiel.... », disposant d'une compétence plus ou moins grand.... en français.

Score.../20

7 DÉFINITIONS. Écrivez le mot qui correspond à sa définition : synonymes – homonymes – antonymes – paronymes. *Comptez 2 points par bonne réponse.*

Mots ayant des sens opposés, contraires → ....

Mots se prononçant de la même manière, mais n'ayant pas le même sens → ....

Mots ayant (approximativement) le même sens → ....

Mots ayant des prononciations proches, mais des sens différents → ....

Score.../8

8 LES SYNONYMES. Donnez des adjectifs ayant le même sens. *Comptez 2 points par bonne réponse.*

brave → .... • vaniteux → .... • paisible → .... • fatigué → .... • affreux → .... • adroit → .... • ridicule → .... • vrai → .... • clair → .... • avare → ....

Score.../20

Score total.../100

Niveau 4^e

Niveau 3e

SOMMAIRE DÉTAILLÉ DES LEÇONS

ÉTAPES

ET DICTÉES

ÉTAPE 1

Leçon

1. Verbes réguliers et verbes irréguliers

	trouver	recevoir	vivre	se taire
Présent	je trouve	je reçois	je vis	je me tais
Imparfait	je trouvais	je recevais	je vivais	je me taisais
Passé simple	je trouvai	je reçus	je vécus	je me tus
Futur	je trouverai	je recevrai	je vivrai	je me tairai

- Le verbe *trouver*, comme tous les autres verbes du 1er groupe (90 % des verbes français), est **régulier**. Son radical (*trouv-*) reste toujours le même.
- Les verbes *recevoir, vivre, se taire* sont **irréguliers**. Leur radical varie (*reçoi-*, *recev-*, *reç-* pour *recevoir*). Ils font partie du 3e groupe.

2. Le sujet du verbe

- Le verbe **s'accorde** avec son sujet. Pour trouver le sujet d'un verbe, il faut poser la question *Qui est-ce qui ?* ou *Qu'est-ce qui ?* avant d'avoir lu le verbe.
- Le sujet du verbe peut être un pronom, un groupe nominal, deux noms, un adverbe de quantité, etc.

Je travaille. – **Les beaux jours** reviennent. – **La jeune fille et son fiancé** avancent en se tenant par la main. – **Beaucoup** sont venus avec des fleurs.

Préparer la dictée

1 **LES TEMPS SIMPLES DE L'INDICATIF.** Mettez les verbes au présent (P), à l'imparfait (I), au passé simple (PS) ou au futur (F).

Qu'(espérer, P) ....-vous au juste ? • Peut-être (trouver, F) ....-t-elle sa voie un jour. • Non, elle ne le (connaître, I) .... pas très bien. • Comme elle se (taire, I) .... et que le silence m'(accabler, I) ...., je m'éloignai. • Il (recevoir, PS) .... un message. • Il (paraître, PS) .... étonné. • Je le (regarder, PS) .... • Soudain, nous (changer, PS) .... de direction. • Bientôt nous (prendre, PS) .... le chemin du retour.

2 **LES MOTS DIFFICILES.** Complétez le texte avec les mots suivants : simplicité – pitié – grâce à – toute rouge – dot – serve – marier – cordialité.

Un mariage se préparait à la ferme. Une jeune et jolie .... allait se .... avec le fils de son maître, qui lui avait dit : « Tu n'as pas d'argent ; tes parents ne te donneront pas de ...., mais j'ai .... de toi. » « Merci ! lui dit-elle en devenant .... de confusion. Ainsi, ... vous, nous serons heureux. » Et la fête eut lieu, dans la .... et la ....

Dictée préparée

Une fille à marier

La femme du capitaine nous reçut avec simplicité et cordialité et me traita comme si elle me connaissait depuis toujours. Le capitaine parut bientôt. Sa femme ne se taisait pas un instant et m'accablait de questions ; en apprenant que mon père possédait trois cents âmes : « Y en a-t-il des gens riches par le monde ! dit-elle. Pour nous, mon bon Monsieur, nous avons en tout une seule serve. Mais, grâce à Dieu, nous vivons tout petitement. Il n'y a qu'un malheur : Macha est à marier, mais quelle dot a-t-elle ?… Ce sera bien si elle trouve un brave garçon : sinon, elle restera vieille fille. » Je regardai la fille du capitaine ; elle était toute rouge et pleurait. J'eus pitié d'elle et me hâtai de changer de conversation.

D'après Alexandre Pouchkine (1799-1837), *La Fille du capitaine.*

Revoir les difficultés

3 LES TEMPS DU RÉCIT : IMPARFAIT ET PASSÉ SIMPLE. Dans chaque phrase, mettez le 1er verbe à l'imparfait et le 2e au passé simple.

Il (se promener) .... dans la campagne quand il (rencontrer) .... un vagabond. • Ils (être) .... déjà à table lorsque son père (entrer) .... • La jeune fille (pleurer) .... au moment où je (lever) .... les yeux sur elle. • Je (parler) .... avec ma voisine ; le professeur (interrompre) .... notre conversation.

4 LES MAJUSCULES ET LA PONCTUATION. Ajoutez-les.

nicolas 1er empereur de russie que l'on a appelé le tsar de fer prit l'auteur alexandre pouchkine 1799-1837 sous sa protection ce grand poète et grand romancier mourut à 38 ans un duel contre un français qui faisait la cour à sa femme mit fin à ses jours

Dictée non préparée

Un mariage annoncé

Le narrateur reçoit une lettre de son frère, qui lui annonce son mariage. Il souhaite lui présenter sa fiancée.

Je ne connaissais Myra que par la peinture enflammée des lettres de Marc et je brûlais du désir de la connaître. Il me priait de venir comme chef de la famille… Sa fiancée désirait me connaître. Dès mon arrivée, on fixerait la date du mariage. Auparavant, Myra voulait avoir vu, de ses yeux vu, son futur beau-frère, dont paraît-il, on disait tant de bien sous tous les rapports – voyez-vous cela !… Tout cela, mon frère me le contait dans ses fréquentes lettres avec beaucoup d'entrain. *(à suivre)*

D'après Jules Verne (1828-1905), *Le Secret de Wilhelm Storitz.*

Le narrateur décide donc de partir pour la Hongrie.

Niveau 3^e

ÉTAPE 2

Leçon

1. Les verbes du 1er groupe – Cas des verbes en *-quer*

Présent	Imparfait	Passé simple	Futur
il débarque	il débarquait	il débarqua	il débarquera

■ Les **verbes en *-quer*** conservent les lettres *-qu-* dans toutes leurs conjugaisons.
Autres verbes en *-quer* : appliquer, attaquer, évoquer, expliquer, pratiquer, remarquer.
■ Il ne faut pas confondre, dans le cas d'un verbe du 1er groupe, **l'imparfait et le passé simple, à la 1re personne du singulier** : j'expliquais (imparfait), j'expliquai (passé simple).

2. *Tout, tous, toute, toutes*

■ *Tout*, **avant un nom**, s'accorde avec lui : tout le jour, tous les jours, toute la journée.
■ *Tout*, **avant un adjectif** ou un adverbe, a le sens de *tout à fait* et reste invariable.
Ils sont tout tristes. – Elles parlent tout doucement.

Préparer la dictée

1 L'IMPARFAIT (I) ET LE PASSÉ SIMPLE (PS). Mettez les verbes aux temps indiqués.

Nous n'(avoir, I) .... plus à aller à l'école. C'(être, I) .... un ordinateur qui nous (donner, I) .... des cours, nous (faire, I) .... réviser nos leçons. Mes camarades et moi n'(avoir, I) .... plus l'occasion de nous rencontrer ; il (arriver, I) .... même que cela soit trop difficile. Alors, tous ceux qui se (connaître, I) .... se (retrouver, PS) .... pour parler, tout simplement. On se (sentir, I) .... si bien, ensemble ! Ce jour-là, j'(apporter, PS) .... ma flûte, un autre (apparaître, PS) .... avec sa guitare. Bientôt se (faire, PS) .... jour l'idée que nous (devoir, I) .... nous revoir régulièrement. Et c'est ce qui se (passer, PS) ....

2 L'ACCENTUATION. Ajoutez les accents nécessaires.

la popularite • la fete • un eleve • le maitre • une experience • le lycee • un systeme • le role • tres • la maniere • a l'approche de • enorme • il etait neglige, extenue

3 LES MOTS DIFFICILES. Utilisez les mots suivants pour compléter ces phrases :
n'y – tous ceux – groupe – cours – enthousiasme – en pleurs – harpe.

« Nous .... comprenons rien ! » dirent .... qui assistaient à la conférence. • Nous avions formé un .... musical original, nouveau, puisque l'un jouait de la .... et l'autre du tuba. • Pourquoi avez-vous manqué le .... de biologie ? • Il réussira car il manifeste beaucoup d'.................................. pour ce qu'il fait. • Pourquoi la jeune fille était-elle seule, ... ?

Dictée préparée

Une harpe pour la fête

Au lycée expérimental, le contact entre maîtres et élèves était rude – quand il avait lieu : la présence à tous les cours n'étant pas obligatoire, les élèves, très souvent, n'y assistaient pas… Il arrivait que des maîtres débarquent en pleurs au bureau, quêtant un encouragement : à leur cours, ils n'avaient vu venir aucun élève, ou seulement un petit groupe. Je me sentais souvent dans le rôle de la dame qui, dans la chanson populaire anglaise, dit : « J'apportai ma harpe à la fête, mais personne ne me demanda de jouer. » Un des dangers du système apparut très vite : il se fit une liste des « meilleurs » maîtres et des « bonnes » matières… En outre, certains enseignants connaissaient une popularité énorme à l'approche des examens. Ils étaient poursuivis pour ainsi dire jour et nuit, par tous ceux qui avaient un besoin urgent de se rattraper dans une matière négligée. Certains maîtres en étaient exténués.

D'après Mosse Jorgensen, *Un lycée aux lycéens*, Le Cerf, 1975.

Revoir les difficultés

4 TOUT, TOUTE, TOUS, TOUTES. Complétez avec *tout*, *toute*, *tous* ou *toutes*.

…………… les professeurs sont là. • …………… la classe écoute. • Ces sportives de haut niveau ont …………… été soumises à un entraînement intensif. • Automobilistes, roulez …………… doucement, s'il vous plaît. • Ce sont des livres pour les …………… petits. • Il faisait …………… ses trajets à pied.

5 LES VERBES EN -*QUER*. Écrivez le verbe au présent puis donnez le nom qui correspond à ce verbe.

expliquer → nous …………………………… – l' ……………………………
communiquer → nous …………………………… – la ……………………………
embarquer → vous …………………………… – une ……………………………
fabriquer → ils …………………………… – un ……………………………
diagnostiquer → nous …………………………… – un ……………………………
pronostiquer → vous …………………………… – un ……………………………

Dictée non préparée

Fils d'un sorcier

Myra, la fiancée de Marc, avait auparavant été demandée en mariage par Wilhelm Storitz ; or le père de celui-ci a une étrange réputation.

Personne n'ignore que, de son vivant, cet homme, a passé pour être quelque peu sorcier. Trois ou quatre siècles plus tôt, il n'est pas bien sûr qu'il n'eût été poursuivi pour crime de sortilège, arrêté, condamné, brûlé sur la place publique. Nous ajouterons que depuis sa mort, nombre de gens le tiennent plus que jamais pour un faiseur d'incantations, ayant possédé des connaissances surhumaines. Par bonheur, se disent-ils, il a emporté ses secrets dans la tombe, et on a lieu d'espérer que le fils n'a pas hérité de la puissance ultra-scientifique de son père. *(à suivre)*

D'après Jules Verne (1828-1905), *Le Secret de Wilhelm Storitz.*

Niveau 3e

ÉTAPE 3

Leçon

1. Verbes du 1er groupe et du 2e groupe

	Présent	Imparfait	Passé simple	Futur	Participe présent
employer	j'emploie	j'employais	j'employai	j'emploierai	employant
rougir	je rougis	je rougissais	je rougis	je rougirai	rougissant

■ Les **verbes en *-yer*** changent l'*y* en *i* devant un *e* muet : employer → j'emploie, vous employez. Autres verbes en *-yer* : aboyer, apitoyer, envoyer, nettoyer, noyer, tutoyer, etc.

■ Les **verbes du 2e groupe** – environ 300 verbes – ont un infinitif en *-ir* (rougir) et un participe présent en *-issant* (rougissant). Ce sont des verbes réguliers. Leur radical reste toujours le même.

2. *Ce, se ; ces, ses, c'est ; c'était, s'était*

■ ***Se*** fait partie d'un verbe pronominal. Il **se** regarde dans la glace (→ se regarder) – Elles **se** parlent (→ se parler).

Il est remplacé par *s'* devant une voyelle : Elle **s'**est regardée. – Elles **s'**étaient parlé.

■ ***Ces* et *ses*** sont suivis d'un nom : **ces** livres (→ ceux-là), **ses** livres (→ les siens).

Ces est le pluriel de *ce* : **ce** livre (→ celui-là).

■ ***C'est*** : *c'* a ici le sens de *cela*. À l'imparfait : *c'était*.

Préparer la dictée

1 **LES VERBES À L'IMPARFAIT.** Mettez les verbes à la 3e personne du pluriel de l'imparfait.

Il rougit. → .... Elle griffe. → ....

On tombe. → .... J'invente. → ....

Il rit. → .... Nous nous livrons. → ....

2 **LE SINGULIER ET LE PLURIEL.** Mettez au pluriel les expressions au singulier et au singulier les expressions au pluriel.

un inutile mensonge • une manigance • un garçon manqué • des jugements définitifs • tous les secrets • devant un miroir • mon observation personnelle • des expressions • des compliments

....

....

....

3 **LES MOTS DIFFICILES.** Complétez avec ces mots : se – s' – ses – ces – faux pas – erreur – nièce – au cours.

Il a fait une ...., un ...., ... jours-ci, ... de .... déclarations. • L'oncle parlait avec sa .... • En .... occasions-là, ils ....entendaient bien.

Dictée préparée

Le garçon manqué

Mes observations personnelles sur le comportement des filles ne m'avaient pas encore permis de formuler un jugement définitif, lorsqu'un jour mon père employa une expression qui me livra tout le secret. En parlant de la nièce de M. Besson, qui s'était cassé un bras en tombant d'un arbre, il avait dit : « Cette petite est un garçon manqué ! » Pour moi, ces mots « garçon manqué » signifiaient que les filles n'étaient qu'un faux pas de la nature, le résultat d'une erreur au cours de la création d'un garçon. Voilà pourquoi elles rougissaient sans motif, riaient d'un rien, pleuraient pour moins encore, et vous griffaient pour un compliment ; voilà pourquoi elles tombaient des arbres, inventaient d'inutiles mensonges et se livraient en cachette à des manigances devant les miroirs… C'étaient des « garçons manqués »…

D'après Marcel Pagnol (1895-1974), *Le Temps des secrets.*

Revoir les difficultés

4 *CE, SE ; CES, SES, C'EST, S'EST ; CETTE.* Complétez avec ces mots.

Nous irons voir .... célèbre pièce de Marcel Pagnol, *Topaze*. – Ah, oui, ... l'histoire de .... professeur qui .... fait renvoyer de l'institution où il enseignait et qui .... met au service d'un conseiller municipal. Bientôt .... mœurs changent.

5 LES VERBES EN *-YER.* Mettez les verbes aux temps indiqués : présent (P), imparfait (I), passé simple (PS), futur (F).

On t'(envoyer, P) .... une lettre. • Il (appuyer, PS) .... de toutes ses forces. • Elle s'(apitoyer, I) .... sur son sort. • Je ne le (tutoyer, P) .... pas. • Les sapins (ployer, I) .... sous le poids de la neige. • Au printemps, les champs (verdoyer, F) .... • Tu le (choyer, P) .... trop !

Dictée non préparée

La vengeance d'un être invisible

La menace se précise et finit par éclater le jour des fiançailles.

Alors j'ai vu… oui ! et cent personnes ont vu comme moi ce que leurs yeux se refusaient à croire… Voici que le bouquet déposé sur la console, le bouquet de fiançailles, est brusquement arraché, déchiré, et ses fleurs piétinées jonchent le parquet… Cette fois, ce fut l'épouvante qui envahit tous les esprits ! Chacun voulut fuir le théâtre de si étranges phénomènes ! Moi je me demandais si j'avais toute ma raison au milieu de ces incohérences. À cet instant, la couronne nuptiale s'enleva du coussin sur lequel elle était placée, traversa le salon, puis la galerie sans qu'on pût apercevoir la main qui la tenait, et disparut entre les massifs du jardin. *(à suivre)*

D'après Jules Verne (1828-1905), *Le Secret de Wilhelm Storitz.*

ÉTAPE 4

Leçon

1. Les verbes *être* et *avoir* au présent des différents modes

	être		**avoir**	
Indicatif	je suis	nous sommes	j'ai	nous avons
Conditionnel	je serais	nous serions	j'aurais	nous aurions
Subjonctif	que je sois	que nous soyons	que j'aie	que nous ayons
Impératif	sois	soyons	aie	ayons

2. Les formes interrogative, négative et interro-négative

■ Pour poser une **question**, plusieurs formes sont possibles, selon le niveau de langage.
Tu sais ? – Est-ce que tu sais ? – Sais-tu ?
Il s'amuse ? – Est-ce qu'il s'amuse ? – S'amuse-t-il ?

■ La **forme négative** se forme avec des locutions qui comportent en général deux éléments : *ne … pas, ne … plus, ne … jamais, ne … rien, ne … personne, ne … aucun.*
Elle **ne** comprenait **pas**. – Elle **n'**avait **rien** compris. – Elle **n'**a **jamais** compris.

■ La forme **interro-négative** combine la forme interrogative et la forme négative.
Ne vient-il pas ? N'est-il pas venu ?

Préparer la dictée

1 **L'INFINITIF.** Retrouvez l'infinitif du verbe conjugué.

il est → .... • tu dors → .... • je rêvais → .... • nous souhaiterions → .... • ils vinrent → .... • ils valent → .... • Nous sommes là. → .... • il mourra → .... • Arrête-toi ! → ....

2 **LES FORMES INTERROGATIVE ET NÉGATIVE.** Transformez selon le modèle :
Il le vengera. → Le vengera-t-il ? – Il ne le vengera pas.

C'est là. → .... – ....
Vous dormez. → .... – ....
On doit le souhaiter. → .... – ....

3 **LES MOTS DIFFICILES.** Trouvez des mots de la même famille.

noble → la .... • marin → la .... • douloureux → la .... • l'étreinte → .... • doux → .... • calamiteux → la .... • ensommeillé → le .... • embarrasser → l'...................... • fervent → la .... • dénouer → le .... • questionner → la .... • l'existence → ....

Dictée préparée

Hamlet, fils du roi du Danemark, apprend que son père a été assassiné par son oncle. Que fera Hamlet : vengera-t-il son père ? Disparaîtra-t-il de la surface de la Terre ?

Être ou ne pas être

– Être ou ne pas être, c'est là la question. Y-a-t-il de la noblesse d'âme à s'armer contre une mer de douleurs et à l'arrêter par une révolte. Mourir…, dormir, rien de plus ; et dire que par ce sommeil nous mettons fin aux maux du cœur : c'est là le dénouement qu'on doit souhaiter avec ferveur. Mourir… dormir, dormir ! peut-être rêver ! Oui, là est l'embarras. Car quels rêves peut-il nous venir dans ce sommeil de la mort, quand nous sommes débarrassés de l'étreinte de cette vie ? Voilà qui doit nous arrêter. C'est cette réflexion là qui nous vaut la calamité d'une longue existence… Doucement, maintenant ! Voici la belle Ophélia…

Shakespeare (1564-1616), *Hamlet* (vers 1600),
Acte III, scène 1, trad. François-Victor Hugo.

Revoir les difficultés

4 LE FUTUR. **Mettez les verbes au futur de l'indicatif.**

Dans la pièce de Shakespeare, *Hamlet*, tous les héros (mourir) …………………… tragiquement. Ophélia, la fiancée du Prince, (devenir) …………………… folle et (se noyer) …………………… La Reine (mourir) …………………… empoisonnée, de même que le Roi. Il en (aller) …………………… d'ailleurs de même pour Hamlet. Ainsi son père (être) ……………………-t-il vengé.

5 LA PONCTUATION, L'ACCENTUATION. **Ajoutez-les.**

Faut-il l'arreter • Ne revez pas • Elle etait embarrassee • Ces dictees ont presente des difficultes • Et voila • Elle etait ecœuree revoltee • Le pere du heros a ete assassine • C'est epouvantable s'ecria-t-il

Dictée non préparée

Paroles de malédiction

Le jour du mariage, le personnage invisible continue à sévir.

Deux appels, à court intervalle, se prolongèrent au milieu du recueillement général… À ce moment, un cri retentit, un cri déchirant, un cri d'épouvante et d'horreur. La sonnette, lâchée par l'enfant de chœur, roulait sur les degrés de l'autel. Et à ce moment, voici ce que j'entendis – ce que mille personnes entendirent – ces paroles prononcées d'une voix terrible, la voix que nous connaissons bien, la voix de Wilhelm Storitz, alors debout sur les marches, mais invisible : « Malheur sur les époux… Malheur !… » Myra poussa un cri et, comme si son cœur se fût brisé, s'évanouit entre les bras de Marc ! *(à suivre)*

D'après Jules Verne (1828-1905), *Le Secret de Wilhelm Storitz.*

ÉTAPE 5

Leçon

1. Les verbes des trois groupes : présent et passé simple

	1er groupe	2e groupe	3e groupe	
	admirer	**établir**	**dire**	**retenir**
Indicatif présent	j'admire	j'établis	je dis	je retiens
	il admire	il établit	il dit	il retient
Indicatif p. simple	il admir**a**	il établ**it**	il d**it**	il ret**int**
	ils admir**èrent**	ils établ**irent**	ils d**irent**	ils ret**inrent**

2. Le pluriel des noms et des adjectifs qualificatifs

▪ Pour former le pluriel d'un nom ou d'un adjectif qualificatif, on ajoute **généralement un *s*** : un ciel bleu → des ciels bleus ; mais il y a des **exceptions** :

– les noms et adjectifs en *-au*, *-eau*, *-eu* forment leur pluriel avec un *x* : les fabliau**x**, de beau**x** feu**x** ; c'est le cas aussi de sept noms en *-ou* : bijou, caillou, chou, genou, hibou, joujou, pou ;

– les noms et adjectifs en *-al* se terminent en général par *-aux* : un journal international → des journ**aux** internation**aux** ; c'est le cas aussi de sept noms en *-ail* : bail, corail, émail, soupirail, travail, vantail, vitrail.

Préparer la dictée

1 **LE PRÉSENT ET LE PASSÉ SIMPLE.** Écrivez le verbe au présent (P) ou au passé simple (PS).

Nous (admirer, P) .... un coucher de soleil. • Ils (établir, PS) .... un plan. • Chaque élève (présenter, P) .... son dossier. • C'(être, P) .... très intéressant, (dire, P) ....-on. • Ce (être, PS) .... une découverte extraordinaire.

2 **LE PLURIEL.** Soulignez les mots qui peuvent se mettre au pluriel (s ou x).

miracle • exact • comme • demi-dieu • capable • découverte • Égyptien • surtout • monument ancien • encore • bâtisseur • évidemment • monument admirable • ainsi • dimension idéale

3 **LES MOTS DIFFICILES.** Utilisez les mots suivants pour compléter les phrases : pharaon – mathématicien – physicien – accomplir – grâce à – Pythagore.

C'est dans les pyramides que l'on déposait le corps momifié du .... • Newton, qui, au XVIIe siècle, a inventé le télescope et a découvert l'attraction universelle, était à la fois un grand .... et un grand .... • La légende affirme que .... avait le don de double vue, un pouvoir sur les animaux, ainsi que celui d'.................... des guérisons miraculeuses, ... la musique et à des incantations.

Dictée préparée

Le nombre d'or de Pythagore

La légende présente le mathématicien grec Pythagore comme un demi-dieu. Il fut capable, dit-on, d'accomplir des miracles. Mais c'est surtout pour ses découvertes en astronomie, physique, géométrie, que l'époque moderne a retenu son nom. C'est grâce à l'utilisation de la « divine proportion » que les bâtisseurs de temples établirent les dimensions idéales des monuments anciens que nous admirons encore. Serait-il exact que le « nombre d'or » sur lequel étaient basés les calculs était déjà connu des Égyptiens qui l'auraient tenu secret ? On dit que Léonard de Vinci utilisa ce nombre d'or pour donner à la Joconde un visage parfait.

Revoir les difficultés

4 **DU PRÉSENT AU PASSÉ COMPOSÉ.** Écrivez les verbes au passé composé.

J'étudie (→ ....) les mathématiques. • J'apprends (→ ....) cette leçon. • Nous l'admirons. (→ ....)

5 **LE PLURIEL DES NOMS ET DES ADJECTIFS.** Mettez ces GN au pluriel.

un ami fidèle → .... • un ennemi implacable → .... • un beau bijou → .... • un clou pointu → .... • un hibou blanc → .... • un petit caillou → .... • un nouveau journal → ....

6 **LES MAJUSCULES ET LA PONCTUATION.** Ajoutez-les.

il y eut en grèce dans l'antiquité de très grands mathématiciens on connaît pythagore qui a vécu au VIe siècle avant jc et thalès 625-546 avant jc ainsi qu'euclide ce dernier affirma dans un postulat que les parallèles ne se rejoignent jamais sauf à l'infini depuis bien sûr les mathématiques ont fait d'immenses progrès

Dictée non préparée

Les secrets de l'invisibilité

Le narrateur propose une explication.

Ainsi, cette invisibilité, il sait la produire instantanément… il paraît ou disparaît à son gré, comme les personnages de féerie grâce à leur baguette magique. Mais il ne s'agit pas de magie, ni de mots cabalistiques, ni d'incantations, ni de fantasmagorie, ni de sorcellerie ! Évidemment, il possède la formule d'une composition qu'il suffit d'absorber… laquelle ? Celle que renfermait sans doute cette fiole brisée, et qui s'évaporait presque instantanément ! Mais quelle est la formule de cette composition, voilà ce que nous ne savons pas, ce qu'il importerait de savoir, ce qu'on ne saura jamais peut-être !… *(fin)*

D'après Jules Verne (1828-1905), *Le Secret de Wilhelm Storitz.*

Niveau 3^e

ÉVALUATION 1

1 LES VERBES À DIFFÉRENTS TEMPS ET MODES.

Mettez les verbes aux temps indiqués : présent (P), imparfait (I), passé simple (PS), futur (F) de l'indicatif ou au conditionnel présent (Cp). *Comptez 2 points par bonne réponse.*

Ils (présenter, P) .... leur projet. • Quels objets (fabriquer, I) ....-ils ? • Elle se (fatiguer, I) .... vite. • Nous (essayer, F) .... • Elles (rougir, PS) .... • Nous (remettre, PS) .... notre démission. • Vous (devoir, Cp) .... sortir plus souvent. • Je (recevoir, PS) .... des compliments. • Qu'en (dire, P) ....-tu ? • (avoir, Cp) ....-vous une feuille à me prêter ?

Score.../20

2 LA TERMINAISON DES VERBES.

Complétez les verbes par la terminaison qui convient : *-er, -ée, -ait, -ai*. *Comptez 1 point par bonne réponse.*

Autrefois, on pens.... que dans chaque maison habit.... le « génie du lieu », être invisible, mais puissant. Toute personne qui se propos.... de venir demeur.... sous un autre toit, dev...., avant toute chose, veill.... à se concili.... les bonnes grâces de l'esprit qui se considér.... comme le possesseur des murs. Intéress.... par le sujet, je demand.... un jour à la bibliothécaire de m'indiqu.... le rayon « Fées, korrigans, elfes, géants, ondins, follets ». Elle m'y conduisit lorsqu'une forme noire et laide se mit à volet.... d'un livre à l'autre. Prise de panique, je me sauv.... à toutes jambes et jur.... de ne plus jamais touch.... à ces sciences dites « occultes ».

Score.../15

3 *CE, SE ; CES, SES ; C'EST.*

Complétez le texte avec ces mots. *Comptez 1 point par bonne réponse.*

.... à Nantes que naquit Jules Verne, en 1828, et .... de .... port qui .... trouve dans l'estuaire de la Loire que partaient pour l'Afrique et l'Amérique .... grands navires qui le faisaient rêver. Chaque marin avait .... histoires merveilleuses ou terribles à raconter. Enfant déjà, Jules Verne .... plongeait avec délices dans les aventures de .... naufragés perdus sur des îles désertes. Bientôt il .... lança avec enthousiasme dans le récit de .... nombreux voyages imaginaires.

Score.../10

4 LA FORME INTERRO-NÉGATIVE.

Transformez les phrases suivantes. *Comptez 1 point par bonne réponse.*

Pythagore est un célèbre philosophe grec. → ....

C'est un grand mathématicien. → ....

Il utilisa le nombre d'or. → ....

Elle apporta sa harpe. → ....

La réception se fera dans la simplicité. → ....

Score.../5

5 L'ACCORD AU FÉMININ ET AU PLURIEL. Ajoutez, si nécessaire, la marque du féminin et/ou du pluriel. *Comptez 0,5 point par bonne réponse.*

L'Atlantide retrouvée

En effet, là, sous mes yeux, ruiné......, abîmé......, jeté...... bas apparaissent une ville détruit......, ses toits effondré......, ses temples abattu......, ses arc...... disloqué......, ses colonne...... gisant...... à terre, où l'on sentait encore les solides proportion......d'une sorte d'architecture toscan...... ; plus loin, quelque...... reste...... d'un gigantesque aqueduc...... ; ici l'exhaussement empâté...... d'une acropole avec les forme...... flottantes d'un Parthénon ; là des vestige...... de quai, comme si quelque...... antique port eût abrité...... jadis, sur les bord...... d'un océan disparu les vaisseau...... marchand...... et les trirème...... de guerre ; plus loin encore, de longue...... ligne...... de muraille...... écroulées, de large...... rues déserte......, toute une Pompéi enfoui...... sous les eau.......

Jules Verne (1828-1905), *Vingt mille lieues sous les mers.*

Score.../15

6 LES VERBES À DIFFÉRENTS TEMPS SIMPLES. Mettez les verbes aux temps indiqués : présent (P), imparfait (I), passé simple (PS). *Comptez 2 points par bonne réponse.*

Pauline

Pauline (être, P) .... notre enfant terrible. Elle (prétendre, I) .... mener une vie indépendante. À cinq ans, elle (dîner, I) .... en ville. « Tu m'(inviter, P) .... à dîner, dis ? Quand ? » (dire, I) ....-elle aux voisins avec son sourire radieux, ses yeux d'étoiles. Et elle y (aller, I) .... Elle se (fiancer, PS) .... deux fois entre cinq et six ans. Son fiancé préféré (habiter, I) .... la cour de notre immeuble. Dès l'aube, sous sa fenêtre, il lui (envoyer, I) .... des baisers auxquels elle (répondre, I) .... par des cris joyeux d'oiseaux.

D'après Françoise Mallet-Joris (née en 1930), *La Maison de papier*, Grasset.

Score.../20

7 NATURE ET FONCTIONS DES MOTS. Classez les mots suivants selon qu'ils désignent une nature ou une fonction. *Comptez 1 point par bonne réponse.*

épithète • déterminant • attribut • sujet • nom • complément d'objet direct • conjonction • adjectif qualificatif • complément circonstanciel • verbe • adverbe • pronom • complément d'objet indirect • interjection • préposition

Natures : ....

Fonctions : ....

Score.../15

score total.../100

ÉTAPE 6

Leçon

1. Les verbes en *-ger* – Le verbe *pouvoir*

	Présent	**Imparfait**	**Passé simple**	**Plus-que-parfait**
manger	je mange	je mangeais	je mangeai	j'avais mangé
	nous mangeons	nous mangions	nous mangeâmes	nous avions mangé
pouvoir	je peux	je pouvais	je pus	j'avais pu
	il peut	il pouvait	il put	il avait pu

On ajoute un *e* après le *g* du radical des **verbes en -*ger***, avant les terminaisons commençant par *a* ou o. Autres verbes en *-ger* : déménager, dévisager, encourager, émerger, nager, ranger, soulager, songer.

2. L'accord du participe passé

- Employé **avec l'auxiliaire *être***, le participe passé s'accorde avec le sujet du verbe.
- Employé **avec l'auxiliaire *avoir***, le participe passé s'accorde avec le complément d'objet direct (COD) si celui-ci est placé avant le verbe.

Il nous a offert les gâteaux **qu**'il a confectionn**és** la veille.

- Le participe passé peut être **utilisé comme adjectif** pour qualifier un nom. Il s'accorde alors avec ce nom, en genre et en nombre.

Préparer la dictée

1 **L'IMPARFAIT ET LE PLUS-QUE-PARFAIT.** Mettez les verbes soit à l'imparfait (I) soit au plus-que parfait (PQP).

Il le faut. → (I) .... • Nous mangeâmes. → (I) .... • Il disparaissait. → (PQP) .... • Nous éprouvâmes (I) .... un soulagement. • Faire cela ? Nous le pourrons. → (I) ....

2 **LE PLURIEL.** Écrivez ces groupes de mots au pluriel.

transformer un ami en ennemi → ....
un plan et une économie → ....
une bataille désespérée → ....
une autre famille, un autre fermier → ....
une patate douce, noire à demi pourrie et jetée au rebut → ....

3 **LES MOTS DIFFICILES.** Complétez les phrases avec les mots suivants : moelleux – à présent – nourriture – se procurer – l'humanité – notion – figuier.

La figue est le fruit du .... • Nous rêvions de ce fruit .... • Mais la .... manquait. • Comment faire pour .... du riz ? • Qu'allait-on faire, ... ? • Le reste de .... se souciait-elle de nous ? • Nous n'en avions aucune ....

Dictée préparée

Le spectre de la faim

À présent que le reste de riz avait disparu, nous éprouvions une sorte de soulagement ; plus besoin de plans et d'économies pour le faire durer davantage : tout avait été mangé jusqu'au dernier grain.

À partir de ce moment-là, nous mangeâmes uniquement ce que nous pouvions trouver : le fruit moelleux du figuier ; une ou deux patates douces, noires et à demi pourries, jetées au rebut par une main plus riche. Pour se les procurer, il fallait chercher très loin ; nous n'étions pas les seuls dans notre cas ; d'autres fermiers, d'autres familles étaient eux aussi en quête de nourriture ; pour chaque plante ou racine comestible, il fallait se battre, livrer une bataille désespérée qui transformait les amis en ennemis et mettait fin à toute notion d'humanité.

D'après Kamala Markandaya, *Le Riz et la Mousson*, Robert Laffont, 1956.

Revoir les difficultés

4 L'ACCORD DU PARTICIPE PASSÉ. Écrivez le participe passé des verbes et faites les accords nécessaires.

Ils nous ont (parler) .... des recherches qu'ils ont (effectuer) .... • Toute espérance avait (disparaître) .... • Ils avaient (apprécier) .... les derniers fruits qu'ils avaient (manger) ....

5 LES PARTICIPES PASSÉS EMPLOYÉS COMME ADJECTIFS. Accordez-les.

Une fois (élire) ...., dit-elle, j'irai parler au conseil de classe. • Fenêtres (fermer) ...., portes (clore) ...., la maison s'engourdissait dans son silence. • Que faire de tous ces vêtements (user) ...., (élimer) ...., (rapiécer) .... sinon les jeter ? • (Anéantir) .... par la nouvelle, les yeux (baisser) ...., elle ne faisait plus un geste.

Dictée non préparée

La fleur qu'elle lui a jetée

Alors qu'il était sous-officier à Séville en Espagne, Don José, un bandit basque, était tombé éperdument amoureux de Carmen, une jeune bohémienne. Voici comment Don José raconte leur première rencontre. « Dans mon pays, une femme habillée comme elle l'était aurait obligé tout le monde à la complimenter. » C'était ce qui venait d'arriver. Elle répondait à tous, faisant les yeux en coulisse, le poing sur la hanche, effrontée comme une vraie bohémienne qu'elle était.

Prenant la fleur qu'elle avait mise à sa bouche, elle me l'a lancée et je l'ai reçue juste entre les deux yeux. Croyez-moi : cela m'a fait l'effet d'une balle… Je suis demeuré immobile, comme pétrifié. *(à suivre)*

D'après Prosper Mérimée (1803-1870), *Carmen*.

ÉTAPE 7

Leçon

1. Les verbes en *-cer* – Voix active et voix passive

	avancer	être avancé	vérifier	être vérifié
Présent	il avance	il est avancé	il vérifie	il est vérifié
Imparfait	il avançait	il était avancé	il vérifiait	il était vérifié
Passé simple	il avança	il fut avancé	il vérifia	il fut vérifié

- À l'**imparfait** de l'indicatif, les verbes en *-ier* s'écrivent avec deux *i* aux deux premières personnes du pluriel : nous vérifiions, nous triions ; vous vérifiiez, vous triiez.
- On forme le **passif** avec l'auxiliaire *être* et le participe passé du verbe.

2. *Quand, qu'en, quant*

- ***Quand*** : ce mot exprime le temps. On peut le remplacer par *à quel moment ?* (dans une phrase interrogative) ou *lorsque*. Quand viendras-tu ? Je viendrai quand je pourrai.
- ***Qu'en*** se décompose en : *que* + *en*. Il ne se déplace qu'en avion.
- ***Quant à*** signifie *en ce qui concerne…* Quant à moi, je n'ai pas d'opinion.

Préparer la dictée

1 **L'IMPARFAIT ET LE PASSÉ SIMPLE.** Mettez les phrases à l'imparfait puis au passé simple.

Nous vérifions nos comptes. → ……………………………………

Je ne comprends pas. → ……………………………………

Nous sommes les maîtres. → ……………………………………

Celui-ci fait un geste. → ……………………………………

Ils reviennent et s'approchent. → ……………………………………

2 **LE PLURIEL.** Mettez ces phrases au pluriel.

La guenon était venue attendre son seigneur. → ……………………………………

La voiture fut avancée. → ……………………………………

Elle était assise dans un fauteuil. → ……………………………………

Le gorille chasseur donnait un ordre. → ……………………………………

Un servant ferma la porte. → ……………………………………

Le grand arbre ressemblait à un palmier. → ……………………………………

3 **LES MOTS DIFFICILES.** Complétez avec les mots suivants : dont – celui-ci – chariots – plate-forme – rendez-vous – Convoi – quart d'heure – compte.

Donnons-nous ………. dans un ………. devant le cinéma qui joue « ………. pour l'enfer », ce film ………. il faudra rendre ………. en classe demain. À vrai dire, si j'avais le choix, plutôt que ………., je serais allée voir « Les ………. du ciel », ou j'aurais participé à la ………. sur les pouvoirs cachés de l'homme : télépathie, kinesthésie, etc.

Dictée préparée

Les gorilles chasseurs

Les gorilles chasseurs donnaient des ordres à leurs valets. De grands chariots, assez bas, dont la plate-forme était constituée par une cage, furent avancés sur une piste. Quand nous fûmes tous embarqués, un des servants vérifia la fermeture des cages et vint rendre compte à son maître. Celui-ci fit un geste de la main et des ronflements de moteur firent retentir la forêt…

Après avoir roulé pendant un quart d'heure, le convoi s'arrêta devant une maison de pierre… Je compris vite que c'était un rendez-vous de chasse. Les guenons étaient venues y attendre leurs seigneurs, qui arrivaient dans leurs voitures particulières. Assises en cercle dans des fauteuils, les dames gorilles papotaient à l'ombre des grands arbres qui ressemblaient à des palmiers. Une fois les chariots rangés, elles s'approchèrent, curieuses de voir les résultats de la chasse.

D'après Pierre Boulle, *La Planète des singes*, Julliard, 1963.

Revoir les difficultés

4 L'ACCORD DU PARTICIPE PASSÉ. Mettez les verbes au passé composé.

Notre tâche (terminer) .... • Nos amis (venir) .... • Avec qui (venir) ....-ils .... ? • Depuis quand (arriver) ....-il .... ? • Elle (apparaître) .... soudain. • Combien de temps y (rester) ....-nous .... ? • Elles (aller) .... chercher des provisions. • Nous (vérifier) .... les comptes. • Tous nos devoirs (finir) .... • Quelles notes (avoir) ....-vous .... ?

5 *QUAND, QU'EN, QUANT À.* Complétez avec ces mots.

Nous reviendrons l'été prochain, ... les jours seront plus longs. • J'habite ici ; .... mon cousin, il habite à Caen et mes grands-parents, ... eux, vivent dans le Midi. • Mais .... se rencontrent-ils ? • Je ne sais .... penser !

Dictée non préparée

Un amour fatal

Ensorcelé par Carmen, Don José est devenu jaloux. Il est allé jusqu'à tuer son rival, un lieutenant qui faisait la cour à la belle jeune femme. Par amour, il est devenu contrebandier, voleur, assassin. Pourtant bientôt, Carmen se sentit prisonnière.

– Je t'aime moins qu'avant, lui dit-elle. Je ne veux pas être tourmentée, ni surtout commandée. Prends garde, ne me pousse pas à bout !

« Prends garde à toi », lui répétait-elle souvent. Un jour elle ajouta : « J'ai toujours pensé que tu me tuerais ! » *(à suivre)*

D'après Prosper Mérimée (1803-1870), *Carmen*.

ÉTAPE 8

Leçon

1. Trois verbes : *enlever*, *s'agenouiller*, *voir*

	Présent	Imparfait	Plus-que-parfait	Participe présent
enlever	il enl**è**ve	il enl**e**vait	il avait enl**e**vé	enl**e**vant
s'agenouiller	il s'agenouille	il s'agenouillait	il s'était agenouillé	s'agenouillant
voir	il voit	il voyait	il avait vu	voyant

Attention ! Le verbe *enlever* comprend des formes avec *e* sans accent (enlever, il enlevait) et d'autres avec *è* (il enlève, il enlèvera). En prononçant le verbe à voix haute, on saura s'il faut écrire *e* ou *è*. Autres verbes du même type : harceler, suggérer, vénérer, amener, achever, crever, compléter, etc.

2. Le sujet *qui*

Pour accorder correctement un verbe dont le sujet est le pronom relatif *qui*, il faut chercher quel mot il remplace. C'est *moi* qui parl**e**. – C'est *toi* qui parl**es**. – Il y avait *trois chats* qui ronronn**aient** près de la cheminée.

Préparer la dictée

1 **LE PARTICIPE PASSÉ.** Écrivez le participe passé des verbes entre parenthèses.

Un enfant (épouvanter) ...., un orphelin (abandonner) ...., (rester) .... très jeune sans mère, était (élever) .... dans une institution. • Une image était (demeurer) .... dans sa mémoire : sa mère (agenouiller) ...., son visage (inonder) .... de larmes (lever) .... vers lui : tel était son dernier souvenir.

2 **LE PLURIEL.** Mettez les phrases de l'exercice 1 au pluriel.

....

....

....

....

....

....

....

....

3 **LES MOTS DIFFICILES.** Complétez les mots.

un regar..... enflam.....é • une fa....on de parler • Le feu va-t-il s'ét....indre ? • un tableau ef....acé • Ser....ant dans ses bras un enfant angois....é, pleur....nt, cri....nt, elle s'enfuit.

Dictée préparée

Les souvenirs d'un orphelin

Resté sans mère à quatre ans, il n'avait cessé de penser à elle. Son visage, ses caresses demeuraient « vivants » devant lui. Ces sortes de souvenirs peuvent se graver dans l'esprit dès l'âge de deux ans : ce sont des points lumineux que toute l'ombre de la vie ne peut éteindre ; c'est un coin qui demeure d'un grand tableau effacé. Un des plus persistants parmi ces souvenirs était sa mère agenouillée, pleurant et criant, en le serrant jusqu'à lui faire mal, lui, son enfant, contre sa poitrine… Tout à coup, une domestique entre dans la chambre et enlève des bras de sa mère l'enfant épouvanté. Il voyait encore le visage enflammé, mais très beau de sa mère… Tels étaient ses souvenirs… Il n'aimait pas en parler. D'une façon plus générale, on peut dire qu'il n'aimait pas parler.

F. Dostoïevski (1821-1881), *Les Frères Karamazov*.

Revoir les difficultés

4 LA TERMINAISON DES VERBES. Ajoutez la bonne terminaison : *-er*, *-é*, *-ait* ou *-aient*.

Il prit les livres qui se trouv........... là. • Voici ce qui ét........... arriv............ • Ils voul........... l'arrêt............ • Pour le consol..........., elle lui a donn........... un jouet.

5 L'ACCORD DES PARTICIPES. Accordez les participes passés si nécessaire.

Que de talents (inutiliser) .... ! Que de bonne volonté (perdre) .... ! Que d'existences (gâcher) .... ! • Il marchait les bras (ouvrir) .... • Hors d'haleine, (essouffler) ...., le petit messager, après avoir (remettre) .... au Roi la lettre qui lui était (destiner) ...., s'écroula sur la première marche des tribunes. • (Devenir) .... une jeune fille très (attirer) .... et tout à fait (charmer) ...., elle attirait tous les regards.

Dictée non préparée

La mort de Carmen

Carmen brisa un jour le cœur de Don José en lui déclarant « Je t'ai aimé mais, je n'éprouve plus pour toi, désormais, les mêmes sentiments. » Allait-elle le quitter ? Il se jeta à ses pieds. Il lui aurait donné le monde entier pour qu'elle veuille bien rester avec lui ! Mais elle demeura inflexible. Alors, la fureur s'est emparée de lui. Il l'a menacée. Elle, ôtant de son doigt la bague que José lui avait donnée, l'a jetée à terre. Il l'a frappée… Puis il s'est enfui. Ainsi a basculé la vie de Don José ; mais en perdant l'amour de sa vie, il a perdu sa raison de vivre. (*fin*)

D'après Prosper Mérimée (1803-1870), *Carmen*.

ÉTAPE 9

Leçon

1. Les verbes pronominaux

		s'écrier	s'en aller
Indicatif	**présent**	il s'écrie	il s'en va
	imparfait	il s'écriait	il s'en allait
	p. simple	il s'écria	il s'en alla
	p. composé	il s'est écrié	il s'en est allé
Conditionnel	**présent**	il s'écrierait	il s'en irait
	passé	il se serait écrié	il s'en serait allé

Les verbes pronominaux se conjuguent avec deux **pronoms** : **je m'**écrie, **tu t'**écries, **il s'**écrie, **nous nous** écrions, **vous vous** écriez, **ils s'**écrient.

2. L'accord du participe passé des verbes pronominaux

- Aux temps composés, les verbes pronominaux se conjuguent avec **l'auxiliaire *être***.
- **Attention !** Bien qu'employé avec l'auxiliaire *être*, le participe passé des verbes pronominaux s'accorde, le plus souvent, comme s'il était conjugué avec l'auxiliaire *avoir*, c'est-à-dire avec le COD du verbe s'il est placé avant le verbe.

Elle s'est coup**ée**. (*Elle a coupé qui ? Elle.*) – Elle s'est coupé les cheveux. (Elle a coupé quoi ? Ses cheveux. → pas d'accord, puisque le COD est placé après le verbe).

Remarque : Certains verbes n'existent qu'à la forme pronominale : se blottir, s'emparer, s'enfuir, etc. En ce cas, le participe passé s'accorde avec le sujet. Elle s'est évanou**ie**.

Préparer la dictée

1 **LES VERBES À DIFFÉRENTS TEMPS DE L'INDICATIF.** Mettez les verbes au présent (P) ou à l'imparfait (I).

Il (prendre, P) .... un outil. • Il (se démener, P) .... • Je (s'en aller, P) .... • Cela (ressembler, I) .... à un objet ancien. • Que (faire, I) ....-il ? • Il ne (sortir, I) .... jamais. • Elle me (fixer, P) .... et (venir, P) .... à moi.

2 **LES ACCORDS DANS LE GROUPE NOMINAL.** Accordez si nécessaire.

une femme noir..... • un trésor retrouvé..... • ses grand.... yeu..... blanc...... • une personne méchant..... • un air..... méchant....

3 **LES MOTS DIFFICILES.** Auxquels de ces mots correspondent les explications ?
quasiment – Vénus – piocher – antique – idole

datant de l'Antiquité → .... • presque → .... • divinité de la mythologie romaine → .... • creuser avec une pioche → .... • représentation d'une divinité que l'on adore → ....

Dictée préparée

Dans la petite ville d'Ille, près de Perpignan, on est sur le point de faire une découverte surprenante. C'est un paysan qui relate les faits.

Une idole à l'air méchant

– Nous piochions toujours, nous piochions et voilà qu'il apparaît une main noire, qui semblait la main d'un mort qui sortait de terre. Moi, la peur me prend. Je m'en vais à Monsieur. Il n'a pas plus tôt vu la main qu'il s'écrie : « Un antique ! un antique ». Vous auriez cru qu'il avait trouvé un trésor. Et le voilà avec la pioche, avec les mains, qui se démène et qui faisait quasiment autant d'ouvrage que nous deux.
– Et enfin, que trouvâtes-vous ?
– Une grande femme noire toute en cuivre. Elle vous fixe avec ses grands yeux blancs… Mais avec tout cela, la figure de cette idole ne me revient pas. Elle a l'air méchant et elle l'est aussi.
L'homme a raison : dès lors, les drames se succèdent.

D'après Prosper Mérimée (1803-1870), *La Vénus d'Ille*.

Revoir les difficultés

4 LES VERBES PRONOMINAUX. Mettez les verbes au passé composé.

Ils (se préparer) .... • On (se donner) .... rendez-vous. • Elles (se donner) .... des rendez-vous. • Pourquoi (se couper) ....-elle .... les cheveux ? • Elles (se vêtir) .... de leurs plus beaux atours. • Elles (se confectionner) .... des desserts extraordinaires.

5 LES FAMILLES DE MOTS. Trouvez des mots de la même famille.

une idole → .... méchant → ....
quasiment → .... mort → ....
antique → .... noir → ....

Dictée non préparée

Le destin de Julien

Julien, un jeune homme charmant est entré, depuis peu, au service de Madame de Rênal : il est devenu le précepteur de ses enfants. C'est quelque temps après son arrivée qu'il s'est produit quelque chose d'étonnant : il a appris qu'Élisa, la femme de chambre, s'était éprise de lui. Le curé, qui s'est chargé d'en faire part à Julien s'est exprimé en ces termes : « Elle vient d'hériter. Elle est donc devenue un bon parti… Pensez à ce que je vous ai dit ! » Stupéfait, Julien avait écouté ce discours. Curieusement, il s'était mis à pleurer. C'est que, pour la première fois de sa vie, il s'était vu aimé par une femme. *(à suivre)*

D'après Stendhal (1783-1842), *Le Rouge et le Noir*.

Niveau 3e

ÉTAPE 10

Leçon

1. Les modes indicatif et subjonctif – Le futur antérieur

		suggérer	**remplir**	**battre**
Indicatif	**présent**	je suggère	je remplis	je bats
	p. composé	j'ai suggéré	j'ai rempli	j'ai battu
	futur	je suggérerai	je remplirai	je battrai
	fut. ant.	j'aurai suggéré	j'aurai rempli	j'aurai battu
Subjonctif	**présent**	que je suggère	que je remplisse	que je batte

Le **futur antérieur** exprime une action future qui se sera passée avant une autre, celle-ci exprimée au futur simple. Quand ma mère **sera** rentr**ée**, j'**aurai** quelque chose à lui demander.

2. *Ni*, *n'y* ; *si*, *s'y*

- Il ne faut pas confondre ***ni*** et ***n'y*** (*ne* + *y*).

Je n'ai **ni** faim **ni** soif. – On **n'y** vient que rarement.

- Il ne faut pas confondre ***si*** et ***s'y*** (*se* + *y*).

Si c'est possible, il **s'y** rendra. (À la première personne : je **m'y** rendrai.)

Préparer la dictée

1 **L'ACCORD DU PARTICIPE PASSÉ.** Mettez les verbes au participe passé.

Ce sont les choses que j'ai (voir) .... et (entendre) .... • On lui a (donner) .... des conseils. • Vécut-il (honorer) .... par ses semblables ? • Avez-vous un document (écrire) .... ? • Ces confidences ne doivent pas être (divulguer) ....

2 **LES MAJUSCULES ET LA PONCTUATION.** Ajoutez-les.

cinq siècles avant jésus christ au siècle de périclès à athènes en grèce vécut le philosophe platon on connaît aussi hippocrate qui a établi les fondements de la médecine occidentale à cette époque on vénérait les dieux de l'olympe zeus poséidon apollon ce dernier était à la fois le dieu des arts de la beauté et de la médecine

3 **DES MOTS À DISTINGUER.** Complétez en choisissant les mots qui conviennent : s' – se – ce – ces – ses – cet – cette – quel – qu'elle – tout – tous – toutes – toute.

Parvenu au sommet de .... montagne, il .... sentit .... à fait désorienté. Il .... était fait de .... ascension des Alpes en plein hiver une .... autre idée. Ayant bourlingué à travers .... les mers du globe, il connaissait bien .... qui touchait à la navigation maritime. Mais là, devant .... pistes enchevêtrées, comment .... repérer ?

Dictée préparée

Le serment d'Hippocrate

Les devoirs du médecin ont été définis par Hippocrate, Grec qui a vécu environ cinq siècles avant Jésus-Christ et dont on a gardé le serment :

« Je jure, par Apollon médecin, en prenant à témoin tous les dieux et toutes les déesses, de remplir fidèlement cet engagement écrit.

Je ferai servir les régimes diététiques au soulagement des malades, écartant tout ce qui pourrait être nuisible. Jamais je ne prescrirai un médicament pouvant causer la mort, ni ne suggérerai un conseil semblable […].

Les choses que j'aurai vues ou entendues dans la société des hommes et qui ne doivent point être divulguées, je les tairai à jamais.

Si je remplis fidèlement ce serment, qu'il me soit donné de jouir heureusement de la vie, honoré parmi les hommes. Mais si je me parjure, que le malheur s'abatte sur moi ! »

Revoir les difficultés

4 LE FUTUR ET LE FUTUR ANTÉRIEUR. **Mettez les verbes successivement à ces deux temps.**

Je le jure. → ..../......................... • Je me tais. → ..../......................... • On l'honore. → ..../......................... • Nous ne nous parjurons pas. → ..../......................... • Ils le suggèrent. → ..../......................... • Ils le font. → ..../.........................

5 *SI, S'Y.* **Complétez les phrases avec *si* ou *s'y*.**

Paul viendra .... son ami est invité, lui aussi. • Finalement, ils .... rendent ensemble. • Qu'arrivera-t-il, ... le secret n'est pas bien gardé ? • On peut sortir, ... vous voulez ! • La chaleur est .... forte ! • Rassurez-vous : on .... habitue. • Cette forêt est .... grande qu'on peut .... perdre.

Dictée non préparée

Ni le rouge ni le noir

Quelle ne fut pas la surprise de Madame de Rênal lorsqu'elle constata que sa femme de chambre, Élisa, était en pleurs ! Questionnée, la jeune fille lui avoua : « J'ai été rejetée par celui que je souhaitais épouser. Monsieur le curé lui a pourtant dit que j'avais un bel héritage, que j'étais prête à me marier avec lui… » « Mais de qui parlez-vous ? » demanda Madame de Rênal. Éclatant en sanglots, Élisa avoua qu'il s'agissait de Julien. Madame de Rênal n'avait pas imaginé une histoire d'amour entre Julien et Élisa ! Sans s'expliquer pourquoi, elle s'était mise à trembler d'émotion. Sans s'en apercevoir, la jeune femme était tombée amoureuse, elle aussi de Julien !

Ainsi débute le roman. Mais le destin du jeune homme basculera : il terminera sa vie dans une prison !

(fin)

D'après Stendhal (1783-1842), *Le Rouge et le Noir*.

ÉVALUATION 2

1 LES VERBES AUX TEMPS SIMPLES. Mettez les verbes au présent (P), à l'imparfait (I), au passé simple (P) ou au futur (F). *Comptez 1 point par bonne réponse.*

Dostoïevski (naître, PS) .... à Moscou, en Russie en 1821. Il (perdre, PS) .... sa mère alors qu'il n'(être, I) .... qu'un enfant, ce qui le (plonger, PS) .... dans le désespoir. Son père, plus tard (être, PS) .... assassiné. Il (souffrir, PS) ...., quant à lui, de crises d'épilepsie, pour lesquelles, on le (soigner, F) .... avec difficulté. Il (décéder, PS) .... à Saint-Pétersbourg, en 1881. On (connaître, P) .... les romans qui le (rendre, PS) .... célèbre : *Crime et châtiment*, *Le Joueur*, *L'idiot*.

Score... /10

2 LES VERBES AUX TEMPS COMPOSÉS. Mettez les verbes au passé composé (PC), au plus-que parfait (PQP) ou au futur antérieur (Fa). *Comptez 1 point par bonne réponse.*

Les crêpes que vous nous (préparer, PC) .... ? Un vrai délice ! • Je vous (apporter, PC) .... des petits cadeaux. • Mon frère et ma sœur (être, PC) .... de bons élèves. • Dès qu'ils (revenir, Fa) .... ils vous appelleront. • Combien vous (coûter, PC) .... ce piano ? • Aussitôt que nous (terminer, Fa) ...., nous vous préviendrons. • Il (faire, PQP) .... beau toute la journée. • Elle nous (raconter, PQP) .... des histoires invraisemblables que personne n'(comprendre, PQP) .... • Nous les (revoir, PC) .... plus tard.

Score... /10

3 LES VERBES PRONOMINAUX : L'ACCORD DU PARTICIPE PASSÉ. Mettez les verbes au passé composé. *Comptez 3 points par bonne réponse.*

Les fleurs (se faner) .... • Finalement, les deux adversaires (se serrer) .... la main. • Cet air de musique (se répandre) .... partout. • Elles (s'offrir) .... des cadeaux les unes aux autres. • Les candidates (se mettre) .... sur les rangs.

Score... /15

4 LES MOTS À NE PAS CONFONDRE. Complétez en choisissant parmi ces mots : et/est – à/a – ou/où – si/s'y – ça/sa – ni/ny. *Comptez 1 point par bonne réponse.*

Nous avons rendez-vous .... cinq heures. • Il .... quatre heures .... demie. • Mais .... habite ce dentiste ? • Il .... changé d'adresse : .... secrétaire me l'a dit. • On .... rendra en autobus ? • C'est .... ! • .... tu te dépêches, nous serons à l'heure. • Mais je n'ai .... mon anorak, ... mes gants !

Score... /10

5 **L'ACCORD DES PARTICIPES PASSÉS, DES NOMS, DES ADJECTIFS.** Ajoutez les terminaisons qui manquent. *Comptez 0,5 point par bonne réponse.*

Pékin et la cité interdit…

La ville de Pékin fut construit..... au XVe siècle. L'Empereur de Chine en a lui-même dessiné..... les plan...... Cette ville, en fait, en comporte plusieurs, s'insérant les une..... dans les autre....., la plus belle au cœur de laquelle il fit élever le Palais Impérial....., et qui a été surnommé..... « La cité interdit..... ». Elle est également appelé..... « La ville Pourpre ». Deux cent..... mille ouvrier..... ont travaillé..... à son édification et il a fallu treize an..... pour qu'elle soit terminé...... De nos jour..... encore, on peut visiter ce palais impérial. On peut y admirer la « Salle de la Suprême Harmonie » qui était réservé..... aux audience..... solennel..... de l'Empereur et qui est couvert..... d'un toit aux tuile..... vernissé..... de couleur doré...... On y foule une série d'escalier..... en marbre blanc..... qui conduisent à une terrasse sur trois niveau...... Le visiteur, happé..... par la beauté..... grandiose de ce palais, stupéfait..... par tant de richesse....., en sera envoûté...... Et il aura grand peine à s'en éloigner.

Source documentaire : « Pékin »,
La Bibliothèque du Travail, n° 1038.

Score…/15

6 **LES SYNONYMES.** Complétez la liste A avec des mots de la liste B, qui ont le même sens (ou un sens voisin). *Comptez 1 point par bonne réponse.*

A. se hâter → .... • courageux → .... • le sommet → .... • le péril → .... • versatile → .... • caustique → .... • critiquer → .... • apathique → .... • châtier → .... • savant → ....

B. danger • brave • changeant • ironique • érudit • le faîte • se dépêcher • dénigrer • punir • amorphe

Score…/10

7 **LES ANTONYMES.** Complétez la liste A avec des mots de la liste B, qui ont un sens opposé. *Comptez 1 point par bonne réponse.*

A. habile → .... • obligatoire → .... • apparaître → .... • célèbre → .... • revêche → .... • antipathique → .... • peureux → .... • favorable → .... • chronologique → .... • un différend → ....

B. disparaître • aimable • anonyme • maladroit • facultatif • sympathique • anachronique • déplaisant • un accord • audacieux • néfaste

Score…/10

Score total…/100

ÉTAPE 11

Leçon

1. Les verbes en *-gner*, *-ier*, *-iller*, *-yer* – Le verbe *croire*

	crier	briller	s'éveiller	croire
Présent	je crie	je brille	je m'éveille	je crois
	nous crions	nous brillons	nous nous éveillons	nous croyons
Imparfait	je criais	je brillais	je m'éveillais	je croyais
	nous criions	nous brillions	nous nous éveillions	nous croyions
Passé composé	j'ai crié	j'ai brillé	je me suis éveillé(e)	j'ai cru
Plus-que-parfait	j'avais crié	j'avais brillé	je m'étais éveillé(e)	j'avais cru

▪ Il ne faut pas oublier **le *i* des terminaisons *-ions* et *-iez*** de l'imparfait même si on ne l'entend pas dans le cas des verbes en *-gner*, *-ier*, *-iller*, *-yer* : nous régnions, vous régniez ; nous vérifiions, vous vérifiiez ; nous veillions, vous veilliez ; nous nettoyions, vous nettoyiez.

▪ Le problème se pose également pour les verbes *croire* et *voir* : vous croyiez ; vous voyiez.

2. *Mi*, *semi*, *nu*, *demi*

▪ *Mi* et *semi* sont invariables : à mi-course – des semi-remorques.

▪ *Nu* et *demi*, placés avant un nom, restent invariables.

Il marche nu-pieds. – une demi-heure.

Placés après un nom, ils s'accordent avec lui.

Il marche pieds nus. – dans une heure et demie.

Préparer la dictée

1 **DIFFÉRENTS TEMPS ET MODES.** Mettez les verbes à l'imparfait (I), au passé simple (PS), au futur (F) de l'indicatif ou à l'impératif présent (Ip).

Ce voyage (être, I) .... très long. Il me (sembler, I) .... interminable. Je (croire, I) .... pouvoir dormir, mais mes voisins, qui (parler, I) .... très fort me (déranger, I) .... : à peine mes yeux se (fermer, I) ....-ils que je m'(éveiller, I) .... Je m'(endormir, I) .... enfin lorsque l'hôtesse (annoncer, PS) .... : « Mesdames et messieurs, (vouloir, Ip) .... attacher vos ceintures. Nous (atterrir, F) .... dans quelques minutes. »

2 **LES MOTS INVARIABLES.** Soulignez-les.

parfois • à peine • demi • nul • quelque • après • événement particulier • longtemps

3 **LES MOTS DE LA MÊME FAMILLE.** Trouvez un nom correspondant à ces mots.

pensif → la .... • ensommeillé → le .... • l'horaire → l'.................. • réfléchir → la .... • essoufflé → le ....

Dictée préparée

À la recherche du temps perdu

Longtemps je me suis couché de bonne heure. Parfois, à peine ma bougie éteinte, mes yeux se fermaient si vite que je n'avais pas le temps de me dire : « Je m'endors. » Et, une demi-heure après, la pensée qu'il était temps de chercher le sommeil m'éveillait ; je voulais poser le volume que je croyais avoir encore dans les mains et souffler ma lumière ; je n'avais pas cessé, en dormant, de faire des réflexions sur ce que je venais de lire, mais ces réflexions avaient pris un tour un peu particulier ; il me semblait que j'étais moi-même ce dont parlait l'ouvrage.

Marcel Proust (1871-1922), *À la recherche du temps perdu – Du côté de chez Swann*, Gallimard, 1954.

Revoir les difficultés

4 LES VERBES PRONOMINAUX. **Mettez les verbes au plus-que-parfait.**

Ses yeux (se fermer) .... Elle (s'endormir) .... Mais des monstres malfaisants (se précipiter) .... sur elle, (s'acharner) .... à la maltraiter. Elle (se débattre) .... Dans la bataille, elle (s'écorcher) .... les mains. Enfin elle (se réveiller) .... et les cauchemars (s'évanouir) ....

5 LES VERBES EN *-ILLER*, *-IER*, ETC. **Mettez les verbes à l'imparfait (I), au passé simple (PS) de l'indicatif, au conditionnel présent (Cp) ou au subjonctif présent (Sp), à l'impératif présent (Ip) ou au participe passé (PP).**

« Il ne faut pas que vous (crier, Sp) .... » • (Surveiller, Cp) ....-vous ces enfants pendant un moment ? • Encore (endormir, PP) .... ensommeillés, nous n'en (croire, I) .... pas nos yeux : le spectacle nous (émerveiller, I) .... • Le capitaine (s'écrier, PS) .... : « Voyons ! (se réveiller, Ip) ....-vous ! Il faut que nous (vérifier, I) .... notre embarcation avant de partir en mer. »

Dictée non préparée

Des nuits passées à lire

J'ignore ce que je fis jusqu'à cinq ou six ans ; je ne sais comment j'appris à lire ; je ne me souviens que de mes premières lectures et de leur effet sur moi. Ma mère, qui était morte peu de temps après ma naissance, avait laissé des romans. Nous nous mîmes à les lire après souper, mon père et moi. Il n'était question d'abord que de m'exercer à la lecture par des livres amusants ; mais bientôt l'intérêt devint si vif, que nous lisions tour à tour sans relâche et passions les nuits à cette occupation. En peu de temps, par cette dangereuse méthode, je lus avec une extrême facilité. J'entendis et je compris ce que d'ordinaire on ne comprend que plus tard dans la vie. *(à suivre)*

D'après Jean-Jacques Rousseau (1712-1778), *Les Confessions*.

ÉTAPE 12

Leçon

1. Les verbes en *-eter* – Le verbe *naître*

	Indicatif				Subjonctif
	Présent	**Imparfait**	**Passé simple**	**Plus-que-parfait**	**Présent**
jeter	je jette	je jetais	je jetai	j'avais jeté	que je jette
acheter	j'achète	j'achetais	j'achetai	j'avais acheté	que j'achète
naître	je nais	je naissais	je naquis	j'étais né(e)	que je naisse

▪ Conjugué, le verbe ***jeter*** s'écrit soit avec un *t*, soit avec deux *t* : je jette, il jettera mais : je jetais, ils jetèrent.

Autres verbes se conjuguant comme *jeter* : cacheter, déchiqueter, épousseter, étiqueter, projeter, rejeter, voleter.

▪ Les verbes comme ***acheter*** ne prennent qu'un seul *t*. Autres verbes se conjuguant comme *acheter* : haleter, fureter.

2. *Tant, t'en*

▪ ***Tant*** a, le plus souvent, le sens de *tellement*. J'ai tant aimé ce pays !

▪ ***T'en*** se décompose en : *te + en*. Tu t'en vas (Je m'en vais. Il s'en va.)

Remarque : On peut citer d'autres homonymes : (le) temps, (le) taon, (je) tends, (il) tend.

Préparer la dictée

1 **LES DIFFÉRENTS TEMPS ET MODES.** Mettez les verbes aux temps et modes indiqués : présent (P), imparfait (I), plus-que-parfait (PQP), passé simple (PS) de l'indicatif ou conditionnel passé (Cp).

J'(acheter, PS) .... une toile, un chevalet et je (commencer, PS) .... à peindre. Cette tâche m' (absorber, PS) .... durant des heures. J'y (passer, Cp) .... davantage de temps encore si je l'(pouvoir, PQP) .... mais la nuit (tomber, I) .... « Voilà, c' (être, P) .... fini, me dis-je, fière de mon œuvre. Il (falloir, P) .... maintenant que je rentre chez moi. »

2 **LE PLURIEL.** Mettez ces mots au pluriel en ajoutant *s* ou *x*.

un crayon et un pinceau → .... • l'autre → .... • un mois entier → .... • un paysage enchanteur → .... • un succès si lent → .... • la couleur de cette fleur → ....

3 **LES MOTS DIFFICILES.** Complétez les mots suivants lorsque c'est nécessaire.

constam....ent • dif....érent • commen....er • néanmoin.... • dom....age • éton....ant • au mil....ieu • l'arit....métique • ap....rendre • ar....aché • l'oc....upation • bientô.... • at....achant • mon enfan....e • cet.... art

Dictée préparée

Apprendre seul

L'arithmétique m'avait aussi rendu le goût du dessin. J'achetai des couleurs et me mis à faire des fleurs et des paysages. C'est dommage que je me sois trouvé peu de talent pour cet art. Au milieu de mes crayons et de mes pinceaux, j'aurais passé des mois entiers sans sortir. Cette occupation devenant pour moi trop attachante, on était obligé de m'en arracher.
Mais bientôt, un goût différent absorba tous les autres. Je parle de la musique. Il faut assurément que je sois né pour cet art, puisque j'ai commencé de l'aimer dès mon enfance, et qu'il est le seul que j'aie aimé constamment dans tous les temps. Ce qu'il y a d'étonnant est qu'un art pour lequel j'étais né m'ait néanmoins tant coûté de peine à apprendre et avec des succès si lents. *(à suivre)*

Jean-Jacques Rousseau (1712-1778), *Les Confessions*.

Revoir les difficultés

4 **RÉÉCRITURE.** Réécrivez les quatre premières phrases de la dictée en imaginant que le récit n'est plus fait par une personne (*je*) mais par deux (*nous*).

....

....

....

....

....

....

5 **LES MOTS DE LA MÊME FAMILLE.** Trouvez des mots de la même famille.

un achat → .... • une occupation → .... • un crayon → .... • jetable → .... • le goût → .... • le talent → .... • le pinceau → .... • absorber → .... • harceler → .... • la naissance → ....

Dictée non préparée

Mon frère

J'avais un frère plus âgé que moi de sept ans. Il apprenait la profession de mon père. L'extrême affection qu'on avait pour moi faisait qu'il était un peu négligé, et ce n'est pas cela que j'approuve. Son éducation se ressentit de cette négligence. On le mit chez un autre maître où il fit des escapades comme il en avait fait de la maison paternelle. Je ne le vis jamais beaucoup. Aussi à peine puis-je dire que je fis connaissance avec lui, ce qui ne m'empêcha pas de l'aimer tendrement. Je me souviens qu'une fois mon père le punit rudement et avec colère. Je me jetai impétueusement entre eux et reçus les coups à sa place. Il fallut bien que mon père lui fisse grâce : c'est ce que j'espérais. Mais mon frère, à la manière de ceux de son espèce, tourna si mal qu'il s'enfuit et disparut tout à fait. Et voilà comment je suis demeuré fils unique. *(à suivre)*

D'après Jean-Jacques Rousseau (1712-1778), *Les Confessions*.

ÉTAPE 13

Leçon

1. Les différents modes

Voici comment se conjuguent quatre verbes **au présent** de chacun des modes personnels : indicatif, impératif, subjonctif et conditionnel.

	Indicatif	Impératif	Subjonctif	Conditionnel
dédaigner	tu dédaignes	dégaigne	que tu dédaignes	tu dédaignerais
recueillir	tu recueilles	recueille	que tu recueilles	tu recueillerais
faire	tu fais	fais	que tu fasses	tu ferais
savoir	tu sais	sache	que tu saches	tu saurais

- L'**indicatif** présente les faits comme réels, vrais, pour celui qui parle. C'est le mode le plus employé. Je suis sûr qu'il **viendra**.
- Le **conditionnel** s'emploie en général lorsque les faits dépendent d'une condition. Si Timothée était là, Wendy **viendrait**.
- Le **subjonctif** est employé pour indiquer ce qui est probable, possible. Je souhaite qu'il **vienne**. Je crains qu'il ne **vienne** trop tard.
- L'**impératif** sert à exprimer un ordre ou un conseil. **Viens** avec tes amis.

2. *Dans, d'en*

- ***Dans*** a, le plus souvent, le sens de *dedans*. Elle a mis du café **dans** sa tasse.
- ***D'en*** se décompose en : *de* + *en*. Il vient **d'en** prendre – Vu **d'en** haut.

Préparer la dictée

1 **LES VERBES À DIFFÉRENTES PERSONNES.** Écrivez les verbes aux personnes demandées.

Il ne le sait pas. → (Je/Vous) ....

Nous l'avons vu. → (Je/Ils) ....

Ils tourbillonnent. → (Il/Nous) ....

Ils murmurent et filent. → (Tu/Il) ....

Tu le recueilles. → (Elle/Elles) ....

J'y resterais. → (Il/Nous) ....

Je vois. → (Vous/Ils) ....

2 **LES MOTS DIFFICILES.** Complétez ces mots si nécessaire.

la méchanceté.... • la calomni.... • une ....irondelle • il l'envelop....e • des ....orreurs • e....poison....er • s'élan....er • sif....ler • les ....onnêtes gens • tou.... à coup.... • l'orage.... • il ton....e • à vu.... d'œil • un cri.... général.... • adroit....ment

Dictée préparée

Bartholo, tuteur de Rosine – et qui veut l'épouser – se demande comment faire pour éloigner le Comte Almaviva, amoureux de sa pupille. Bazile, maître à chanter employé par Bartholo, lui suggère une solution.

La calomnie

– La calomnie, Monsieur ! Vous ne savez guère ce que vous dédaignez ; j'ai vu les plus honnêtes gens près d'en être accablés. Croyez qu'il n'y a pas de plate méchanceté, pas d'horreurs, pas de conte absurde qu'on ne fasse adopter en s'y prenant bien… D'abord un bruit léger murmure et file, et sème en courant le trait empoisonné. Telle bouche la recueille et vous le glisse en l'oreille adroitement. Le mal est fait ; il germe, il rampe, il chemine, et il va le diable ; puis tout à coup, ne sais comment, vous voyez calomnie se dresser, siffler, s'enfler, grandir à vue d'œil. Elle s'élance, étend son vol, tourbillonne, enveloppe et devient, grâce au Ciel, un cri général. Qui diable y résisterait ?

Beaumarchais (1732-1799), *Le Barbier de Séville*, Acte II, scène 7.

Revoir les difficultés

3 LES VERBES EN *-ONNER*. Écrivez le verbe qui correspond à chacun de ces noms.

le tourbillon → .... • le son → .... • l'action → .... • le poinçon → .... • le sillon → .... • le klaxon → .... • la façon → .... • la confection → .... • la perfection → ....

4 LES CONSONNES DOUBLES. Complétez les mots si nécessaire.

se dres....er • un group....e • une troup....e • hor....iblem....ent • malhon....êtement • hon....eur • hon....orable • déshon....orant • at....rap....er • être empoison....é • at....e....rir • te....restre • cha....rette • char....ue • char....iot

Dictée non préparée

Le peigne cassé

J'étudiais un jour seul dans ma chambre, qui est contiguë à la cuisine. La servante avait mis à sécher là les peignes de sa maîtresse. Or, quand elle revint les prendre, l'un d'eux avait des dents cassées. À qui s'en prendre de ce dégât ? Personne d'autre que moi n'avait pu entrer dans la chambre. « Qui peut bien avoir cassé ce peigne ? » demanda-t-on. On m'accusa, me menaça : je résistai avec opiniâtreté. D'ordinaire, j'avais peu d'audace. On s'étonna de mon attitude. On m'accusa de méchanceté, de mensonge, d'obstination. Rien n'y fit : je ne voulus jamais admettre un méfait que je n'avais pas commis. Mais on ne s'en tint pas là. On appela mon oncle. Il vint. Me fit-on avouer ? Non point. Mon oncle dut repartir sans obtenir ma confession. Je le dis encore à la face du Ciel : j'étais innocent. Je ne cesserai de le proclamer.

D'après Jean-Jacques Rousseau (1712-1778), *Les Confessions.*

ÉTAPE 14

Leçon

1. Un verbe irrégulier : *s'asseoir* – Les valeurs de l'imparfait

Indicatif présent	Indicatif imparfait	Indicatif p. simple	Indicatif futur	Subjonctif présent	Impératif présent
je m'assieds je m'assois	je m'asseyais je m'assoyais	je m'assis	je m'assiérai je m'assoirai	que je m'asseye que je m'assoie	assieds-toi assois-toi

■ Le verbe *s'asseoir* peut s'écrire de deux manières aux temps simples, excepté au passé simple. Il s'assied ou il s'assoit ; il s'asseyait ou il s'assoyait, etc.

■ L'imparfait permet de montrer une action passée **en cours de déroulement**.
Sur le cheval, maître et valet chevauchaient de compagnie.

■ Il permet aussi d'évoquer l'idée d'habitude ou de répétition dans le passé.
À huit heures, la cloche annonçait le souper.

2. *Quelque*

■ Lorsqu'il a le sens de *plusieurs*, *quelque* s'accorde avec le nom auquel il se rapporte.
Il y avait quelques élèves dans la cour.

■ Lorsqu'il a le sens de *si* ou *d'environ*, il reste invariable.
Quelque (= si) intelligents qu'ils soient, ils manquent de bon sens.

Préparer la dictée

1 **L'IMPARFAIT ET LE PASSÉ SIMPLE.** Mettez les verbes à la personne demandée.

Je me jetais sur un canapé. → (Elle) .... • Je me taisais. → (Nous) .... • Je rentrais. → (On) .... • De quoi parlais-tu ? → (Vous) .... • Ils l'annonçaient. → (Elle) .... • Tu revenais. → (Nous) .... • Il répondait. → (Nous) .... • Ils tiraient. → (Il) .... • Je m'asseyais. → (Nous) ....

2 **LE PLURIEL.** Ajoutez les marques du pluriel.

Les chouette.... sortai......... • Il dit quelque.... mot......... • les beau.... jour.... • de triste.... soirée.... • les créneau.... • Nous étions saisi.... d'effroi. • quatre convive.... • à huit heure.... ou à dix heure....

3 **LES MOTS DIFFICILES.** Complétez ces mots.

la ter....eur • aprè.... • le fusi.... • la cheminé.... • se rap....rocher • le soupe.... • le per....on • en soupiran.... • en passan.... • dans l'entré.... • l'auto....ne • à voi.... basse • an....oncer

Dictée préparée

De tristes soirées

À huit heures, la cloche annonçait le souper. Après le souper, dans les beaux jours, on s'asseyait sur le perron. Mon père, armé de son fusil, tirait les chouettes qui sortaient des créneaux à l'entrée de la nuit. À dix heures, on rentrait et on se couchait. Les soirées d'automne et d'hiver étaient d'une autre nature. Le souper fini et les quatre convives revenus de la table à la cheminée, ma mère se jetait en soupirant sur un vieux lit de jour. Je m'asseyais auprès du feu avec Lucile. Nous échangions quelques mots à voix basse quand il était à l'autre bout de la salle ; nous nous taisions lorsqu'il se rapprochait de nous. Il nous disait en passant : « De quoi parliez-vous ? » Saisis de terreur, nous ne répondions rien.

François-René de Chateaubriand (1768-1848), *Mémoires d'outre-tombe*.

Revoir les difficultés

4 LE VERBE *S'ASSEOIR*. Mettez les phrases à la forme négative puis interrogative (avec inversion du sujet).

Il s'assiéra. → ....
Ils s'assirent. → ....
Vous vous assoyiez. → ....
Il faut qu'il s'assoie. → ....
Tu t'assieds. → ....
Nous nous asseyions. → ....
Ils s'assiéraient. → ....
On s'assoirait. → ....

5 *QUELQUE, QUELQUES ; QUELLE QUE, QUELLES ; LAQUELLE, LEQUEL.* Complétez avec ces mots.

Prenez .... livres avec vous. • .... de ces romans vais-je choisir ? • Le trajet durera .... temps, ... trois heures. • .... routes prendrons-nous ? .... soit votre décision, nous la suivrons. • Examinons .... de ces solutions est la meilleure.

Dictée non préparée

Maître et valet

Sur leur cheval, maître et valet chevauchaient de compagnie. Le maître portait chapeau et bottes noires. Le valet portait les sacs et un gourdin car, à cette époque, les routes étaient peu sûres et de nombreux voleurs rôdaient.

Tout en cheminant, Jacques racontait l'histoire de son Capitaine, le maître qu'il avait perdu. « Où en étais-je ? » demanda Jacques. « Au moment où ton Capitaine te rouait de coups de bâtons », rappela le maître, qui ajouta : « Si tu ne te dépêches pas, c'est ce que je ferai aussi car il faut que nous trouvions une auberge avant la nuit. » « Je disais donc que mon Capitaine disait que tout ce qui arrive ici-bas est écrit là-haut. Trouver ou ne pas trouver une auberge ? C'est déjà écrit ! » Et Jacques philosophe, leva les yeux au ciel.

(à suivre)

D'après Diderot (1713-1784), *Jacques le Fataliste*.

Niveau 3e

ÉTAPE 15

Leçon

1. Les verbes en *-ayer* – Les verbes en *-indre* – *Acquérir* et *falloir*

	Indicatif présent	Indicatif imparfait	Indicatif p. simple	Indicatif futur	Indicatif p. composé
payer	il paie/ il paye	il payait	il paya	il paiera/ il payera	il a payé
acquérir	il acquiert	il acquérait	il acquit	il acquerra	il a acquis
peindre	il peint	il peignait	il peignit	il peindra	il a peint
falloir	il faut	il fallait	il fallut	il faudra	il a fallu

■ Les **verbes en *-ayer*** comme *balayer*, *bégayer*, *égayer*, *essayer* peuvent s'écrire de deux manières : je paie ou je paye, etc.
■ Les verbes ***acquérir***, *mourir*, *courir* (et les verbes de leurs familles) s'écrivent avec deux *-r* à toutes les personnes du futur : j'acquerrai, je mourrai, je courrai.
■ Les **verbes en *-indre*** prennent les terminaisons *-s*, *-s*, *-t* au singulier du présent.
■ Le verbe ***falloir*** est un verbe défectif. Il ne se conjugue qu'à la 3e personne du singulier.

2. Le participe présent et l'adjectif verbal

■ Le participe présent d'un verbe est toujours en *-ant*. Il est invariable. De même, le gérondif est invariable : chantant, en chantant – peignant, en peignant.
■ L'adjectif verbal, lui, s'accorde comme un adjectif qualificatif : une voix chantante.
Remarque : Pour reconnaître un participe présent invariable, on peut le remplacer par un gérondif. Les jeunes filles se sont éloignées, (en) chantant et (en) riant.

Préparer la dictée

1 **LE PASSÉ SIMPLE.** Complétez les phrases en utilisant au passé simple les verbes suivants : monnayer – peindre – entreprendre – falloir – advenir – savoir – mettre – prendre.

À l'âge de seize ans, il quitta sa famille et .... l'étude de la peinture et de la sculpture. • Ce jeune musicien .... si bien ses talents qu'il ne lui .... que quelques années pour devenir immensément riche. • Elle .... ses pinceaux, son chevalet, ses toiles et se .... à dessiner les esquisses de ses premières aquarelles. • Que ....-elle ? Qu'..................-t-il de ses tableaux ? Nul ne le .... jamais !

2 **VOCABULAIRE.** À quels mots correspondent les définitions ? Louvre – énigmatique – fascinant – l'écu – Pythagore – Florence

Ville d'Italie, centre littéraire et artistique → .... • Ancienne résidence royale à Paris aujourd'hui transformée en musée → .... • Philosophe et mathématicien grec → .... • qui charme, séduit → .... • mystérieux → .... • ancienne monnaie qui a été remplacée par la livre, puis le franc, etc. → ....

Dictée préparée

Le sourire de la Joconde

Lorsqu'en l'an 1517 Léonard de Vinci vint en France, il apporta le tableau qui allait devenir le plus célèbre du monde : le portrait de la Joconde. Sous ce nom il peignit, pense-t-on, Mona Lisa, l'épouse d'un commerçant de Florence. Il entreprit cette composition en la fondant sur le nombre d'or de Pythagore, c'est-à-dire sur la « divine proportion » ; mais il fallut plus de quatre ans au peintre pour qu'apparaissent sous son pinceau les contours d'un visage parfait à l'énigmatique sourire. Or il advint qu'ayant été déçu par les Princes de son pays, il répondît à l'invitation de François Ier. Lui offrit-il sa création ou la monnaya-t-il, comme certains l'ont cru, quatre mille écus d'or ? Toujours est-il que, depuis lors, elle fut précieusement détenue, aux Tuileries puis dans le palais du Louvre, à Paris. Ainsi la fascinante Joconde poursuit-elle son étonnante carrière de chef-d'œuvre inégalé.

Revoir les difficultés

3 LE PARTICIPE PRÉSENT ET L'ADJECTIF VERBAL. Complétez les phrases avec un participe présent ou avec un adjectif verbal.

Elle est (fasciner) .... • Les (avoir) .... invités, elle pensait bien qu'ils viendraient. • Elle parut sur scène (s'offrir) .... aux acclamations de son public. • Des applaudissements (assourdir) .... éclatèrent. • Les (remercier) ...., elle s'inclina (sourire) .... et (rayonner) .... de bonheur.

4 LES MAJUSCULES. Ajoutez-les.

en france, en ce début du xvie siècle, régnait le roi françois 1er. l'art italien le fascinait. il attira à sa cour le peintre léonard de vinci. de nos jours, parmi toutes les peintures présentées au musée du louvre à paris, la joconde, parmi d'autres chefs d'œuvre, mais unique en son genre, continue à fasciner le public.

Dictée non préparée

C'était écrit

Il était déjà tard lorsque Jacques et son maître parvinrent à l'approche de l'auberge où ils comptaient passer la nuit. À peine arrivé, le maître était impatient d'être servi. L'hôtesse alors se précipita et offrit un plantureux dîner à ses hôtes ; mais lorsque la servante apparut avec le dessert, le valet, soudain, resta sans voix. Il venait de reconnaître, quinze ans après l'avoir quittée, une jeune femme dont il avait été fort épris. « Il faut que ce soit elle, grommela Jacques. Par Dieu ! Ce serait la chance de ma vie ! » Le maître, alors, feignant de ne pas s'étonner, lui répéta en souriant sa célèbre formule « Tout ce qui arrive ici-bas n'est-il pas déjà écrit là-haut ? » *(fin)*

D'après Diderot (1713-1784), *Jacques le Fataliste*.

ÉVALUATION 3

1 **LES VERBES AUX TEMPS SIMPLES.** **Mettez les verbes à l'imparfait (I), au passé simple (PS) ou au conditionnel présent (Cp).** *Comptez 1 point par bonne réponse.*

Un soir, alors qu'il (vouloir, I) .... rentrer chez lui, le jeune Jean-Jacques Rousseau, qui (habiter, I) .... à Genève, en Suisse, (trouver, PS) .... les grilles de la ville fermées. Il (décider, PS) .... de partir à l'aventure. Ce fait du hasard (engager, PS) .... toute sa vie, car c'est ainsi qu'(aller, I) .... commencer pour lui un voyage qui l'(emmener, Cp) .... jusqu'à Chambéry et Annecy, en France, où il (séjourner, Cp) .... quelque temps, puis, plus tard le (conduire, Cp) .... à Paris où (se jouer, Cp) .... sa destinée.

Score.../10

2 **LES VERBES PRONOMINAUX.** **Mettez les verbes au plus-que-parfait.** *Comptez 2 points par bonne réponse.*

Tous les clients (se masser) .... dans l'entrée de la banque. Les voleurs (s'écrier) .... : « Taisez-vous ! » puis (s'emparer) .... des clés du coffre et (se partager) .... le butin sur place. Ils ne (se soucier) .... ni des enfants qui (se blottir) .... dans les bras de leur mère et (se mettre) .... à pleurer, ni des femmes qui (s'évanouir) .... Enfin les sirènes (se déclencher) .... Mais les voleurs (s'enfuir) .... déjà .... !

Score.../20

3 **LE PARTICIPE PRÉSENT ET L'ADJECTIF VERBAL.** **Écrivez-les en les accordant si nécessaire.** *Comptez 2 points par bonne réponse.*

Le trajet a été (fatiguer) .... • Ne se (fatiguer) .... jamais à l'excès, il s'entraînait néanmoins régulièrement. • Ils observaient les collines (environner) .... la ville. • La pluie (tomber) .... toujours, ils renoncèrent à leur projet de sortie ; à la nuit (tomber) ...., chacun rentra chez soi.

Score.../10

4 ***MI, DEMI, SEMI, NU ; QUELQUE, QUELQUES ; DANS, D'EN ; TANT, T'EN.*** **Complétez en choisissant parmi les mots ci-dessus.** *Comptez 1 point par bonne réponse.*

Tu .... iras vers trois heures et .... ? • Oui, ... deux heures. • Il y a .... jours, j'ai rencontré Jules. • Tu .... souviens ? • Nous nous sommes .... amusés ensemble ! • Dès la .... journée, nous étions sur la plage. • Elle n'est qu'à .... trois cents mètres de là. • Si nous allions y faire .... pas ? • Mais nous n'y marcherons pas pieds-...................., comme autrefois !

Score.../10

5 **LA PLACE DU SUJET.** Mettez à la forme interro-négative. *Comptez 2 points par bonne réponse.*

Tu l'as jeté. → .... • Tu t'assieds. → ....
• On l'annonce. → .... • Il en a acheté. → ....
• Les deux enfants s'étaient endormis. → ....

Score.../10

6 **LES PARONYMES.** Trouvez, parmi les mots de la liste B, des paronymes (mots qui se prononcent presque de la même manière mais n'ont ni la même orthographe, ni le même sens) pour compléter la liste A. *Comptez 2 points par bonne réponse.*

A. raisonner → .... • préposition → .... • spectre → .... • rixe → .... • percepteur → .... • astrologie → .... • armistice → .... • location → .... • écharpe → .... • illusion → ....

B. écharde • amnistie • proposition • résonner • sceptre • allusion • risque • locution • précepteur • astronomie

Score.../20

7 **LES ACCENTS CIRCONFLEXES SUR *A, O, U*.** Trouvez un mot de la même famille s'écrivant avec un accent circonflexe. *Comptez 1 point par bonne réponse.*

fantomatique → .... • symptomatique → .... • drolatique → .... • iconoclaste → .... • coteau → .... • gracieux → .... • aromatique → .... • piquer → .... • infamant → .... • conifère → ....

Score.../10

8 **LES MOTS OU EXPRESSIONS S'ÉCRIVANT TOUJOURS DE LA MÊME MANIÈRE.** Ajoutez les lettres qui manquent. *Comptez 1 point par bonne réponse.*

d'abor.... • la plupar.... • sans ambage.... • e....près • de bon gr.... • à propo.... • à rebour.... • vis-à-vi.... • à contrecœ....r • bouche bé....

Score.../10

Score total.../100

ÉTAPE 16

Leçon

1. Indicatif, subjonctif et impératif

	Indicatif		Subjonctif		Impératif
	présent	p. simple	présent	imparfait	présent
expliquer	il explique	il expliqua	qu'il explique	qu'il j'expliquât	explique
apprendre	il apprend	il apprit	qu'il apprenne	qu'il apprît	apprends

■ Le **subjonctif** s'emploie souvent **dans une proposition introduite par *que*** dépendant d'un verbe exprimant la nécessité, la volonté ou un sentiment. Il faut qu'il **revienne**.

■ L'**imparfait du subjonctif** appartient à un langage recherché. Il fallait qu'il **revînt**. – Il aurait fallu qu'ils **eussent** plus de chance.

2. Les préfixes et les suffixes

■ Les **préfixes** se placent avant le radical du mot. Ils en changent le sens.
Voici quelques préfixes très fréquents : *dé-/ dés-/ dis-* (décourager), *en-/ em-* (emporter), *in-/ im-/ il-/ ir-* (illégalité), *pré-* (prévision), *r-/ re-/ ré-* (revenir).

■ Les **suffixes** se placent après le radical du mot. Ils en changent le sens, souvent aussi la nature. Voici quelques suffixes très fréquents : *-able*, *-age*, *-eur*, *-eux*, *-ite*, *-ment*, *-onner*, *-té*.

Préparer la dictée

1 LES VERBES À DIFFÉRENTS MODES. Mettez les verbes au présent du mode indiqué : indicatif (I), conditionnel (C), subjonctif (S) ou impératif (Imp).

« Il (falloir, C) .... que vous (devenir, S) .... le précepteur de mon futur successeur, dit le roi Louis XIV à Fénelon. (Apprendre, Imp) ....-lui tout ce qu'il (devoir, C) .... savoir, y compris l'histoire. (Accoutumer, Imp) ....-le à se soumettre à vos ordres. » C' (être, I) .... là une importante mission, comme chacun le (savoir, I) .... « Vous me (faire, I) .... là un grand honneur », répondit l'auteur des *Aventures de Télémaque*.

2 LE FÉMININ ET LE PLURIEL. Complétez les mots en les mettant au féminin ou au pluriel.

Les mère.... enseignai........ à leur.... enfants à faire des compte.... ; elles leur faisai........ apprendre les quatre opération.... ; elles leur enseignai........ à écrire, à utiliser les terme.... propre.... pour exprimer leurs pensée.... de manière court.... et précis.....

3 LES MOTS DIFFICILES. Complétez les mots suivants.

net....ement • com....ter • util....ment • grossièr....ment • e....pliquer • ap....rendre • pronon....er • souven.... • l'arit....métique • la gram....aire • l'ort....ographe

Dictée préparée

L'éducation des filles au siècle de Louis XIV

Apprenez à une fille à lire et à écrire correctement. Il est honteux, mais ordinaire, de voir des femmes qui ont de l'esprit et de la politesse, ne savoir pas bien prononcer ce qu'elles lisent. Elles manquent encore plus grossièrement pour l'orthographe… Il faudrait qu'une fille sût la grammaire pour sa langue naturelle. Accoutumez-les à ne point prendre un temps pour un autre, à se servir des termes propres, à expliquer nettement leurs pensées avec ordre et d'une manière courte et précise : vous les mettrez en état d'apprendre un jour à leurs enfants à bien parler sans aucune étude… Elles devraient aussi savoir les quatre règles de l'arithmétique : vous vous en servirez utilement pour leur faire faire souvent des comptes. On sait assez que l'exactitude de compter fait le bon ordre dans les maisons.

Fénelon (1651-1715), *De l'éducation des filles.*

Revoir les difficultés

4 L'EMPLOI DE L'IMPÉRATIF. Écrivez la 2e proposition en mettant le verbe au présent de l'impératif.

Il faut que vous appreniez à écrire. → .... !
Il faut que tu apprennes à lire. → .... !
Il faut que tu le lui dises. → .... !
Il faut que tu les lui donnes. → .... !

5 LES PRÉFIXES ET LES SUFFIXES. Formez de nouveaux mots en ajoutant des préfixes et/ou des suffixes.

net → .... • correct → .... • servir → .... • graphie → .... • propre → .... • pensée → ....

6 L'IMPARFAIT DU SUBJONCTIF. Mettez les verbes à l'imparfait du subjonctif.

Que vouliez-vous qu'il (faire) .... ? • J'aurais aimé que vous (être) .... là ! • Espériez-vous qu'ils (avoir) .... des remords ?

Dictée non préparée

Don Quichotte

Dans une bourgade d'Espagne vivait autrefois un gentilhomme. Il n'était pas riche. Il y avait dans sa maison une gouvernante, sa nièce et un valet. Bien que l'âge de notre héros frisât la cinquantaine, il restait solide. Il était sec de corps, maigre de figure, fort matinal et grand amateur de chasse. Il avait surtout une passion pour les romans de chevalerie. Il arriva même qu'il vendit un morceau de sa terre pour acquérir quelques-uns de ces ouvrages. Bref, il se fourra si bien dans la tête que toutes ces inventions livresques étaient vraies, qu'il finit par croire qu'elles étaient bien réelles. *(à suivre)*

D'après Miguel de Cervantès (1547-1616), *Don Quichotte de la Manche.*

ÉTAPE 17

Leçon

1. Les verbes en *-oir* à différents temps et modes

		pouvoir	vouloir	valoir	savoir	devoir
Indicatif	**présent**	je peux	je veux	je vaux	je sais	je dois
		tu peux	tu veux	tu vaux	tu sais	tu dois
	passé composé	j'ai pu	j'ai voulu	j'ai valu	j'ai su	j'ai dû
Conditionnel	**présent**	je pourrais	je voudrais	je vaudrais	je saurais	je devrais
Subjonctif	**présent**	que je puisse	que je veuille	que je vaille	que je sache	que je doive

- Au présent, à la 1re personne du singulier, *pouvoir*, a deux formes possibles : je peux ou je puis. (À la forme interrogative : puis-je ?)
- *Pouvoir*, *vouloir*, *valoir* prennent *-x* aux deux premières personnes du singulier du présent.
- Les formes du participe passé de *devoir* sont : dû (au masculin singulier), due, dus, dues.

2. *Sans*, *c'en*, *s'en*

- ***Sans*** a un sens négatif. C'est une histoire **sans** fin.
- ***C'en*** se décompose en : *cela* + *en*. Il est si insistant que **c'en** est gênant.
- ***S'en*** fait partie d'un verbe pronominal (on peut le remplacer par *(je) m'en*, *(tu) t'en*). On **s'en** souvient (→ se souvenir).

Préparer la dictée

1 **LES VERBES À DIFFÉRENTS TEMPS ET MODES.** Complétez avec l'indicatif présent (P), le passé composé (PC) ou le subjonctif présent (Sp).

Les chevaliers (recevoir, PC) .... beaucoup de coups, ne le (savoir, P) ....-tu pas ? Mais il faut, en toute occasion, qu'ils (être, Sp) .... courageux. Car, il faut que tu le (savoir, Sp) .... : si l'un d'eux (se déshonorer, P) .... les autres lui (faire, P) .... des remarques. Et encore faut-il qu'ils (pouvoir, Sp) .... le supporter. Ne le (penser, P) ....-tu pas ?

2 **LE FÉMININ ET LE PLURIEL.** Ajoutez les terminaisons qui manquent.

sa seul...... valeur • des chevalier...... errant...... • des blessure...... • La chance est sujet...... à des aléa....... • Ils ont été assommés de coup.......

3 **VOCABULAIRE.** Faites correspondre chaque mot avec sa définition.

a. fâcheux • **b.** être sujet à • **c.** l'affront • **d.** errer • **e.** revers de fortune

A. aller au hasard, à l'aventure • **B.** regrettable, malheureux • **C.** avoir une prédisposition pour • **D.** malheur, accident qui changent une situation • **E.** injure publique, offense ou blessure d'amour-propre ....

Dictée préparée

Question d'honneur

– Ne sais-tu pas, ami Sancho, dit Don Quichotte, que la vie des chevaliers errants est sujette à mille fâcheux accidents ? Il n'y en a point qui ne puissent, à toute heure, devenir Rois et Empereurs, comme on l'a vu souvent. Il faut laisser du temps au temps. Mais il n'y en a point à qui soient épargnés les revers de la fortune. Ainsi, Sancho, je puis bien me régler sur des chevaliers qui ont reçu des affronts encore plus grands que le nôtre. Mais il est bon que tu saches que les blessures qui se font par le premier instrument que le hasard fait tomber entre les mains, ne déshonorent point le blessé et ne lui font point affront… Je te dis cela afin que tu ne penses pas que pour avoir été assommés de coups par cette canaille, nous soyons par là déshonorés. *(à suivre)*

D'après Miguel de Cervantès (1547-1616), *Don Quichotte de la Manche*.

Revoir les difficultés

4 SANS, S'EN, C'EN ; SENS, CENT(S). **Complétez avec ces mots.**

Don Quichotte .... alla au hasard des chemins. « Je ...., disait-il à Sancho Pança, que .... nul doute, nos exploits rempliront .... à deux .... pages d'un nouveau roman de chevalerie : .... est fait de notre vie tranquille ! »

5 LE SUBJONCTIF PRÉSENT. **Mettez les verbes au subjonctif présent.**

N'y a-t-il personne qui (pouvoir) .... m'aider ? • Je t'en conjure ! Il faut que tu me (croire) .... ! • Il est peu probable que tu (revenir) .... jamais ici ! • Quel dommage qu'il (falloir) .... déjà rentrer ! • Il n'est pas souhaitable que vous lui (donner) .... votre accord.

Dictée non préparée

Les moulins à vent

Don Quichotte et Sancho Pança sortirent du village. Tout à coup, ils aperçurent trente à quarante moulins à vent.

– Vois, ami ! Je vais occire ces innombrables géants ! s'exclama Don Quichotte.

– Quels géants ? s'étonna l'écuyer.

– Ceux que tu vois, là-bas, avec leurs gros bras !

– Mais ce sont des moulins, repartit Sancho.

– On voit bien que tu n'es pas un fin expert en matière d'aventures. Ce sont d'immenses géants. Tiens-toi à l'écart pendant que je vais livrer un inégal et terrible combat.

Il s'élança donc contre les moulins : les chevaliers errants, disait-il, doivent être prêts à tous les défis.

D'après Miguel de Cervantès (1547-1616), *Don Quichotte de la Manche*.

ÉTAPE 18

Leçon

1. Les modes indicatif et conditionnel

	Indicatif			Conditionnel	
	présent	**imparfait**	**futur**	**présent**	**passé**
soigner	je soigne	je soignais	je soignerai	je soigne**rais**	j'aurais soigné
savoir	je sais	je savais	je saurai	je sau**rais**	j'aurais su
être	je suis	j'étais	je serai	je se**rais**	j'aurais été
avoir	j'ai	j'avais	j'aurai	j'au**rais**	j'aurais eu

- Le conditionnel indique, en général, qu'un fait est possible, probable, mais **soumis à une condition**. Si j'étais riche, j'achète**rais**…
- Le conditionnel dit « de politesse » atténue une demande : j'aimerais… ; nous voudrions…

2. Les interjections

Les interjections sont des mots invariables qui sont « jetés » dans le discours : Ah ! Oh ! Hé ! Elles peuvent s'apparenter à des onomatopées qui restituent des bruits : Ouf ! Vroum ! Autres interjections : Bravo ! – Hourra ! – Aïe ! mais aussi : Bon ! – Quoi !, etc.

Préparer la dictée

1 **LE CONDITIONNEL.** Mettez le premier verbe de chaque phrase à l'imparfait de l'indicatif et le second au présent du conditionnel.

Si j'(être) .... riche, beaucoup d'amis (venir) .... à moi. • Si elles (être) .... là, je les (entendre) ...., je les (voir) .... • Si j'(oser) ...., je les (appeler) .... • Si j'(avoir) .... de l'argent, je (demeurer) .... dans un château et j'(avoir) .... des domestiques. • Si mes filles m'(aimer) ...., elles (être) .... auprès de moi et me (soigner) ....

2 **LE PLURIEL.** Mettez les groupes nominaux suivants au pluriel en ajoutant -*s* ou -*x*.

depuis dix an.... • des chevau.... sournois • de belle.... chambre.... • de bon.... domestiques • des filles indigne.... • des trésor.... à donner

3 **LES MAJUSCULES ET LA PONCTUATION.** Ajoutez-les.

ah si seulement tu m'avais aimé écrivait honoré de balzac à sa mère si seulement tu ne m'avais pas toujours préféré mon frère oh si seulement tu m'avais aidé mais hélas tu n'as rien fait oh combien ma vie aurait été plus facile si tu m'avais aimé

Dictée préparée

Le père Goriot aimerait voir ses deux filles avant de mourir, mais viendront-elles ?

Le monde n'est pas beau

– Non, elles ne viendront pas ! Je sais cela depuis dix ans. Je me le disais quelquefois, mais je n'osais pas y croire… Ah ! si j'étais riche, si j'avais gardé ma fortune, si je ne la leur avais pas donnée, elles seraient là ! Je demeurerais dans un hôtel. J'aurais de belles chambres, des domestiques, du feu à moi… Mais rien ! L'argent donne tout, même des filles. Oh ! mon argent, où est-il ? Si j'avais des trésors à laisser, elles me soigneraient ; je les entendrais, je les verrais… Un père doit toujours être riche, il doit tenir ses enfants en bride comme des chevaux sournois… Le monde n'est pas beau.

Honoré de Balzac (1799-1850), *Le père Goriot.*

Revoir les difficultés

4 LE FUTUR ET LE CONDITIONNEL. Mettez les verbes au futur simple puis au conditionnel présent.

(être riche) → Tu ....
(le donner) → Je ....
(en avoir) → Tu ....
(venir) → Elles ....
(attendre) → Il ....
(y être) → J' ....

5 LES INTERJECTIONS. Complétez en choisissant parmi ces interjections : Hé, toi – Bon – mon Dieu – Bravo – Chic – quoi – Hip Hip Hip Hourra – Aïe – Ah bon.

Ils applaudirent leur artiste préféré en hurlant : « .... ! » et « .... » • Il l'appela sèchement : « ...., viens là ! ». • Ne vous inquiétez, pas, ...: tout ira bien ! • .... ! Mon père va m'acheter le jeu qui vient de sortir.

Dictée non préparée

Le monstre des mers

Lorsqu'il fut âgé de douze ans, Stefano, fils d'un capitaine au long cours, demanda à son père de l'emmener à bord avec lui. Celui-ci fut tout heureux de cette requête, car il rêvait depuis longtemps de ce jour où ils partiraient en mer ensemble. Après deux heures de trajet, soudain, le garçon intrigué appela son père : à deux cents ou trois cents mètres, quelque chose émergeait et qui le fascinait. « Mais regarde donc ! Viens là ! » répétait le garçon. Le père prit quand même ses jumelles. Alors, comme s'il venait d'apercevoir un monstre, il pâlit et il ne put parler, quelque effort qu'il fît pour cela. « Ah ! pensait-il, ce serait ce monstre appelé le K. Désormais je n'aurai plus de paix ni de repos, car, que je sache, s'il en avait la moindre possibilité, ce squale effrayant dévorerait mon fils. »

D'après Dino Buzzati, *Le K,* Lafont.

ÉTAPE 19

Leçon

1. Les formes verbales en [e]

Quand on entend [e] à la fin d'un verbe, on a affaire par exemple :
– à un verbe conjugué à la 2e personne du pluriel ; la terminaison est ***-ez*** (vous chant**ez**) ;
– à un verbe du 1er groupe à l'infinitif ; la terminaison est ***-er*** (il faut chant**er**) ;
– à un verbe du 1er groupe au participe passé ; la terminaison est ***-é(es)*** (J'ai chanté une chanson. Les chansons que j'ai chant**ées**.)
– à un verbe conjugué à la 1re personne du futur ; la terminaison est ***-ai*** (je chanterai).
Pour accorder correctement un participe passé, voir les règles énoncées à l'étape 6, page 184.

2. *Nul, maint, tel, tel quel ; chaque, chacun*

■ ***Nul***, ***maint***, ***tel*** peuvent prendre la marque du féminin et du pluriel :
une beauté à **nulle** autre pareille – des effets **nuls** – maint**es** fois – maint(**s**) personnage(**s**) – Je te la donne **telle quelle**.
■ ***Chaque*** est toujours au singulier : chaque jour – chaque nuit.
■ ***Chacun*** peut se mettre au féminin : il adressa un mot à chacun et à **chacune**.

Préparer la dictée

1 **LES TERMINAISONS VERBALES.** Complétez les groupes de mots suivants avec *-er*, *-é*, *-ée*, *-ées*, *-ait* ou *-aient.*

la liberté retrouv........ • l'armistice sign........ • Nul ne peut être inquiét........ pour ses idées. • On ne saur........ accept........ que les promesses soient oubli........ • une loi qui garantiss........ des droits • des lois qui protége........ les citoyens • une constitution proclam........ • une atteinte port........ à la liberté

2 **LE FÉMININ ET LE PLURIEL.** Ajoutez les terminaisons nécessaires.

tou........ les homme........ • des droit........ sacré........ • une victoire remporté........ • des régime........ totalitaire........ • nul........ loi • différent........ articles • dans tou........ les domaine........ • ses origine........, ses opinion........, ses croyance........ • des homme........ libre........

3 **LES MOTS DIFFICILES.** Trouvez des mots de la même famille.

aliéner →	grade → ....
servitude →	originaire → ....
sang →	libre → ....
la religion →	croyance → ....
inquiétude →	fidèle → ....
légal →	

Dictée préparée

La liberté, les libertés

La constitution française de 1946 commence ainsi : « Au lendemain de la victoire remportée par les peuples libres sur les régimes qui ont tenté d'asservir et de dégrader la personne humaine et viennent d'ensanglanter le monde entier, le peuple français, fidèle aux principes de 1789, proclame de nouveau que tout être humain possède des droits inaliénables et sacrés auxquels nulle loi ne saurait porter atteinte…
Suivent différents articles concernant les libertés. *Article 1er.* Tous les hommes naissent et demeurent libres et égaux devant la loi. La loi garantit à la femme dans tous les domaines, des droits égaux à ceux de l'homme. *Article 3.* La liberté est la faculté de faire tout ce qui ne porte pas atteinte aux droits d'autrui. *Article 13.* Nul ne peut être inquiété en raison de ses origines, de ses opinions ou croyances en matière religieuse, philosophique ou politique. »

Revoir les difficultés

4 ORTHOGRAPHE LEXICALE. Complétez les mots.

L'ap....el du 18 juin 1940 : « Moi, gén....ral de Gaulle, actuel....ement à Londres, j'invite les of....iciers et les solda....s fran....ais qui se trouvent en te....ritoire brita....nique ou qui viendraient à s'.... trouver, j'invite les ingénieurs et les ouvriers spécialistes des industries d'arm....ment à se met....re en ra....port avec moi. Quoi qu'il arrive, la flam....e de la résistan....e française ne doit pas s'ét....indre et ne ....'éteindra pas. Demain, comme aujourd'....ui, je parlerai à la radio de Londres. »

Discours du général de Gaulle radiodiffusé par la BBC.

5 *NUL, MAINT, TEL, TEL QUEL ; CHAQUE, CHACUN.* Choisissez parmi ces mots pour compléter les phrases ci-dessous, en les accordant si nécessaire.

Pendant les bombardements, ... cherchait à se protéger. Laissant leurs habitations ...., les hommes, les femmes et les enfants s'enfuyaient sur les routes. Furent blessés, tués, ... pères de famille, ... femmes. .... ne pouvait échapper aux horreurs de la guerre.

Dictée non préparée

Pour fuir la guerre

Avant l'aube il commença à bruiner. Je ne savais pas où nous étions et je voulais arriver dans la zone suisse. Au point du jour nous étions tout près de la rive. « Qu'est-ce que c'est que ça ? » dit Catherine. Je me reposai sur mes avirons et j'écoutai. Le bruit se rapprochait et nous aperçûmes le canot, sous la pluie, un peu derrière nous. Je repris le large. Si nous étions si près que cela de la frontière, je ne tenais pas à être hélé par une sentinelle de la route. À chaque instant, nous pouvions être arrêtés.

D'après E. Hemingway, *L'Adieu aux armes*, Gallimard.

ÉTAPE 20

Leçon

1. Trois verbes irréguliers : *offrir, vaincre, conclure*

		offrir	vaincre	conclure
Indicatif	**présent**	il offre	il vainc	il conclut
	imparfait	il offrait	il vainquait	il concluait
	passé simple	il offrit	il vainquit	il conclut
	futur	il offrira	il vaincrai	il conclura
	passé composé	il a offert	il a vaincu	il a conclu
Conditionnel	**présent**	il offrirait	il vaincrais	il conclurait
Subjonctif	**présent**	qu'il offre	qu'il vainque	qu'il conclue

Quelques verbes du 3e groupe – *offrir*, *ouvrir*, *cueillir*, *tressaillir* et leurs composés – se conjuguent comme les verbes du 1er groupe, au présent : j'offre, tu offres, il offre, etc.

2. Le subjonctif présent

Au subjonctif présent, les verbes des 3 groupes prennent les terminaisons *-e*, *-es*, *-e*, *-ions*, *-iez*, *-ent*.

Attention ! Il faut distinguer l'indicatif présent et le subjonctif présent : je conclus/que je conclue ; tu conclus/que tu conclues ; il conclut/qu'il conclue.

Préparer la dictée

1 **LES DIFFÉRENTS TEMPS ET MODES.** Écrivez les verbes au présent de l'indicatif (P), du conditionnel (Cp) ou du subjonctif (Sp).

Ceci (importer, P) .... peu. • Qu'est ce que cela (valoir, P) .... ? • On (devoir, P) .... étudier les sciences. • Des félicitations ? Il en (recevoir, P) .... • Elle (recueillir, P) .... des doléances. • Il faut qu'il (acquérir, Sp) .... des connaissances. • Ne (devoir, Cp) ....-il pas agir ainsi ? • Cela (suffire, P) .... ! • C' (être, P) .... bien !

2 **FÉMININ ET PLURIEL.** Accordez les groupes nominaux si nécessaire.

des connaissance.......... professionnel.......... • leur.......... chimère.......... et leurs angoisse.......... • les motivation.......... des homme.......... • les proche..........

3 **LES FAMILLES DE MOTS.** Trouvez des mots de la même famille.

enseigner → ....
cueillir → ....
contraindre → ....
profession → ....
efficace → ....
donner → ....

Dictée préparée

Le chien savant

Il ne suffit pas d'apprendre à l'homme une spécialité. Car il devient ainsi une machine utilisable, mais non une personnalité. Il importe qu'il acquière un sentiment, un sens pratique de ce qui vaut la peine d'être entrepris, de ce qui est beau, de ce qui est moralement droit. Sinon, il ressemblerait bientôt davantage, avec ses connaissances professionnelles, à un chien savant qu'à une créature harmonieusement développée. Il doit apprendre à comprendre les motivations des hommes, leurs chimères et leurs angoisses pour déterminer leur rôle exact vis-à-vis des proches et de la communauté. [...] L'enseignement devrait être ainsi : celui qui le reçoit le recueille comme un don inestimable, mais jamais comme une contrainte pénible.

Albert Einstein, *Comment je vois le monde*, Flammarion.

Revoir les difficultés

4 LES MAJUSCULES, LA PONCTUATION, L'ACCENTUATION. Ajoutez-les.

albert einstein celebre physicien allemand qui fut naturalise suisse puis americain vecut de 1879 a 1955 il fit ses etudes a zurich en suisse ou il devint ingénieur il elabora en particulier la theorie de la relativite les caracteristiques du temps et de l'espace ne sont pas absolus mais dépendent de l'observateur il ecrivit des memoires scientifiques ainsi que l'essai comment je vois le monde en collaboration avec sigmund freud

5 LE CONDITIONNEL PRÉSENT. Mettez les verbes au conditionnel présent, d'abord dans une phrase interrogative puis dans une phrase négative.

Cela suffit. → ....

C'est interdit. → ....

L'enseignement doit être ainsi. → ....

Dictée non préparée

Roméo et Juliette

Ce soir-là, dissimulé sous le balcon de Juliette, Roméo va lui déclarer son amour.

JULIETTE – Quel homme es-tu, toi qui, ainsi caché par la nuit, viens te heurter à mon secret ? Mon oreille n'a pas encore aspiré cent paroles proférées par cette voix et pourtant, j'en reconnais le son. N'es-tu pas Roméo ?

ROMÉO – Je ne le suis pas, si tu me détestes…

JULIETTE – Comment es-tu venu ici, dis-moi ? Dans quel but ? Ce lieu est ta mort si quelqu'un de mes parents te trouve ici !

ROMÉO – J'ai escaladé les murs sur les ailes légères de l'amour… Ce que l'amour peut faire, l'amour ose le tenter ; voilà pourquoi tes parents ne sont pas un obstacle pour moi.

JULIETTE – S'ils te voient, ils te tueront !

D'après Shakespeare, *Roméo et Juliette*, Acte II, sc. 2, (1594).

ÉVALUATION 4

1 **L'INDICATIF ET LE SUBJONCTIF.** **Mettez au présent de l'indicatif (I) ou au présent du subjonctif (S).** *Comptez 2 points par bonne réponse.*

(Pouvoir, I) ....-tu me l'expliquer ? • Je ne crois pas qu'il (savoir, S) .... ce qu'il fait. • Qu'en (dire, I) ....-tu ? • Sa mère a exigé qu'il (éteindre, S) .... la lumière à dix heures. • Cette leçon, il faut que tu l'(apprendre, S) ....

Score.../10

2 **LE FUTUR SIMPLE ET LE CONDITIONNEL.** **Mettez le verbe au futur (F) ou au conditionnel présent (C).** *Comptez 2 points par bonne réponse.*

Demain nous (aller, F) .... le voir. • (Venir, C) ....-tu avec nous ? • Oui, j'(aimer, C) .... bien y aller aussi. • Bientôt ils (acquérir, F) .... une autre maison. • (Connaître, C) ....-vous son adresse actuelle ?

Score.../10

3 **PRÉFIXES ET SUFFIXES.** **Formez de nouveaux mots en ajoutant des préfixes et/ou des suffixes.** *Comptez 2 points par bonne réponse.*

honneur → ....   faire → ....   mobile → ....
objectif → ....   sphère → ....   théisme → ....
graphique → ....   tranquille → ....   libre → ....   chanter → ....

Score.../20

4 **Ajoutez, si nécessaire, des terminaisons aux noms, adjectifs, verbes, etc.** *Comptez 0,5 point par bonne réponse.*

Du cran et du courage

Ce n'est pas sans peine que je vous écri...... ces dernière...... ligne....... Nous avons tous été arrêté...... fin avril. Dans les quinze...... premier...... jour......, nous avons subi...... interrogatoires sur interrogatoire......, accompagné...... chaque fois de « passages à tabac » tel...... qu'ils se pratiquai...... il y a cent...... ans. À chaque...... interrogatoire, on était certain de recevoir sa ration de coup...... de bâton avec un clou...... au bout, de coup...... de cravache et de matraque. Il fallait dénonc...... les camarade......, autrement, c'était la grêle de coups qui tombai....... Ces barbare...... nous font croire que vous avez une chance de sauv...... votre tête. Ils vous dis...... que l'un a di...... ceci, que l'autre a di...... cela, pour faire avou...... les pauvre...... diable...... qui n'ont pas le cran de résist....... Puis, le 8 juillet, nous avons été conduit...... au tribunal. Le tribunal a condamné...... à mort 22 d'entre nous sur 27. Ce qui me ren...... heureux, c'est le cran et le courage montré...... par les camarade.......

Lettre de Joseph Delobel, Arras, le 16 juillet 1942 (résistant communiste, fusillé)

Score.../15

5 Ajoutez, si nécessaire, des terminaisons aux verbes, noms, participes passés, etc. *Comptez 2 points par bonne réponse.*

La vie de Cervantès*

Avant de devenir célèbre grâce à son roman *Don Quichotte*, Cervantès avait exercé...... mille métier......, connu...... bien des aventure......, couru...... les route...... et traversé les mer....... Il avait bavardé avec les Prince...... et discuté avec les savant....... Il avait même été jeté en prison. Il ne lui manquait plus, expliquait-il, que d'être allé au...... Indes, c'est-à-dire dans l'Amérique des Conquistador......, afin de remplir ses malle...... d'or. Il l'aurait souhaité, mais son pays, l'Espagne, refusa ses service.......

*Miguel Cervantès (1547-1616)

Score.../20

6 **LA LETTRE FINALE DES MOTS.** Retrouvez la lettre finale des mots à partir d'un mot de la même famille. *Comptez 1 point par bonne réponse.*

accorder → un ....
dépité → le ....
la rangée → le ....
le plombier → le ....
trépasser → le ....
excessif → l' ....
échafauder → l' ....
tributaire → le ....
farder → le ....
rebuter → le ....

défier → un ....
galoper → le ....
la poignée → le ....
refuser → le ....
salutation → le ....
accession → l' ....
l'attribution → un ....
statutaire → un ....
standardiser → le ....
fracasser → le ....

Score.../20

7 **LE PLURIEL DES NOMS COMPOSÉS.** Mettez les groupes nominaux au pluriel. *Comptez 0,5 point par bonne réponse.*

un peau-rouge → ....
un soi-disant expert → ....
une année-lumière → ....
un va-et-vient → ....
un music-hall → ....

un procès-verbal → ....
un cou-de-pied → ....
un coq-à-l'âne → ....
une sage-femme → ....
un timbre-poste → ....

Score.../5

Score total.../100

ANNEXES

Niveau 6e

ÉTAPE 1 (p. 8-9)

1. il donne, ils donnent – il prépare, ils préparent – il jette, ils jettent – il est, ils sont – il fait, ils font – il cherche, ils cherchent.

2. les légendes – les magiciens – des sorciers – des formules puissantes – d'autres moyens – ces potions magiques.

3. Il faut utiliser les mots dans cet ordre : beaucoup – d'abord – presque – cependant – extrêmement.

4. utilisent – jettent – lancent – métamorphosent – s'entourent – font – sont – préfère.

5. Les mots variables sont : parole – bonheur – magnifique – magique – invisible – certain – fin.

6. Voici *des* formules magique*s*. Le*s* magicien*s* *les* utilise*nt* pour jeter *des* sort*s*, lancer *des* sortilège*s*. On les trouve déjà dans *d'*ancienne*s* légende*s* égyptienne*s*.

ÉTAPE 2 (p. 10-11)

1. habitent – vivent – passe – organise – allume – doit.

2. les cheminées – ses camarades – des antipodes – des jeux – les saisons – des feux – les mêmes devoirs – des fuseaux horaires.

3. Les mots sont à utiliser dans cet ordre : Nouvelle Zélande – à côté – tandis que – aux sports d'hiver.

4. ils partent – j'allume – tu habites là – ils ont faim – ils écrivent – ils sont là.

5. Ils se lèvent tôt. – Ils s'habillent et partent pour l'école. – Ils ne sont jamais en retard !

6. **U**n jour, je visiterai la **S**uède, le **D**anemark et la **F**inlande. **I**l y fait plus froid qu'en **F**rance, mais les paysages y sont, je crois, magnifiques.

ÉTAPE 3 (p. 12-13)

1. était – appelait – avait – était – devait – sortait.

2. deux mètres – douze travaux – trois pommes d'or – dix-huit ans – onze autres exploits – deux mains.

3. Les mots sont à utiliser dans cet ordre : légende grecque – Hercule – héros – accomplir – exploit – aussitôt – rapporter.

4. se trouvent – gardent – est – doit – sait – obtient – rapporte.

5. les animaux – les hydres – les biches – des lions – des taureaux – des bœufs.

6. possédait – accomplissait – capturait – dévoraient – attrapait – transportait – devenaient.

ÉTAPE 4 (p. 14-15)

1. il donna – on annula – ils envoyèrent – il pulvérisa – il découvrit – on félicita – ils eurent – il paya.

2. les records – les champions – plusieurs médailles – des compétitions – les jeux.

3. Majuscules à ajouter : C'est le Baron de Coubertin – Jeux olympiques. – Suède – Stockholm – D'autres – Paris – Londres – Atlanta.

4. eurent – dédiait – était – réunissaient – duraient – précédaient – bénéficiaient – faisaient.

5. on – ont – on – on – on – on – ont.

6. On n'a pas découvert de nouvelle(s) planète(s). – On n'a pas envoyé de carte(s) postale(s).

ÉTAPE 5 (p. 16-17)

1. elles resteront – il s'installera – il sera – vous oublierez – il soufflera – vous rencontrerez – il aura – ils garderont.

2. les jours suivants – des températures douces – les côtes atlantiques.

3. Il faut utiliser les mots dans cet ordre : au cours – Bretagne – méditerranéennes – Pyrénées – souhaiter – temps automnal – tempête.

4. Le temps reste calme. – La mer est bleue. – On longe la frontière. – Il y a un peu de pluie. – On fait une belle fête.

5. Les vents souffleront. – Des tempêtes se lèveront. – Les températures monteront. – Les bateaux prendront la mer.

6. **N**ous descendrons la **L**oire et remonterons la **S**eine. **N**ous visiterons **N**antes, **S**aint-**N**azaire et **P**aris. **N**ous serons de retour pour le début septembre.

ÉVALUATION 1 (p. 18-19)

1. tu donnes – tu aides – Tu cherches sans jamais trouver. – Tu es là. – Tu as un stylo.

2. avaient – étaient – savaient – faisaient – enchantaient.

3. auront – observeront – verront – fabriqueront – connaîtrons.

4. vit – abordent – surveille – vont – s'enfuient – reste – apprend – construisent – vais – rêve.

5. Les mots invariables sont : tôt – bientôt – pendant – cependant – aussitôt – heureusement – hier – aujourd'hui – mais – presque.

6. six petites sirènes – les six princesses étaient charmantes – Des fleurs magnifiques – les murs – toutes les pièces – des fruits.

7. Les six princesses – heureuses – préférée – de belles fleurs rouges – ses longs cheveux blonds – ans – des eaux – les rochers – les grands vaisseaux – les forêts – les villes.

8. naquit – était – mourut – avait – écrivit – voulut – dit – savait – commença – se moquaient – publia – rendirent – connut – avait – sentit.

ÉTAPE 6 (p. 20-21)

1. Elle vient de parler. – Il vient de décider. – On vient de le sauver. – Ils viennent de perdre. – Il vient de combattre. – Il vient de finir.

2. accourir – accueillir – accompagner – accrocher – acclimater – apporter – approuver – apprendre – approcher – approvisionner.

3. Il faut utiliser les mots dans cet ordre : guérir – souffraient – les blessures – griffé – hésitait – s'affaiblissait – les yeux – récitait.

4. Je viens de les lire. – On vient de les acheter. – Vous venez de le rencontrer. – Ils viennent de l'attraper. – Je viens de les lui donner.

5. amené – emmené – grammaire – amer – émerveillés – attention – atterri – attends – attiré – atout.

6. Mots écrits avec un seul *c* ou un seul *p* : acompte – acacia – apercevoir – aplatir – apostrophe.

ÉTAPE 7 (p. 22-23)

1. va – vont – allez – vas – vont – vais.

2. Vais-je trouver ? – Va-t-il gagner ? – Va-t-il être jugé ? – Allez-vous l'épouser ? – Vont-ils le savoir ? – Va-t-elle le dire ?

3. Il faut utiliser les mots dans cet ordre : emmenait – valet – voyage – lointain – pari – engagé – hostiles – menacé – nombreuses.

4. Je vais voyager. – Tu vas chanter. – Vous allez le voir. – Ils vont y croire.

5. éteinte – les enfants – allongés – histoires – tristes – amusantes – effrayantes – monstres – effroyables – robots fous – ennemis terribles – fatigués.

ÉTAPE 8 (p. 24-25)

1. Elle était calme. – Ils étaient bleus. – Ils tournoyaient, rasaient les vagues. – Il rampait. – Ils passaient.

2. affaire – arrivée – apercevoir – attraper – appeler – courir – attendre.

3. Il faut utiliser les mots dans cet ordre : maître-nageur – par là – à ton âge – appelant – au bord.

4. Des hommes avançaient, se bousculaient, criaient. – Des enfants riaient, chantaient, s'amusaient. – Des lions rugissaient, couraient,

bondissaient. – Des voitures ralentissaient, klaxonnaient, accéléraient.

5. apparaît – disparaît – réapparaît – magicienne – Comment – Afin – appelle – méchamment – apprentie-sorcière

sifflement – effrayant – terrible – battait – Affolés – En effet – bizarroïde – aplati.

ÉTAPE 9 (p. 26-27)

1. Viens-tu ? – Rentre-t-il ? – Me suis-tu ? – Voyages-tu ? – Te gêne-t-il ? – Fila-t-il ?

2. extraordinaire – char/chariot – cosmonaute – terrien/atterrir/extraterrestre – spatial – planète – attention.

3. des nuages – de gros nuages – quelques nuages – de nombreux nuages – des masses de nuages – des mois lunaires – quelques mois lunaires – plusieurs mois lunaires – d'autres mois lunaires.

4. la lumière – la planète – la fusée – le trésor – tôt – un être – une fée.

5. Rencontre-t-il un cosmonaute ? – File-t-elle dans le ciel ? – Voyagerons-nous dans une fusée ? – Venez-vous de la Terre ?

6. apparaître/disparaître/disparition – naturellement/surnaturel – vitesse – regrouper/groupement – nuageux/ennuager – lumineux/illuminer/illumination.

ÉTAPE 10 (p. 28-29)

1. Je n'ai pas rencontré de soucoupe(s) volante(s). – Je n'ai pas vu de robot(s). – Ils ne m'ont pas appelé(e). – Ils ne m'ont pas fait signe.- Il ne l'a pas voulu.

2. Je suis resté assis par terre.

3. Il faut utiliser les mots dans cet ordre : mais – leur langage – passerelle – l'horizon – engin – à l'intérieur – cela – appareil – photographier.

4. Un engin inconnu, très brillant, éblouissant, est apparu puis a disparu aussi vite qu'il était venu.

5. on a écouté – on a regardé – on a joué – on n'a pas eu.

6. au galop – l'agneau – repos – paquebot – pinceau – coquelicot – mots – mots – sonores – beaux.

ÉTAPE 11 (p. 30-31)

1. sont arrivés – sont entrés – sont allés – était caché – est arrivée – étaient partis.

2. deux hommes – les vitres – les voisins – quelques heures – les lieux – les voleurs.

3. Il faut utiliser les mots dans cet ordre : coffre – menace – revolver – jusqu'au – ligoter – bâillonner – empêcher – crier.

4. est allé – est surpris – sont venus – sont jugés – sont envoyés – sont destinés.

5. est – et – est – est – et – et.

6. son – sont – sont – sont.

ÉVALUATION 2 (p. 32-33)

1. vient – vais – vient – vas – va.

2. Nous fermâmes les portes à clé. – Ils obtinrent des médailles d'or. – Les hommes ressemblent à des robots. – Vous avez eu de bonnes notes. – Elles savent faire leurs exercices – Les garçons lancent des balles. – Les oiseaux chantaient puis s'envolaient. – Elles réussissent (ou réussirent) les épreuves de sauts (ou de saut). – Les vieilles femmes préparent des soupes. – Viendrez-vous déjeuner avec nous ?

3. accord – accueil – acacia – accomplir – académie apprendre – apercevoir – applaudir – apparaître – approcher – apéritif – apitoyer – apostrophe affamé – affolé – afin – affranchir – affirmer – effacer – perroquet – bizarre – misère – débarrasser – intéressant.

4. atterrir – Attention – attacher – écoutons – ronronnement – l'arrivée – attroupement – attendent – heureux – attendris.

5. Il faut utiliser les mots dans cet ordre : mission – fée Asphodèle – un don – couleur de temps – fuseau – château – dès que – apercevoir – Puisque – neveu.

6. avait – était – avait – avait – avait.

7. s'était posé – avait demandé – avait dit – est parti – a su – était devenu – avait compris – était venue – était préparé – était partie.

ÉTAPE 12 (p. 34-35)

1. je demanderais – je voudrais – il faudrait – il aimerait – je le ferais – je l'aurais.

2. les cavernes – les dessins – des grottes – les autos – des peaux – des bisons.

3. magique/magicien – habit/s'habiller – caverne – apparaître – bête/bestialement – évidemment.

4. Il faut utiliser les mots dans cet ordre : préhistorique – région – Peut-être – Tout cela – interviewer.

5. Si je pouvais, je partirais. S'il pouvait, il partirait. – Si je pouvais, je voyagerais. S'il pouvait, il voyagerait. – Si je pouvais, j'irais. S'il pouvait, il irait.

6. redire/prédire/médire – défaire/refaire – redonner – inexcusable – immobile – impatient – deshabiller – dépayser.

ÉTAPE 13 (p. 36-37)

1. avance, avançons, avancez – arrête, arrêtons, arrêtez – grogne, grognons, grognez – attends, attendons, attendez – viens venons, venez – dresse-toi, dressons-nous, dressez-vous – commence, commençons, commencez – sors, sortons, sortez.

2. les corbeilles – tes dents – les enfers – les chiens – les pattes – des idées.

3. Il faut utiliser les mots dans cet ordre : nom – Cerbère – mythologie grecque – C'est – puisque – l'expérience.

4. Lève-toi – prends – cours – regarde – saute – prépare-toi – dresse-toi – incline-toi.

5. à – a – là-bas – la – la – là – la – Voilà – là – a – à – à.

ÉTAPE 14 (p. 38-39)

1. Il faut utiliser les mots dans cet ordre : vendiez – fasse – poussiez – placiez – évitiez – revienne.

2. un chœur/un choriste – horrible/horriblement – une histoire/historiquement/historiographe/préhistorique – honnête/honnêtement/malhonnête – habitation/inhabité/inhabitable – hypocritement.

3. Il faut utiliser les mots dans cet ordre : aujourd'hui – attention – le lac – la poignée – tellement – s'est noyé.

4. lisiez – sois – soit – ait – fasse.

5. automne – rhume – histoire – sept – compter – condamné – bibliothèque – héros – Homère – vingt – fils.

6. Un jour, la tante des enfants va être enlevée. Partis à sa recherche, les trois orphelins, heureusement, vont la retrouver.

ÉTAPE 15 (p. 40-41)

1. Il partit. – Il suivit. – Ils marchèrent. – Il le tira. – Il vida le poisson. – Il mangea. – Ils partirent.

2. Attrape ! – Ouvre ! – Lâche ! – Lève ! – Reviens ! – Obéis !

3. fiel – ange/archange/angélique – prélever/prélèvement/enlever – camper/campement – poisson – poison – fleuve – garçon – frire – sel/saler – juge – pilleur.

4. tous – toutes – tous – toutes – tout – toutes – tous – tout – tout.

5. L'enfant s'en va. Son chien le suit. – L'enfant s'en ira. Son chien le suivra. – L'enfant s'en irait. Son chien le suivrait.

Des serpents le piquent mais il ne meurt pas. – Des serpents le piqueront mais il ne mourra pas. – Des serpents le piqueraient mais il ne mourrait pas.

ÉTAPE 16 (p. 42-43)

1. préparé/préparé – retourné/retournée – attelé/attelés – transporté/transportés – repiqué/repiqués – irrigué/irriguée – fait/fait.

2. les paysans – des bêches – leurs charrues – les champs – les eaux – des plants.

3. rizière/riziculture/rizerie – planter/plant/ replanter – le travail/travailleur – longuement/ longueur/ allonger/allongement – chariot/ charrette/ charretée/ charretier – apporter.

4. ont préparé – ont corrigées – ont utilisé – a été.

5. parler – demander – allé – apporté – arrivé – caché – expliquer.

6. travaillez – récoltez – augmenté – visité – composée – morcelés.

ÉVALUATION 3 (p. 44-45)

1. Il me faudrait cet objet. – Tu voudrais un cadeau. – Il le voudrait – Il lui faudrait ces vêtements. – Vous voudriez ce stylo.

2. attends, attendons, attendez – va, allons, allez – écoute, écoutons, écoutez – sors, sortons, sortez – pars, partons, partez – monte, montons, montez – descends, descendons, descendez – cours, courons, courez – arrête, arrêtons, arrêtez – vois, voyons, voyez.

3. Il y a des dessins sur les murs des grottes. – Nous avons vu des hommes habillés de peaux de bêtes. – Ils mangent des figues. – Les enfants dorment dans leur(s) chambre(s). – Vous avez eu de bonnes notes.

4. ai lu – ont eu – ont aidé – a raconté – a réussi – a-t-il fait – a récité – sont tombés – ont formé – ont chanté.

5. Emmène-les – ils mourraient – fais – Lève-toi – Mettons-nous.

6. s'enfoncèrent – virent – chantait – s'arrêtèrent – eut – vola – suivirent – regardèrent – virent – étaient.

7. avaient – s'ouvrit – s'échappèrent – était – revinrent.

ÉTAPE 17 (p. 46-47)

1. J'avais – Nous avions – Tu étais – Vous étiez – Il avait – Ils étaient – Ils l'ignoraient – Il s'en moquait – Elle n'en avait pas peur.

2. J'avais marché – Tu avais espéré – Elle avait veillé – Elle avait appris – J'étais arrivé(e) – Vous étiez parti(e)(s) – On l'avait adopté(e) – Il était tombé.

3. Il faut utiliser les mots dans cet ordre : âge – depuis peu – tribus – vampire – éperdument – nécessaire – vérité – vampires.

4. était sortie – était tombée – avait aperçu – était restée – était parvenue – était arrivée – était sauvée – échangé – pleuré – consolée.

5. jouent – vient – prépares – part – suis – ont – montrent – comprend – donne – pose.

ÉTAPE 18 (p. 48-49)

1. eut abandonné – fut revenue – eut compris – eut grimpé.

2. ses frères – les forêts – des ogres – les yeux – les enfants – leurs fils.

3. Il faut utiliser les mots dans cet ordre : Lorsque – attraper – dévorer – la chair fraîche – trop – jusqu'à.

4. eut réparé – prit – s'en alla – j'eus (ou j'ai eu) – alla – fus prévenue – rendis – fut rentré – ferma.

5. leur – leurs – leur – Leurs – leurs – leur.

6. Dès qu'il sent la chair fraîche, il veut dévorer les enfants. Le Petit Poucet étant trop fatigué, ses frères le prennent sur leur dos et s'enfuient. Quand l'ogre s'en aperçoit, il court à leur poursuite mais ne peut les rattraper.

ÉTAPE 19 (p. 50-51)

1. je regarderai – je calculerai – nous nous arrêterons – elle sera là – nous serons là.

2. gagné – eu – arrivée.

3. des tickets – des jeux – des arrêts – des kilomètres – des péages – des aiguilles.

4. bientôt – zéro – ôter – dès que – la chair fraîche – tout à fait – la moitié – ils se relevèrent – ils demandèrent.

5. regarderas – auras fini – partira – aura terminé – serai – serons arrivé(e)s – serai rentré(e) – serons revenus – appellerons.

6. seront partis – sera revenue – auront photographié – auront prises – ont été entendues – été photographiée – a été sauvé – sont devenus – sont revenus – avait demandé – a appris – l'avait abandonnée – avait pleuré – l'avait consolée – l'avait épousée.

ÉTAPE 20 (p. 52-53)

1. allez – assure – avoue – avez – répondit – s'effraya – gagna – redescendit.

2. Je le vois. – Ils les voient. – Il le vit. – On les voit. – Il l'avoua. – Vous la voyez.

3. Les ogres devinennent des animaux cruels. Les chats, voyant des lions devant eux, grimpèrent sur des gouttières.

4. Il a/avait/aura – L'aîné est/était/sera – Il s'enfonce/s'enfonçait/s'enfoncera – Il revient/revenait/reviendra.

5. Il est parti/Il était parti – Elle a expliqué/Elle avait expliqué – On a téléphoné/On avait téléphoné – Ils ont trouvé/Ils avaient trouvé.

6. Son père [sujet]/a chassé [verbe] – Il [sujet]/a [verbe] – il [sujet]/va [verbe] – il [sujet]/dormira [verbe] – qui [sujet]/viendra [verbe] – son frère [sujet]/rejoint [verbe] – ils [sujet]/partiront [verbe] – la vie [sujet]/sera [verbe].

ÉTAPE 21 (p. 54-55)

1. Elle avait grandi. – Il avait rivalisé. – Cela s'estompait. – Elle dispensait un enseignement. – Elle était endormie.

2. se – se – ce – s' – ce.

3. princier/princesse/principauté – gentillesse/gentillet – créer/créatif/recréer – grâcier – création/créature – chèvre – roi/royal/royalement/royaume – fillette – fin – amabilité.

4. la **beauté** – l'**amabilité** – la **grâce** – la **tête** – la **créature** – **sitôt que** – la **chèvre**.

5. Verbes de la dictée au présent: grandit – rivalisent – dispense – se transforme – possède – s'endort – s'estompent – apparaît.

6. Nous nous étions transformé(e)s. – Vous vous étiez transformé(e)(s). – Elles s'étaient transformées. – Nous nous étions endormi(e)s. – Vous vous étiez endormi(e)(s). – Elles s'étaient endormies.

7. **L**e jour**,** c'était un homme normal**. L**a nuit c'était différent**:** il se transformait en un monstre**. I**l errait dans les rues**. Q**ui serait**,** cette fois**,** sa victime **?**

ÉTAPE 22 (p. 56-57)

1. ouvert – entrés – donné – dit – interdit – vu – parti – décidés.

2. Il faut utiliser les mots dans cet ordre: égorgé – les uns après les autres – corps – horrible – guerre – devenus – épée – au travers – hé bien – conte.

3. Elle est arrivée – Elles sont revenues – Tu as lu – Tu l'as lu(e) – Elle a expliqué – J'ai été contente – Il est venu – Ils sont sortis – Tu as ouvert – La porte qu'il a ouverte – Il a compris – Nous avons fini.

4. **D**u haut de la plus haute tour du château**,** la malheureuse femme de **B**arbe bleue guettait l'arrivée de ses frères**. I**ls allaient venir à son secours**. S**a sœur était auprès d'elle**:** elle surveillait**,** elle aussi**,** les alentours**. « A**nne**,** ma sœur **A**nne**,** ne vois-tu rien venir **? »** demandait l'épouse du criminel qu'elle avait épousé sans connaître son passé**. « J**e vois une grosse poussière à l'horizon**. O**ui**,** ce sont des cavaliers sur leurs chevaux blancs**. P**atience **!**
Tu vas être sauvée **! »**

ÉVALUATION 4 (p. 58-59)

1. a eu peur/s'est enfui – grimpa – eut vu/s'envola – courais – sera arrivée/partirai – sont partis – répondit.

2. Au pluriel, les mots qui prennent *-x*: cailloux – choux – genoux – chevaux – canaux – seaux – journaux – bijoux – tuyaux – nouveaux.

3. pénétré – arrivés – battu – cultivé – ensemencés – récolté – vendues – visité – chargée – reçus.

4. a prié – a dit – a chargé – a hérité – a accepté – a félicité – a accordé – a chassé – a vécu.

5. Au présent: accepte – félicite – accorde – chasse – vit.

Au futur: acceptera – félicitera – accordera – chassera – vivra.

6. avait invité – fit – serait – aurait – avait oubliée – voulut – se piquerait – mourrait – avait – déclara – piquera – mourra – tombera – durera – viendra – est – est arrivé – est venu – a réveillé – a épousée.

Niveau 5^{e}

ÉTAPE 1 (p. 64-65)

1. emportait – descendaient – revendaient – se tenaient – se quittaient – se promettaient.

2. les chevaux – trente kilomètres – des bateaux – des épices – les deux frères – leurs voyages.

3. Il faut utiliser les mots dans cet ordre : Moyen Âge – Champagne – France – en particulier – car – Orient – très longtemps.

4. Ils traversent. – Ils marchaient. – Ils riront. – Ils y vont. – Ils chantèrent. – Ils savent.

5. parlait – était – était – disparaissait – apparaissait – avait – utilisaient – écrivaient – rédigeait.

6. **A**u **M**oyen **Â**ge, on dit que les loups, traversant la **S**eine à la nage, sont entrés dans **P**aris. **I**l y a encore des loups, de nos jours, en **G**rèce, en **R**ussie, au **C**anada, aux **É**tats-**U**nis.

ÉTAPE 2 (p. 66-67)

1. il est, ils sont – il suit, ils suivent – il paraît, ils paraissent – il donne, ils donnent.

2. On les vérifie. – Tu l'entends ? – Ils la voient.

3. inquiet/quiet/la quiétude – le technicien/la technicité – l'accélération – la mécanique/mécaniquement – bizarrement/une bizarrerie – le triomphe/un triomphateur/le triomphalisme.

4. Tu chantes. – Tu écris. – Tu attends. – Tu finis. – Tu viens. – Tu l'imagines.

5. Sait-il ? – Voyez-vous ? – Sont-ils prêts ? – Les voient-ils ? – L'emportes-tu ? – Les lui donnes-tu ?

6. Rendez-vous vos armes ? – Dis-tu la vérité ? – Peut-on lui parler ? – Cela vous plait-il ?

ÉTAPE 3 (p. 68-69)

1. Il viendra. – Je serai là. – Tu y songeras. – Il se jettera dans ses bras.

2. Il faut utiliser successivement : se – ce – se – se – ce – s' – ce.

3. Il faut utiliser les mots dans cet ordre : lieutenant – secours – quelqu'un – ennuis – tout à coup – jeter – Ah – voix – idée – rhumatismes – lâche.

4. Je travaillerai./Je vais travailler. – On rentrera./On va rentrer. – Ils arriveront./Ils vont arriver. – Il partira./Il va partir. – Il s'assiéra (ou il s'assoira)./Il va s'asseoir. – Vous verrez./Vous allez voir.

5. J'empaquetterai ce cadeau. – Tu cachetteras cette lettre. – Elle la décachettera. – Nous achèterons des timbres. – Qu'achèterez-vous ?

6. dit-on – pensais-je – me répétais-je – pensais-je – me disais-je – m'affirmait-elle.

ÉTAPE 4 (p. 70-71)

1. Les taxis défilaient à l'aéroport. – Un avion décollait sur les pistes toutes les dix minutes. – [...] ceux qui n'avaient pas la chance de partir regardaient tristement.

2. Il faut utiliser les mots dans cet ordre : vacances – atterrir – Pendant ce temps – cet étonnant spectacle.

3. aéroport – autorisation – atterrir – décoller.

4. Où s'en allaient donc les étoiles filantes qui traversaient le ciel à une vitesse vertigineuse et disparaissaient à l'horizon ?

5. Il s'asseyait (ou il s'assoyait). – Il faisait beau. – Elle savait expliquer. – Il traçait un trait. – Il opérait des miracles. – Cela se réalisait.

ÉTAPE 5 (p. 72-73)

1. équipa – lança – se vanta – enfourcha – s'adapta – naquit – devinrent – s'enfuit.

2. la **C**hine – un général chinois – le **J**apon – un palais japonais – l'**E**urope – un pays européen – le **M**oyen **Â**ge.

3. les boulets – des dauphins – ses ennemis – des jeux – les cerfs-volants – des écailles d'or – des harpes – des villes assiégées.

4. Il arrive/Il arrivait – Il devient/Il devenait – Ils s'enfuient/Ils s'enfuyaient – Il se vante/Il se vantait – Cela est terrible/Cela était terrible – Ils finissent/Ils finissaient – On le dit/On le disait – Ils la lancent/Ils la lançaient.

5. la médaille – le réveil – le millefeuille – le fauteuil – un épouvantail – une corbeille – le

sommeil – une oreille – une écaille – une abeille – un écureuil.

ÉTAPE 6 (p. 74-75)

1. Où partirez-vous ?/Où allez-vous partir ? – Je livrerai des bouteilles./Je vais livrer des bouteilles. – J'irai à Genève./Je vais aller à Genève.

2. Allez-vous à Nice ? – L'annoncent-ils ? – Vais-je l'écouter ? – Cela l'a-t-il gêné ? – Y vas-tu ?

3. une annonce/annoncer – charger/chargement/chargeur/décharger – gêne – brouillard – chauffage/chauffeur/réchauffer – bouteille/embouteillage – prudemment/prudence – le routier/dérouter.

4. je vais – nous irons – j'irai – allez-vous – iras-tu – j'allais – on ira.

5. élégamment – gentiment – prudemment – gracieusement – méchamment – attentivement.

ÉVALUATION 1 (p. 76-77)

1. m'appelle – mettrai – j'irai – lisait – se plongeait – dit – souhaitait – faudra – serai – veux.

2. j'y vais/tu y vas/il y va – j'y allais/tu y allais/il y allait – j'y allai/tu y allas/il y alla – j'y irai/tu y iras/il y ira.

3. vois – vois – voit – attend – admirons – Es-tu – aimes-tu – tu l'écoutes – ai – regarde.

4. Au **M**oyen **Â**ge**,** le roi **A**rthur était devenu le maître de douze royaumes**,** parmi lesquels il y avait la **G**rande **B**retagne et la **P**etite **B**retagne**,** notre **B**retagne actuelle**. C**'est un **A**nglais**,** **G**eoffroy de **M**ormouth**,** qui le premier raconta son histoire**. T**ant en **A**ngleterre qu'en **F**rance**,** on la reprit et on la transforma en légende**.**

5. se prêta – montra – souffrait – osait – regarda – recula – appliqua – s'écria.

6. étions – sommes – ont – connaissais – fait – fait – économisons – sommes.

7. tente – peut – sais – vient – crie – c'est – allais – eus – lisais – se produisit – tiens – pensai – aperçus – paraissait.

ÉTAPE 7 (p. 78-79)

1. Peux-tu les surveiller ?/Pouvons-nous les surveiller ?/Pouvez-vous les surveiller ?/Peuvent-ils les surveiller ?/Puis-je les surveiller ? – Veux-tu l'expliquer ?/Veut-il l'expliquer ?/Veulent-ils l'expliquer ?

2. Je ne sais pas. – Tu ne le sais pas. – Il n'en sait rien. – Je dois le faire. – Tu dois le dire. – Il doit accepter.

3. deux dragons – des regards étonnés – des monstres – des enfants bien élevés – les chevaliers – de hautes tours.

4. Ils organisent une fête. – Ils viennent à la cour. – Nous devons reconstruire la tour, dit-il. – Il peut l'aider.

5. déloger – bâtir – voir – se précipiter – s'écrouler.

6. aider – aidé – terminer – terminé – délogé – déloger – précipité – précipiter – durer – duré.

ÉTAPE 8 (p. 80-81)

1. Elle a enseigné. – Il l'a sauvé. – On l'a élevé(e). – Il en a offert. – On l'a défendu. – Ils l'ont emmené(e).

2. ses souhaits – des pouvoirs – trois cercles – cinq branches – douze ans – ses secrets.

3. Il faut utiliser les mots dans cet ordre : Prince des ténèbres – apparaître – s'asseyait – traçait – Quand – fils – intelligence – à peine né.

4. a – l'a – à – la – là – cela.

5. s'est métamorphosé – est devenu – a aperçu – est allé – a cherché – a réussi – ont passé.

6. sa mère – une **é**toile – défendre – son père – les ténèbres – la forêt – une fée – **été sauvée** – une rivière – une vallée – un accès – un château – le trésor.

ÉTAPE 9 (p. 82-83)

1. avait – a vu – s'est couché – a fait – ont attrapé – ont jeté – ont repris – a mangé – s'est enfuit – ont compris.

Niveau 5e

2. avait employé – avait employées – avait volé – avait volés – avait mangés – avait reçu – avait reçus.

3. l'entrée – le piège – un berger – un puits.

4. a su – avait écrit – a dit – dataient – mettaient – s'appelait – se nommait – a remarqué – étaient – était – jouait – tournaient – ont plu.

5. embellir/embellissement – emmener – emporter/emportement – imbuvable – embrasser/embrassade – impossible/impossibilité – innombrable – impatient/impatiemment/ impatience

ÉTAPE 10 (p. 84-85)

1. parla – chassa – s'en allèrent – virent – montèrent – entourèrent – sortit – s'enfuirent – se dispersèrent – ont raconté.

2. un hurlement – un animal – dans le bois – un bûcheron – une langue inconnue – une bande de loups.

3. forêt – déboisé/reboisé – bûchette/(un) bûcher/bûcheron – hurlement – effroyable/ effrayer – charmant/charmeur – inconnu/ connaître/méconnu.

4. A-t-il écrit ? – A-t-il répondu ? – A-t-il dormi ? – Est-elle revenue ? – A-t-il vu ? – Avez-vous écouté ? – L'avez-vous entendu ? – Leur a-t-il parlé ?

5. affranchissement – effilage – sifflement/ siffloter – souffrir – ennuyer – effeuillage – effrayant – soufflement/essoufflement – annuel/ annuellement/bisannuel – anneau.

6. **A**mandine **A**urore **L**ucie **D**upin naquit à **P**aris. **S**a mère, **S**ophie **V**ictoire, la confia à sa grand-mère qui vivait à **N**ohant, dans le **B**erry. **E**lle commença à rédiger des textes dès l'âge de douze ans. **P**lus tard, elle devint célèbre sous le nom de **G**eorge **S**and.

ÉTAPE 11 (p. 86-87)

1. Entend-il ? – Sort-il ? – Lui parle-t-il ? – Arrive-t-il ? – En veux-tu ? – Vous obéit-il ?

2. les champs – les chevaux – vingt-huit kilomètres – ces poètes – sept lieues – ces longs trajets.

3. Il faut utiliser les mots dans cet ordre : sérieusement – apparition – Eh bien – ce que – breuvage – peinant – désormais – tout ce qui.

4. peiné/peinant – parcouru/parcourant – assis/ s'asseyant – bu/buvant – vu/voyant – pris/prenant.

5. a vécu – a eu – fut – composa – chantaient – a écrit – ont connu – ont fait.

ÉVALUATION 2 (p. 88-89)

1. vaut – veux – peux – sais – peut.

2. fut – connaît – eut – succédaient – avaient.

3. c'était – s'étaient – s'était – s'était – C'était.

4. affolée – affolement – Afrique – Africains – effrayé – effrayant – ânes – ânons – ennuis – ennuyeux.

5. Voici, voilà, regardez par là ! – La directrice est déjà là. – Je vais à Tarascon puis à Montpellier. – Sur la carte, là, vous voyez Genève. – Comment cela ? – J'ai été surpris.

6. avancions – avions franchi – aperçûmes – nous nous engageâmes – entendîmes.

7. était – rentra – aimait – avait rencontré – avait lu – est – marchaient – travaillait – avait eu – pensa.

8. avait commencé – avait arrêté – alla – vint – était – voyait – voulez – demanda – avez vu – a – cria – dis – a fait – comprit – fallait.

ÉTAPE 12 (p. 90-91)

1. Je serai prête. – Tu seras heureuse. – Cela te sera utile. – Tu resteras ici. – Tu deviendras grande. – Je reviendrai.

2. quand – Qu'en – quand – quant à – quand.

3. prédire – l'avenir – inquiet – nain.

4. Je ne reviendrai pas l'année prochaine./Tu ne reviendras pas l'année prochaine./Elles ne reviendront pas l'année prochaine. – Je ne prédirai pas l'avenir./Tu ne prédiras pas l'avenir./ Elles ne prédiront pas l'avenir.

5. Tu restes là./Tu restais là. – Tu es reine./Tu étais reine. – Tu vois./Tu voyais. – Vous dites./Vous disiez.

6. appelle/appellera – attelle/attellera – épèle/épèlera – renouvelle/renouvellera.

ÉTAPE 13 (p. 92-93)

1. prendrais – transporterait – brancherais – dirais – appelleraient – viendrais.

2. Avec accentuation : bientôt – plutôt – aussitôt – où aller ? – une épée – rien à craindre – une difficulté – un système – son frère.

3. ordinairement/extraordinaire – heureusement/malheureux – difficulté/difficilement – vaincre – longueur/longuement/allonger – combattre/débattre – communication/télécommunication – secours – emporter/transporter/déporter – branchement/débrancher.

4. S'ils avaient des pouvoirs extraordinaires, ils se transporteraient loin d'ici. Ils auraient des épées de feu pour combattre leurs ennemis et ils n'auraient jamais rien à craindre.

5. viendrai – viendrais – partirai – partirais – appelleront – appelleraient – iras – irait.

ÉTAPE 14 (p. 94-95)

1. Ils seraient riches. – Ils s'offriraient des autos. – Ils pouvaient en profiter. – Ils viendraient à la fête. – Ils singeaient les adultes. – Ils promettaient.

2. les boxeurs – les préposés – tous les moyens – les boniments – les gestes – les jeux.

3. Il faut utiliser les verbes dans cet ordre : était – contenter – profiter – pouvaient – monter – regarder.

4. étais – achèterais – devenait – aurait – obtenait – irait – pouvais – ferais – condamnait – serait.

5. assouplir/assouplissant/souplesse – enrichir/enrichissement/richement – revivre/invivable – facilité/facilement – monstrueux/monstruosité – grandeur/grandir/agrandir/agrandissement – infortune – amitié/amical/inamical/amicalement.

ÉTAPE 15 (p. 96-97)

1. Ouvrez la porte ! – Prépare-toi ! – N'ayez pas peur ! – Tournez-vous !

2. Ah ! qu'ils sont beaux ! – Ah ! qu'elle est belle ! – Ah ! qu'elle est jolie ! – Ah ! qu'il est mignon ! – Ah ! qu'elle est agréable ! – Ah ! qu'il est pénétrant !

3. s'il vous plaît – à – donc – Monsieur – ne – point – un peu – Ah – apporter – et – à – Qu'en – grâce – car.

4. Accepte – Parlez-lui – Viens – Sois – Aie – Écoutez – Venge-toi – Allons-y – Écris.

5. honteux/honteusement – disgracier/disgracieux/gracieuseté – véritable/contrevérité – guérisseur – emporter/portable/portatif/emportement – entièrement – rehausser/rehaussement – inacceptable.

ÉTAPE 16 (p. 98-99)

1. qu'il appelle – que j'aie – que je sois – que je tienne – que ce soit – que je fasse – que je puisse – que j'y aille.

2. j'ai – je déteste – il semble – il secoue – je perds – ils piaillent.

3. Avec accentuation : bientôt – plutôt – la fièvre – il est prêt – il déteste – un médecin – la pièce – répéter – déjà là – le rôle – la dernière fois.

4. incessant/ incessamment /cessation – possible/impossibilité – image/imagination/inimaginable – piailler.

5. Ils le demandent. – Je retourne le leur dire. – Il faut que je le fasse. – Ils sont prêts. – Ils veulent que je revienne. – J'aimerais que tu penses à moi.

6. imaginaire – inquiétude – mariage – attention – amoureuse – finalement – consentement – représentation – bouffonnerie – franchement.

ÉVALUATION 3 (p. 100-101)

1. tu verras, vous verrez – vois, voyez – que tu voies, que vous voyiez – tu verrais, vous verriez – tu vois, vous voyez.

2. je rappelle, je rappelais, je rappelai – j'épèle, j'épelais, j'épelai – je ficelle, je ficelais, je ficelai – j'ensorcelle, j'ensorcelais, j'ensorcelai – je décongèle, je décongelais, je décongelai.

3. Tu ne lui parleras jamais. – Tu ne vois rien. – Il ne le croit pas du tout. – On n'a pas perdu du temps. – Ils n'invitent personne.

4. dictée – beauté – idée – propriété – allée – clé – poignée – entrée – habileté – durée.

5. établit – peut – se marie – appartient – plaît – est – tuerait – trouve – réfléchissez – doit.

6. vivent – faut – arrive – s'envole – est – approche – regarde – semble – se dresse – s'accélèrent – entre – tombe – s'aplatit – a – jurerais.

7. avait – avaient – vit – prit – partit – déposa retournèrent – fit – marqua – avait sauvé.

ÉTAPE 17 (p. 102-103)

1. est devenu – est devenue – est né – est née – est retournée – sera sacré – sera nommée.

2. Le **R**oi **L**ouis **XIII** a succédé à son père, **H**enri **IV**, assassiné en 1610. **I**l a épousé la fille du roi d'**Espagne**, appelée **A**nne d'**Autriche** parce que sa propre mère était originaire de ce pays. **Ils** ont eu deux fils : l'aîné est connu sous le nom de **L**ouis **XIV** ; le second prit le titre de **G**aston d'**O**rléans.

3. Il faut utiliser les mots dans cet ordre : Bègue – défaut – enfance – discours – autorité – obéissance – successeur.

4. élevé – appris – eu – entendu – été – doté – méfié – tenu.

5. Louis XIII qui est né en 1601 et qui est le fils d'Henri IV a régné jusqu'en 1643.
Louis XIII gouverna avec Richelieu qui devint son plus fidèle soutien.

ÉTAPE 18 (p. 104-105)

1. querellé – dévoré – mangée – accusé – perdu s'est montrée – empêché – passées.

2. l'accusé – appréhendé – attrapé – rappela – apporté – accord – apprit.

3. Il faut utiliser les mots dans cet ordre : poulaillers – renard – les loups – panthère – malmener – les animaux – menacer – saigner – volailles – grommelèrent.

4. tu t'habitues – tu t'arrêtes – tu te prépares – tu te tais – tu te défends – tu te souviens – tu t'assieds (ou tu t'assois).

5. N'aurait-il pas compris ? – Ne l'a-t-il pas dit ? – Ne l'ont-ils pas appris ? – Ne me l'a-t-elle pas promis ? – Ne s'est-il pas perdu ? – Ne l'ai-je pas dit ? – Ne vous étiez-vous pas caché ?

ÉTAPE 19 (p. 106-107)

1. a tué – ont été tuées – ont transporté – ont été transportées – avaient apporté – avait été apportée – a touché – a été touchée.

2. trente ans – aux siècles passés – des bateaux – d'autres conflits – cent jours – les campagnes françaises – des épidémies contagieuses – des millions.

3. **C**'était pendant le **M**oyen **Â**ge**.** **I**l y a eu la guerre de **C**ent **A**ns et la guerre de **T**rente **A**ns**.** **L**a population française a beaucoup souffert**.** **L**a **F**rance était constamment en guerre**.** **A**utrefois**,** il en était souvent ainsi**,** en **O**rient comme en **O**ccident**.**

4. Des courses de vélo ont été organisées par la mairie en été. – Toutes les cerises ont été mangées par les moineaux. – Plusieurs arbres ont été déracinés par la tempête. – Adèle est passionnée par les films d'aventures.

6. est emporté – est cachée – est protégé – sont punis – est aidée.

ÉTAPE 20 (p. 108-109)

1. nous avons dû – nous sommes arrivé(e)s – nous avons trouvé – nous y avons dormi – a recommencé – il a été.

2. vos vêtements – des messages – divers objets – des sacs à dos – tous les spectateurs – trois mille mètres.

3. Il faut utiliser les mots dans cet ordre : hélicoptère – reportage – direct – sac à dos – téléphérique – téléski – arrivée.

4. nous avons marché – que nous avons faites – on a attendu – a craint – il y a eu – ont raconté – ont écrit.

5. discothèque – extraordinaire – extraterrestre – transporter – télescope ou microscope – téléphone – télévision – téléobjectif – polygone.

6. des clowns – des sweaters – des shorts – des tramways – des caméramans (ou des cameramen) – des gentlemans (ou des gentlemen).

ÉTAPE 21 (p. 110-111)

1. elle avait détesté – n'avaient pas fait – avait secoué – était venue – avait mis – avait espéré – avait été déçu – étaient posées.

2. Les mots sont à utiliser dans cet ordre : boîte – appareil – métalliques – rougeaud – ustensiles – vilain – quelle que – déçu.

3. j'avais chanté – tu avais travaillé – il s'était diverti – elle était revenue – nous avions compris – vous étiez parti(e)(s) – ils avaient écrit.

4. quelques – quelque – Quelle que – quelque – quelque.

5. rougeaud/ rougeâtre/rougeur/rougir/ rougeoyer – bleuâtre/bleuir – blanchâtre/ blancheur/blanchir – noirâtre/noiraud/noirceur/ noircir – verdâtre/verdeur/verdir/verdoyer – jaunâtre/ jaunir.

ÉTAPE 22 (p. 112-113)

1. sont menacés – menacés – sont pourchassés – braconnés – pourchassés, braconnés – protégés – ont été tués, décimés – tués, décimés – ont été créées – venus – éloignées – ils sont parvenus.

2. des éléphants gris – des troupeaux apeurés – ces endroits sûrs – des réserves naturelles – des parcs africains – des lieux protégés – les limites des parcs.

3. éléphant – tropical/tropisme – braconnier/ braconnage – Afrique – Asie – attrouper/ attroupement.

4. Il y a longtemps, en Afrique, existaient plusieurs espèces d'éléphants ; mais elles ont disparu, si bien qu'il ne reste plus que deux races: l'éléphant des savanes et l'éléphant des forêts.

5. ont été découvertes – ont été organisés – sont fanées – sont mortes – est terminée – sont partis – sont restés – s'est mise – s'est transformé – est revenue.

ÉVALUATION 4 (p. 114-115)

1. attention – accorder – professeur – appris – apostrophe – approuve – attitude – attente – attroupent – trottoir – afin – approchent – apercevoir – enfuit – battue – frappée – approcher – appréhender – acacias.

2. inattendu – désorienter – défaire ou refaire – supercarburant – démettre ou remettre – extraordinaire – extralucide – téléobjectif – transformer – illettré – illégal – encercler – télécharger (ou décharger, recharger) – impossible – télécommander (ou décommander) – translucide – redire (ou dédire, prédire) – revoir (ou prévoir).

3. cinq – quinze – dix-huit – vingt – vingt-et-un – vingt-sept – vingt-huit – trente-deux – cent – trois cents – trois cent cinq – mille – trois mille – le septième – le cinquième – le demi – le tiers – le dixième – le centième – le millième.

4. sont cueillies – est finie – est couché – sont mouillés – sont assis – sont arrivés.

5. a ouvert – a pénétré – ont vu – ont entendu – a franchi – ont constaté.

6. ont disparu – a retrouvé – s'y sont évanouis – a conservé – affolée – avons été déviés – a revus – étaient devenus – ont prétendu – avaient été enlevés.

7. peuples – légendes – dieux – géants – événements – années – guerres ininterrompues – loups – eaux.

Niveau 4e

ÉTAPE 1 (p. 120-121)

1. je dors – je grossis – tu souffres – tu te lamentes – il se plaint – il conclut.

2. Vieillit-elle – Se plaint-elle – Puis-je – S'inquiète-t-elle.

3. Il faut utiliser les mots dans cet ordre : quand – quelquefois – façon – autrefois – se plaindre – maladies – insomnies – aïeules – guérir.

4. Tu jettes/Jette – Tu appelles/Appelle – Tu vas/Va – Tu dis/Dis – Tu te lèves/Lève-toi – Tu te plains/Plains-toi.

5. **O**n connaît bien certains auteurs du XVIIe siècle : **M**olière, **L**a Fontaine, **R**acine. **O**n aime particulièrement des comédies comme le **B**ourgeois **G**entilhomme, l'**A**vare ou le **M**alade **I**maginaire, dernière pièce jouée par **M**olière.

ÉTAPE 2 (p. 122-123)

1. Écris-tu ? – Rectifie-t-il ? – Soupire-t-elle ? – Les fait-il ? – S'installe-t-il ? – En demande-t-il ? – L'affirme-t-il ? – Y vais-je ?

2. tes devoirs – quatre exercices – cinq heures – dix textes – trois secondes – deux leçons – des rédactions – des dictées.

3. une voix forte – des voix fortes – à voix basse – à voix haute – de longues minutes – des injustices criantes – des idées lumineuses – des sorties habituelles – des amies sûres.

4. Y allais-tu ? – Quand partez-vous ? – Que cherchais-tu ? – Que voyais-tu ? – Qu'achetais-tu ? (*ou* Achetais-tu quelque chose ?) – Les avais-tu ? – En voulais-tu ?

5. il appelle, il appelait, il appela, il appellera – elle ensorcelle, elle ensorcelait, elle ensorcela, elle ensorcellera – il épelle, il épelait, il épela, il épellera – il chancelle, il chancelait, il chancela, il chancellera.

ÉTAPE 3 (p. 124-125)

1. Cela suffit. – Vous y allez. – Ils y sont. – Il y songe. – On y est. – On l'imite. – Vous en voulez. – Vous pouvez.

2. N'oubliez pas – Ne souffrez pas – Ne songez pas à eux – Ne le dites pas -N'abdiquez pas – Ne m'imite pas.

3. obligation/désobligeant – vieillard – infection/infectieux/désinfecter – conseil/déconseiller – soulager – douloureux – malheur/malheureusement – nécessité/nécessairement – testament – succéder.

4. on se réunissait – animaient – brillaient – côtoyaient – rejoignirent – agitaient – prirent – fréquentèrent – échangeait – interdisait.

5. grandes enjambées – attention – complots – ombres – immobiles – s'emparèrent – embarras.

ÉTAPE 4 (p. 126-127)

1. On le sait – Ils sont – Tu veux – J'y vais – Il cherchait – On y était – Ils dirigeaient – Ils le jetèrent – Elle les détruisit – Elle les prit – Ils éclatèrent – Ils vainquirent.

2. La ville d'Athènes, en Grèce – deux Grecs célèbres : Socrate et Platon – l'Atlantide et les Atlantes – l'Europe et l'Asie – les colonnes d'Hercule.

3. Il faut utiliser les mots dans cet ordre : exploits – île située – dont – D'après – écrits – en effet – quel – mille – héros – à conquérir – toutes leurs armées – envahisseurs.

4. mises – reportées – perdus – partagés – retrouvés – lus – connue – ignoré.

5. véritable/vrai – antiquité – conquête – envahisseur – européen – courageux/courageusement – ancêtre – royauté/roi.

ÉTAPE 5 (p. 128-129)

1. émet – venez-vous – Je m'appelle – Je vais – l'annonce.

2. Les Canadiennes – les Françaises – les Américaines – les Tahitiennes – les Québécoises – les Parisiennes – les Pékinoises – les Africaines.

3. Il faut utiliser les mots dans cet ordre : tournoi – locale – quel – qui croyais – bientôt – dites – francophonie.

4. je recueille/nous recueillons ; je recueillais/nous recueillions – je tressaille/nous tressaillons ; je tressaillais/nous tressaillions.

5. le foie – le roi – une proie – une oie – de la soie – le tournoi – la croix – le croquis – la paix – le creux – une statue – la cohue – un combat – l'escroc – un attribut – le rang – le vieillard – l'instant – le concours – un écrit.

ÉVALUATION 1 (p. 130-131)

1. succéda – avait – gouverna – épousa – eurent – connaît – appela – régna – sait – mourut.

2. personnes – médisantes – charitables l'Autrichienne – paroles – moqueuses – méchantes – calomnies – jolie – coquette – nouvelle – parents – reproches – nombreuses – reprises – légère – paresseuse – droits – indéniables – devoirs – lourdes – fêtes – éblouissantes – diamants – bijoux – les vêtements les plus chers – ornements – joyeux éclats – cruelles déceptions – mortelles difficultés.

3. **G**uy de **M**aupassant **(**1850-1893**)** est né en **N**ormandie au château de **M**iromesnil que ses parents avaient loué pour la circonstance**.** **I**l eut un frère**,** **H**ervé**,** qui naquit quelques années après lui**.** **G**uidé par un grand écrivain**,** **G**ustave **F**laubert**,** **G**uy de **M**aupassant devint bientôt célèbre**.** **P**armi les romans qu'il a écrits**,** on peut citer **«B**el**-A**mi**»** et parmi ses nouvelles**,** **«B**oule de **S**uif**».** **I**l a toujours un large public**.**

4. sommes – bégaya – avions – s'étrangla – étaient – mendiaient – regardaient – coupa – avaient – s'en allèrent.

5. causeries – notes – complètes – bons clichés – écrite – formes insoupçonnées – lesquels – accidents mortels – complications redoutables – jolies vues.

6. une autoroute – une aérogare – une épithète – un appendice – un ivoire – une obélisque – une alvéole – un pétale – un hémisphère – une atmosphère.

7. favorite – publique – grecque – torrentielle – maligne.

ÉTAPE 6 (p. 132-133)

1. a passé – ont eu – a soulevé – ont organisé.

2. aimez/chanter – rentrer – veuillez/excuser – stationner – devez/garder – respecter.

3. Il faut utiliser les mots dans cet ordre : convalescence – quelque – rythme – mollement – Désormais – charger – hâte.

4. ont disparu – sont devenues – a trouvé – a invité – a invités – est arrivée – ont suivi – ont dansé – ont ri – a duré.

5. Ce – c'est – se – s'est – ses – ces – C'est.

ÉTAPE 7 (p. 134-135)

1. avait eu – était passée – était allé – avait dit – offrait – avais accepté.

2. était allé travailler – restait – avait – descendait – avaient – manger – racontait.

3. Il faut utiliser les mots dans cet ordre : prés – coron – aîné – cueilli – bourgeois.

4. chacun – chaque – chacun – chacune – aucune – aucune.

5. Il a dit que c'était injuste. – Il a dit qu'il en voulait. – Il a dit qu'on partageait. – Il a dit qu'il en avait cueilli davantage.

6. Il en cueille – On rappelle – En trouves-tu ? – Ils ferment la porte.

ÉTAPE 8 (p. 136-137)

1. dansé – attachée – mis – prise – éclairci.

2. sommeiller – passer – frapper – envelopper – apparaître/disparaître – plan – terrifiant – commandant – pilote – réveil/réveiller.

3. une vingtaine – un fauteuil – une forme ronde, sphérique – un blanc bleuté – l'éblouissement – C'est étonnant, voire surprenant. – un fantôme – régulièrement – une allée – une extrémité – une descente – un sursaut.

4. jeté/jetant – bougé/bougeant – allé/allant – pu/pouvant – appelé/appelant – avancé/avançant – cueilli/cueillant – su/sachant.

5. HLM – OGM – OVNI – ONU – DOM-TOM.

6. leur/leurs – leurs/leur – leur.

ÉTAPE 9 (p. 138-139)

1. trouvé/été – construit/dédié – acquis – vues – revêtus – habités – formées – aménagées – ornées.

2. la richesse/richement/richard – île/presqu'île /îlotier – la splendeur/splendidement – l'admiration/admirable – facilement/faciliter/ la facilité – merveilleux/merveilleusement/ émerveillé – voûte – naissance – fertile/fertiliser – roi – émailler/émaillé – vêtir/revêtir.

3. lequel – auquel – quelles – auxquelles – quelle – telle.

4. rougeoyé – répondu – craint – appelé – employé – repeint – appris – amusé – déduit – cru – apparu – conclu.

ÉTAPE 10 (p. 140-141)

1. prévue – réservé – dû – laissés – répété – fait – aimé – perdu – présenté – terminé – visité – atterri – retardés.

2. les trappeurs – leurs chars – les vastes espaces – leurs voitures – les neiges – des chutes – des accueils fastueux – des cartes postales – les gratte-ciel.

3. au **C**anada – à **M**ontréal – au **Q**uébec – le **G**rand **N**ord – **O**utre-**A**tlantique – à la **S**aint-**J**ean.

4. français/française – postal/postale – accueillant/accueillante – provincial/provinciale – canadien/canadienne – violent/violente – spatial/spatiale – fastueux/fastueuse.

4. des oiseaux-mouches – des garde-manger – des lauriers-roses – des porte-clés – des chiens-loups – des années-lumière.

ÉVALUATION 2 (p. 142-143)

1. ai eu – avons fêté – suis entrée – a été – avais eu – j'avais fini – ai reçu – ai regardé – s'était produit – ai appelé.

2. dû – due – reçue – redonné – vue – prêté – rendus – battu – distribuées – promis.

3. Quel – lequel – lesquels – lesquelles – quelle.

4. leurs enfants – leur professeur/leurs livres – leur/leurs secrets – leur – leurs mensonges – leur – leurs amis – leur.

5. Voici le texte restitué sans fautes :
Je mets la main à la plume pour te dire que les grives ne sont pas venues cette année. Rien, mais rien. Les perdreaux non plus. Je n'y vais plus. Ce n'est pas la peine. Il vaut bien mieux travailler à l'école pour apprendre l'orthographe, autrement quoi ? Ce n'est pas possible ; et, en plus, il fait froid, avec mistral (et il y a eu du mistral). Tous les jours, à la chasse, j'ai les pieds glacés. Heureusement, j'ai un cache-nez ! Mais je me languis de toi. J'envoie une feuille de sauge pour toi et une violette pour ta mère. Ton amie pour la vie. Lili

6. abandonné – livré – devenu – contempler – se douter – laissé – pénétrer – cadenassée – tordue – couronnée.

7. le velours – l'escroc – la paroi – le héros – le poids – le secours – le minerais – le tapis – l'oubli – la scie.

8. calme/agité – féroce/inoffensif – terne/ éblouissant – belliqueux/pacifique – revêche/ aimable – attirant/repoussant – froid/chaleureux – ennuyeux/intéressant – paresseux/travailleur – stupide/intelligent.

ÉTAPE 11 (p. 144-145)

1. avaient pris – avaient chassé – avaient vu – avaient fait – avaient tué – avaient vue – s'était enfuie.

2. courageux/découragé/décourageant – attelage – hardiment/enhardi – bois/déboisé.

3. Les mots invariables sont : d'abord – à – donc – et – contre – hardiment – légèrement.

4. Les steppes/ils les avaient traversées – Ils l'ont reçu/ils le garderaient – Les télégrammes, ils ne les reçoivent plus. – les ont placés – Les rebelles, les insurgés, il leur fallait les prendre de court – les voyageurs – les coups de feu/les a tirés.

5. s'était fait – s'était faites – s'est coiffée – se sont posé – se sont posées – se sont préparées – s'était coupée – s'était coupé – se sont donné – s'était illuminée.

ÉTAPE 12 (p. 146-147)

1. Il allait le vendre. – Il avait une montre. – Il l'entrevoyait. – Il y allait. – Il avait une idée. – Il se le demandait.
2. claquer – semblait voler – se concentrait – Allait-il gagner ? – n'était-elle – gaspillée – accoudés – rêver – avait emporté – avaient parié.
3. Il faut utiliser les mots dans cet ordre : difficiles – aiguilles – suffisant – cet homme – tête baissée – quelques déchirures – rasoir.
4. Je vis – Il l'aperçut – On le lui donna – Il fit beau – Nous nous réunîmes – Tu fus mécontent – Il se vengea – Il en fut heureux.
5. une glissade – du cirage – le chiffre – le gaspillage – la réussite – l'entrevue – l'accélération – la déchirure – l'aperçu.

ÉTAPE 13 (p. 148-149)

1. Il (ou elle ou on) plaçait/il (ou elle ou on) plaça – il se coiffait/il se coiffa – il revêtait/il revêtit – il arborait/il arbora – il se dirigeait/il se dirigea – il allait/il alla – il était/il fut – il glissait/il glissa.
2. une quinzaine de personnes – quelques-uns – une veste gansée – des tuyaux – une entrée réservée – une porte close.
3. Il faut utiliser les mots dans cet ordre : boxeurs – tandis que – des airs importants – aplati – Dès lors.
4. Tu grimaces/tu grimaçais – tu menaces/tu menaçais – tu songes/tu songeais – tu effaces/tu effaçais – tu te venges/tu te vengeais – tu changes/tu changeais.
5. être accoudé – accorder – concorder – concurrence – octroyer – accroître – acacia – acompte – accordéon – accuser – menotter – grelotter – attendre – une silhouette – la fête – attaque – attraper – attrouper – atteindre – atmosphère – attribuer – atome – hutte.

ÉTAPE 14 (p. 150-151)

1. ils donnaient – ils partageaient – ils prêtaient – ils possédaient – ils finissaient – ils inscrivaient – ils punissaient – ils s'asseyaient (ou ils s'assoyaient).
2. les dix rois – la nuit venue – les jugements rendus – dans les cendres – tous les cinq ou six ans – cette terre – de leurs actes.
3. Il faut utiliser les mots dans cet ordre : dédié – sacrée – chacun – laquelle – gravée – loi – transmise – soumis – sacrifice – gage – bonne foi.
4. nous grandissions – nous nous évanouissions – nous rougissions – nous franchissions – nous embellissions – nous croissions.
5. glacé – glaciale – gerçures – sur – l'ascension/difficile – sans cesse – attention – émotion – sommet – lorsque nous aperçûmes – l'immensité – glaciers.
6. que je m'asseye (ou que je m'assoie) – Asseyez-vous (ou Assoyez-vous) – vous vous asseyiez (ou assoyiez) – tu t'assiéras (ou tu t'assoiras)/revêtiras – ils s'assoient (ou ils s'asseyaient ou s'assoyaient).

ÉTAPE 15 (p. 152-153)

1. font – ont visité – se rendent – apparaissent – s'étend – que je prenne – pourrai.
2. un buffle – un éléphant – un troupeau – un hippopotame – un groupe – quitter – millier – famille – apparaître – accompagner – insupportable – appareil – une antilope.
3. Il faut que j'aille au collège. – Il faut que tu reviennes dès cinq heures. – Faut-il que je t'attende ? – Il faut que tu le dises – Faut-il qu'on écrive ? – Il faut que nous le fassions. – Il faut que tu me le rendes. – Il faut que vous soyez prêts.
4. C'était/l'été – organisé/ fête – êtes-vous rentrés – près/juste à côté/pêchers – pêches mûres.

ÉVALUATION 3 (p. 154-155)

1. est – connaît – voulait – rencontra – devinrent – auront – feront – participeront – seront – enthousiasme.
2. Je l'aperçus – Tu me l'annonças – Ils devinrent – Nous nous apitoyâmes – Vous aplanîtes – appareilla – Ne ressentis-tu – Ils s'apaisèrent – Je le pris – Nous le prîmes.

3. accrocher – accorder – un accordéon – un acompte – accourir – accueillir – affreux – affolant – afin – africain – un buffle – une bouffée – affiner – attendre – atome – atomique – attaquer – attraper – l'attrait – l'attractivité – apprendre – apprentissage – apporter – apercevoir – aplatir – une apostrophe – un appartement – un appareil – une nappe – un trappeur.

4. la descente – l'arc-en-ciel – la glace – le glaçage – un scientifique – la science – un essai – se rassembler – une perception – de l'essence – un ascenseur – l'attention – l'émotion – assez – s'asseoir – un sceptre – casser – la gerçure – la façon – la superficie.

5. On peut/est/fait – Née/passé – allait/admirer/s'extasiait – racontaient – elles lisaient/s'émerveillaient/voyaient/revêtues/parées – On disait – fais/seras/seras – seras – c'est.

6. Mots avec lettres ajoutées : très – les femmes – quant à – jamais – Arlésienne – velours – difficultés – idée – alors – haut.

7. un adhérent – ébahir – féerique – déshydraté – le hangar – la houle – l'hydrogène – un événement – bouleverser – un handicap.

8. vers/ver/vair – le poing – champ – le pain/(je) peins – le foie/une fois – près – chœur – cent/s'en/(je sens) – le mois – le sceau/sot.

ÉTAPE 16 (p. 156-157)

1. Il le jetait./Il le jetterait. – Il l'était./Il le serait. – Il le pouvait./Il le pourrait.

2. Il revint – Il le constata – On les distribua – Il le ressentit – Il la remit – Il s'émut.

3. Il faut utiliser les mots dans cet ordre : coup d'œil – ce – faits divers – logis – hameau – garde-chasse – l'imprimé – flânant – affreux – ce – Quelle chance.

4. Je sors – on sortirait – il ne ferait – j'achèterais.

5. perméable/imperméable – organisé/désorganisé/inorganisé/réorganisé – nuage/ennuager – mettre/remettre/démettre – lire/relire/illisible – honorable/déshonneur/déshonorer/déshonorant.

6. Les facteurs distribuent des imprimés ici, des lettres là, des paquets ailleurs : ils parcourent des villages, des hameaux et vont même jusqu'à des maisons isolées dans les forêts.

ÉTAPE 17 (p. 158-159)

1. Les braises des feux de camp s'envolaient. – Un vent de sable s'était levé. – Les voitures reprirent leur route.

2. endormez – tamponner – allumerons – faut/rouler.

3. Il faut utiliser les mots dans cet ordre : cet – en effet – colonel – tamponner – prudemment – intervalle – Surveillez – endormez – plein fouet – position – troupe – cuivrée – striant.

4. Il faut/Il fallait/Il fallut/Il eut fallu – Il pleut/Il pleuvait/Il plut/Il eut plu – Il neige/Il neigeait/Il neigea/Il eut neigé – Il grêle/Il grêlait/Il grêla/Il eut grêlé.

5. automnal – blâmable – cuivré/cuivreux/cuivrique – chevaleresque/chevauchée – chanteur/chantonner – radiographie/radiologie/radioscopie – bleuâtre – cuillérée (ou cuillerée) – bureaucratie/bureaucratique.

ÉTAPE 18 (p. 160-161)

1. Ces enfants prédestinés étaient indomptables, tapageurs, bruyants. – Ils étaient tantôt tristes, tantôt gais, mais toujours obstinés et curieux. – Ces lettres à leurs amis étaient puériles.

2. était – arrêté – emmené – guillotiné – nommé – devant – répétait – faut – ramenions – apprit – était – appelé.

3. **N**apoléon **B**onaparte est né à **A**jaccio, en 1769. Il est mort à **S**ainte-**H**élène, en 1821.

4. dû – tué – menacées – Revenu – attendirent – reprennent – devint – passèrent – devienne.

ÉTAPE 19 (p. 162-163)

1. ait existé/souveniez – s'abîmât – soient devenus.

2. Il faut utiliser les mots dans cet ordre : vieillards – cette – île engloutie – civilisation – merveilleuse – dieu – descendants – ancêtres – égoïstes – peu à peu – sacrée – tremblements de terre – dispersés.

3. j'aurais aimé – serais allé – j'aurais écouté – j'aurais suivi – j'aurais appris.

4. Platon (428 à 348 avant J.-C.) fut l'élève de Socrate. Après la mort de son maître, il alla en Sicile avant de revenir à Athènes et de fonder l'Académie. Il est l'auteur de vingt-huit dialogues. Quelques titres: «La République», «Criton», «Gorgias», «Le Banquet».

ÉTAPE 20 (p. 164-165)

1. Il a retenu son billet. – Vous avez visité les îles. – Nous sommes parti(e)s. – Il a été content. – Nous avons accepté. – Nous sommes resté(e)s. – Nous l'avons découvert. – Ils se sont bousculés.

2. les paysages – ces longs périples – des dizaines – des plateaux – nos amis – des envoyés spéciaux – sous les cocotiers – des reporters – des questions.

3. Île de la Polynésie-Française, dans l'océan Pacifique, Tahiti appartient au groupe des Îles du Vent. La ville principale est Papeete. L'île est entourée de récifs de corail. Bora Bora est une des Îles-Sous-le-Vent, en Polynésie-Française. Elle est située au milieu d'un vaste lagon.

4. brûlants – riant/dansant/ornant – étonnantes/ surprenantes/ bouleversantes.

5. Ils ont fait – Avez-vous pris – avez-vous reçues – avons eu – est partie.

ÉVALUATION 4 (p. 166-167)

1. Je les ai surveillés – Il leur a expliqué – Ils les auront prévenu(e)s – Tu as compris – avait entendu/se disait (ou s'était dit).

2. il pleuvra – sortirais – retrouverais – irions – aimerais.

3. recommencer/commencement – immortel/ mortellement – inattention/attentif/ attentivement – désobéir/désobéissant/ obéissance – réveiller/réveil/ une veillée – dépérir/périssable/impérissable – impatient/ impatiemment – voyageur/voyagiste – inhabité/ habitant/habitation – apparaître/disparaître/ apparition – dévêtir/vêtement – pourchasser/ chasseur – démythifier/mythique/mythologie – irrégulier/irrégulièrement/régularité – délasser/ délassement/lassitude.

4. Platon, auteur grec qui vivait à Athènes il y a 2500 ans, évoque l'histoire méconnue de l'Atlantide, continent disparu. Au cours de deux dialogues, Critias, s'adressant au grand philosophe Socrate, lui rapporte les faits que les Anciens ont relatés dans des documents qui existaient encore à cette époque.

5. disparue – intitulé – apprennent – s'est abîmée – avoir été vaincue – continue de révéler ce qu'il tient – il ajoute – Souvenons-nous – il s'est écoulé – avaient opposé.

6. les siècles précédents – toutes les grandes capitales européennes – les intellectuels – les souverains – des affaires – rivale – millions – francophones – personnes – millions – francophones partiels – grande.

7. antonymes – paronymes – synonymes – homonymes.

8. brave/courageux/hardi – vaniteux/vantard/ vain – paisible/tranquille/calme – fatigué/las/ exténué/fourbu – affreux/effroyable/atroce/ horrible – adroit/habile/astucieux – ridicule/ risible/grotesque – vrai/avéré/véridique/véritable – clair/évident/limpide/lumineux – avare/ intéressé/chiche/avaricieux.

Niveau 3e

ÉTAPE 1 (p. 172-173)

1. espérez-vous – trouvera-t-elle – connaissait – se taisait/m'accablait – Il reçut – Il parut – Je le regardai – nous changeâmes – nous prîmes.
2. Il faut utiliser les mots dans cet ordre : serve – marier – dot – pitié – toute rouge – grâce à – simplicité – cordialité.
3. Il se promenait/il rencontra – ils étaient/entra – pleurait/levai – parlais/interrompit.
4. **N**icolas I**er**, **E**mpereur de **R**ussie que l'on a appelé le **« T**sar de fer **»,** prit l'auteur **A**lexandre **P**ouchkine **(**1799-1837**)** sous sa protection. **C**e grand poète et grand romancier mourut à 38 ans **:** un duel contre un **F**rançais qui faisait la cour à sa femme mit fin à ses jours.

ÉTAPE 2 (p. 174-175)

1. nous n'avions – C'était/donnait/faisait – n'avions/arrivait – se connaissaient/retrouvèrent – sentait – j'apportai/apparut – se fit/devions – passa.
2. la popularité – le fête – un élève – le maître – une expérience – le lycée – un système – le rôle – très – la manière – à l'approche de – énorme – il était négligé, exténué.
3. Il faut utiliser les mots dans cet ordre : n'y – tous ceux – groupe – harpe – cours – enthousiasme – en pleurs.
4. Tous – Toute – toutes – tout – tout – tous.
5. nous expliquons/l'explication – nous communiquons/la communication – vous embarquez/une embarcation – ils fabriquent/un fabricant – nous diagnostiquons/un diagnostic – vous pronostiquez/un pronostic.

ÉTAPE 3 (p. 176-177)

1. Ils rougissaient. – Ils tombaient. – Ils riaient.- Elles griffaient.- Elles inventaient.- Ils se livraient.
2. d'inutiles mensonges – des manigances – des garçons manqués – un jugement définitif – un (seul) secret – devant des miroirs – mes observations personnelles – une expression – un compliment.
3. Il faut utiliser les mots dans cet ordre : erreur – faux pas – ces – au cours – ses – nièce – ces – s'.
4. Il faut écrire successivement : cette – c'est – ce – s'est – se – ses.
5. On t'envoie – Il appuya – Elle s'apitoyait – Je tutoie – ployaient – verdoieront – choies.

ÉTAPE 4 (p. 178-179)

1. être – dormir – rêver – souhaiter – venir – valoir – être – mourir – s'arrêter.
2. Est-ce là ?/Ce n'est pas là. – Dormez-vous ?/Vous ne dormez pas – Doit-on le souhaiter ?/On ne doit pas le souhaiter.
3. la noblesse – la marine/la mer/maritime – la douleur/indolore – étreindre – doucement – la calamité – le sommeil – l'embarras – la ferveur – le dénouement – la question/le questionnement – exister/inexistant.
4. mourront – deviendra – se noiera – mourra – ira – sera.
5. Faut-il l'arrêter **?** – Ne rêvez pas **!** – Elle était embarrass**ée.** – Ces dict**ée**s ont présent**é** des difficult**és.** – Et voil**à !** – Elle était éc**œ**ur**ée,** révolt**ée.** – Le père du h**é**ros a **été** assassin**é.** – C'est **é**pouvantable **!** s'**é**cria-t-il.

ÉTAPE 5 (p. 180-181)

1. Nous admirons – Ils établirent – présente – C'est – dit-on – Ce fut.
2. Mots qui peuvent se mettre au pluriel : des miracles – exacts – des demi-dieux – capables – des découvertes – des Égyptiens – des monuments anciens – des bâtisseurs – des monuments admirables – des dimensions idéales.
3. Il faut utiliser les mots dans cet ordre : pharaon – mathématicien – physicien – Pythagore – accomplir – grâce à.
4. J'ai étudié – J'ai appris – Nous l'avons admiré(e).
5. des amis fidèles – des ennemis implacables – de beaux bijoux – des clous pointus – des hiboux blancs – de petits cailloux – de nouveaux journaux.

6. Il y eut, en Grèce, dans l'Antiquité, de très grands mathématiciens. On connaît Pythagore, qui a vécu au VIe siècle avant J.-C. et Thalès (625-546 avant J.-C.) ainsi qu'Euclide. Ce dernier affirma, dans un postulat, que les parallèles ne se rejoignent jamais, sauf à l'infini. Depuis, bien sûr, les mathématiques ont fait d'immenses progrès.

ÉVALUATION 1 (p. 182-183)

1. Ils présentent – fabriquaient-ils – Elle se fatiguait – Nous essaierons – Elles rougirent – Nous remîmes – Vous devriez – Je reçus – dis-tu – Auriez-vous.
2. on pensait – habitait – proposait – demeurer – devait – veiller – se concilier – se considérait – Intéressée – je demandai – de m'indiquer – voleter – je me sauvai – jurai – toucher.
3. Il faut écrire successivement : C'est – c'est – ce – se – ces – ses – se – ces – se – ses.
4. Pythagore n'est-il pas un célèbre philosophe grec ? – N'est-ce pas un grand mathématicien ? – N'utilisa-t-il pas le nombre d'or ? – N'apporta-t-elle pas sa harpe ? – La réception ne se fera-t-elle pas dans la simplicité ?
5. Mots accordés : ruinée – abîmée – jetée – ville détruite – toits effondrés – temples abattus – arcs disloqués – ses colonnes – proportions – toscane – quelques restes – formes – vestiges – les bords – les vaisseaux marchands – trirèmes – longues lignes de murailles – de larges rues désertes – enfouie – les eaux.
6. est – prétendait – dînait – Tu m'invites – disait-elle – allait – se fiança – habitait – envoyait – répondait.
7. Nature des mots : déterminant – nom – conjonction – adjectif qualificatif – verbe – adverbe – pronom – interjection – préposition. Fonctions des mots : épithète – attribut – sujet – complément d'objet direct – complément circonstanciel – complément d'objet indirect.

ÉTAPE 6 (p. 184-185)

1. Il le fallait. – Nous mangions. – Il avait disparu. – Nous éprouvions – Nous le pouvions.
2. transformer des amis en ennemis – des plans et des économies – des batailles désespérées – d'autres familles, d'autres fermiers – des patates douces, noires à demi pourries et jetées au rebut.
3. Il faut utiliser les mots dans cet ordre : figuier – moelleux – nourriture – se procurer – à présent – l'humanité – notion.
4. parlé – effectuées – disparu – apprécié – mangés.
5. élue – fermées – closes – usés – élimés – rapiécés – Anéantie – baissés.

ÉTAPE 7 (p. 186-187)

1. vérifiions/vérifiâmes – comprenais/compris – étions/fûmes – faisait/fit – revenaient et s'approchaient/revinrent et s'approchèrent.
2. Les guenons étaient venues attendre leurs seigneurs. – Les voitures furent avancées. – Elles étaient assises dans des fauteuils. – Les gorilles chasseurs donnaient des ordres. – Des servants fermèrent les portes. – Les grands arbres ressemblaient à des palmiers.
3. Il faut utiliser les mots dans cet ordre : rendez-vous – quart d'heure – Convoi – dont – compte – celui-ci – chariots – plate-forme.
4. est terminée – sont venus – sont-ils venus – est-il arrivé – est apparue – sommes-nous resté(e)s – sont allées – avons vérifié – sont finis – avez-vous eues.
5. quand – quant à – quant à – quand – qu'en.

ÉTAPE 8 (p. 188-189)

1. épouvanté – abandonné – resté – élevé – demeurée – agenouillée – inondé – levé.
2. Des enfants épouvantés, des orphelins abandonnés, restés très jeunes sans mère, étaient élevés dans des institutions. – Des images étaient demeurées dans leur mémoire : leurs mères agenouillées, leurs visages inondés de larmes, levés vers eux : tels étaient leurs derniers souvenirs.
3. un regard enflammé – une façon de parler – s'éteindre – effacé – Serrant – angoissé – pleurant – criant.
4. qui se trouvaient – était arrivé – voulaient l'arrêter – consoler – donné.

5. inutilisés – perdue – gâchées – ouverts – essoufflé – remis – destinée – Devenue – attirante – charmante.

ÉTAPE 9 (p. 190-191)

1. Il prend – Il se démène – je m'en vais – ressemblait – faisait-il – sortait – Elle me fixe et vient.
2. une femme noire – un trésor retrouvé – ses grands yeux blancs – une personne méchante – un air méchant.
3. antique – quasiment – Vénus – piocher – idole.
4. Ils se sont préparés – On s'est donné – Elles se sont donné – s'est-elle coupé – Elles se sont vêtues – Elles se sont confectionné.
5. idolâtrer/idolâtrie – quasi – antiquité/antiquaire – méchamment/méchanceté – morbide/mortuaire/immortel/mortifaire – noirâtre/noircir.

ÉTAPE 10 (p. 192-193)

1. que j'ai vues et entendues – donné – honoré – écrit – divulguées.
2. **C**inq siècles avant **J**ésus-**C**hrist, au siècle de **P**ériclès, à **A**thènes, en **G**rèce, vécut le philosophe **P**laton. **O**n connaît aussi **H**ippocrate qui a établi les fondements de la médecine occidentale. **À** cette époque, on vénérait les dieux de l'**O**lympe : **Z**eus, **P**oséidon, **A**pollon. **C**e dernier était à la fois le dieu des arts, de la beauté et de la médecine.
3. Il faut compléter avec : cette – se – tout – s' – cette – toute – toutes – ce – ces – se .
4. Je le jurerai. /Je l'aurai juré. – Je me tairai./Je me serai tu. – On l'honorera./On l'aura honoré(e). – Nous ne nous parjurerons pas./Nous ne nous serons pas parjuré(e)s. – Ils le suggèreront./Ils l'auront suggéré(e). – Ils le feront./Ils l'auront fait(e).
5. Il faut compléter avec : si – s'y – si – si – si – s'y – si – s'y.

ÉVALUATION 2 (p. 194-195)

1. naquit – perdit – n'était – plongea – fut – souffrit – soignera – décéda – connaît – rendirent.
2. vous nous avez préparées – Je vous ai apporté – ont été – seront revenus – a coûté – nous aurons terminé – Il avait fait – Elle nous avait raconté – n'avait comprises – avons revu(e)s.
3. se sont fanées – se sont serré – s'est répandu – se sont offert – se sont mises.
4. Il faut compléter avec : à – est – et – où – a – sa – s'y – ça – Si – ni – ni.
5. la cité interdite – fut construite – les plans – les unes dans les autres – surnommée – cité interdite – appelée – ouvriers – treize ans – terminée – jours – était réservée aux audiences solennelles – est couverte – aux tuiles vernissées – dorée – escaliers – niveaux – richesses.
6. Synonymes : se dépêcher – brave – le faîte – le danger – changeant – ironique – dénigrer – amorphe – punir – érudit.
7. Antonymes : maladroit – facultatif – disparaître – anonyme – aimable – sympathique – audacieux – néfaste – chronologique – un accord.

ÉTAPE 11 (p. 196-197)

1. était – semblait – croyais – parlaient – dérangeaient – fermaient – éveillais – endormais – annonça – veuillez – atterrirons.
2. Mots invariables : parfois – à peine – après – longtemps.
3. la pensée – le sommeil – l'heure – la réflexion – le souffle/l'essoufflement.
4. s'étaient fermés – s'était endormie – s'étaient précipités – s'étaient acharnés – s'était débattue – s'était écorché – s'était réveillée – s'étaient évanouis.
5. criiez – Surveilleriez – endormis – croyions – émerveillait – s'écria – réveillez – vérifiions.

ÉTAPE 12 (p. 198-199)

1. J'achetai – je commençai – absorba – J'y aurais passé – je l'avais pu – tombait – c'est – il faut.
2. des crayons et des pinceaux – les autres – des mois entiers – des paysages enchanteurs – des succès si lents – les couleurs de ces fleurs.
3. constamment – différent – commencer – néanmoins – dommage - étonnant – au

milieu – l'arithmétique – apprendre – arraché – l'occupation – bientôt – attachant – mon enfance – cet art.

4. L'arithmétique nous avait aussi rendu le goût du dessin. Nous achetâmes des couleurs et nous mîmes à faire des fleurs et des paysages. C'est dommage que nous nous soyons trouvé peu de talent pour cet art. Au milieu de nos crayons et de nos pinceaux, nous aurions passé des mois entiers sans sortir.

5. acheter – occuper/inoccupé – crayonner – rejeter/un jet – goûter/dégoûter – talentueux/talentueusement – la pince/la pincette/la pincée – absorption/absorbeur – le harcèlement – naître.

ÉTAPE 13 (p. 200-201)

1. Je ne le sais pas./Vous ne le savez pas. – Je l'ai vu./Ils l'ont vu. – Il tourbillonne./Nous tourbillonnons. – Tu murmures et files./Il murmure et file. – Elle le recueille./Elles le recueillent. – Il y resterait./Nous y resterions. – Vous voyez./Ils voient.

2. la méchanceté – la calomnie – une hirondelle – il l'enveloppe – des horreurs – empoisonner – s'élancer – siffler – les honnêtes – tout à coup – l'orage – il tonne – à vue d'œil – un cri général – adroitement.

3. tourbillonner – sonner – actionner – poinçonner – sillonner – klaxonner – façonner – confectionner – perfectionner.

4. Mots complétés : se dresser – horriblement – malhonnêtement – honneur – attraper – empoisonné – atterrir – terrestre – charrette – charrue.

ÉTAPE 14 (p. 202-203)

1. Elle se jetait – Nous nous taisions – On rentrait – De quoi parliez-vous ? – Elle l'annonçait – Nous revenions – Nous répondions – Il tirait – Nous nous asseyions.

2. Les chouettes sortaient. – Il dit quelques mots. – les beaux jours – de tristes soirées – les créneaux – Nous étions saisis d'éffroi. – quatre convives – à huit heures ou à dix heures.

3. la terreur – après – le fusil – la cheminée – se rapprocher – le souper – le perron – en soupirant – en passant – dans l'entrée – l'automne – à voix basse – annoncer.

4. Il ne s'assiéra pas. (*ou* Il ne s'assoira pas.)/S'assiéra-t-il ? (*ou* S'assoira-t-il ?) – Ils ne s'assirent pas/S'assirent-ils ? – Vous ne vous assoyiez pas. (*ou* Vous ne vous asseyiez pas.)/Vous assoyiez-vous ? (*ou* Vous asseyiez-vous ?) – Il ne faut pas qu'il s'assoie. (*ou* Il ne faut pas qu'il s'asseye.)/Faut-il qu'il s'assoie ? (*ou* Faut-il qu'il s'asseye ?) – Tu ne t'assieds pas. (*ou* Tu ne t'assois pas.)/T'assieds-tu ? (*ou* T'assois-tu ?) – Nous ne nous asseyions pas. (*ou* Nous ne nous assoyions pas.)/Nous asseyions-nous ? (*ou* Nous assoyions-nous ?) – Ils ne s'assiéraient pas. (*ou* Ils ne s'assoiraient pas.)/Ne s'assiéraient-ils pas ? (*ou* Ne s'assoiraient-ils pas ?) – On ne s'assoirait pas. (*ou* On ne s'assiérait pas.)/S'assoirait-on ? (*ou* S'assiérait-on ?)

5. Il faut utiliser les mots dans cet ordre : quelques – Lequel – quelque – quelque – Quelles – Quelle que – laquelle.

ÉTAPE 15 (p. 204-205)

1. Il faut utiliser les mots dans cet ordre : entreprit – monnaya – fallut – prit – mit – peignit – advint – sut.

2. Florence – Louvre – Pythagore – fascinant – énigmatique – l'écu.

3. fascinante – ayant – s'offrant – assourdissants – remerciant – souriante – rayonnante.

4. **E**n **F**rance, en ce début du XVIe siècle, régnait le **R**oi **F**rançois 1er. **L**'art italien le fascinait. **I**l attira à sa cour le peintre **L**éonard de **V**inci. **D**e nos jours, parmi toutes les peintures présentées au musée du **L**ouvre à **P**aris, la **J**oconde, parmi d'autres chefs-d'œuvre, mais unique en son genre, continue à fasciner le public.

ÉVALUATION 3 (p. 206-207)

1. voulait – habitait – trouva – décida – engagea – allait – emmènerait – séjournerait – conduirait – se jouerait.

Niveau 3e

2. s'étaient massés – s'étaient écrié – s'étaient emparés – s'étaient partagé – s'étaient souciés – s'étaient blottis – s'étaient mis – s'étaient évanouies – s'étaient déclenchées – s'étaient enfuis.

3. fatiguant – Ne se fatiguant – environnant – tombant – tombante.

4. Il faut utiliser les mots dans cet ordre : t'en – demie – dans – quelques – t'en – tant – mi – quelque – quelques – nus.

5. Ne l'as-tu pas jeté ? – Ne t'assieds-tu pas ? – Ne l'annonce-t-on pas? – N'en a-t-il pas acheté ? – Les deux enfants ne s'étaient-ils pas endormis ?

6. raisonner/*résonner* – préposition/*proposition* – spectre/*sceptre* – rixe/*risque* – percepteur/*précepteur* – astrologie/*astronomie* – armistice/*amnistie* – location/*locution* – écharpe/*écharde* – illusion/*allusion*.

7. Avec accents circonflexes : le fantôme – le symptôme – drôle – une icône – la côte – la grâce – l'arôme – la piqûre – infâme – le cône.

8. d'abord – la plupart – sans ambages – exprès – de bon gré – à propos – à rebours – vis-à-vis – à contrecœur – bouche bée.

ÉTAPE 16 (p. 208-209)

1. Il faudrait – deveniez – Apprenez-lui – devrait – Accoutumez-le – C'est – sait – Vous me faites.

2. Les mères enseignaient à leurs enfants à faire des comptes ; elles leur faisaient apprendre les quatre opérations ; elles leur enseignaient à écrire, à utiliser les termes propres pour exprimer leurs pensées de manière courte et précise.

3. nettement – compter – utilement – grossièrement – expliquer – apprendre – prononcer – souvent – l'arithmétique – la grammaire – l'orthographe.

4. Apprenez à écrire ! – Apprends à lire ! – Dis-le lui ! – Donne-les lui !

5. nettement – incorrectement – asservir/asservissement/serviable – biographie/autobiographique – impropre/propreté – impensable.

6. qu'il fît – que vous fussiez – qu'ils eussent.

ÉTAPE 17 (p. 210-211)

1. ont reçu – sais-tu – qu'ils soient – que tu le saches – se déshonore – font – qu'ils puissent – penses-tu.

2. sa seule valeur – des chevaliers errants – des blessures – La chance est sujette à des aléas. – Ils ont été assommés de coups.

3. Réponses : a = B ; b = C ; c = E ; d = A ; e = D.

4. Il faut utiliser les mots dans cet ordre : s'en – je sens – sans – cent – deux cents – c'en.

5. puisse – que tu me croies – que tu reviennes – qu'il faille – donniez.

ÉTAPE 18 (p. 212-213)

1. Si j'étais/viendraient – Si elles étaient/je les entendrais/je les verrais – Si j'osais/je les appellerais – Si j'avais/je demeurerais/j'aurais – Si mes filles m'aimaient/elles seraient/me soigneraient.

2. depuis dix ans – des chevaux sournois – de belles chambres – de bons domestiques – des filles indignes – des trésors à donner.

3. **« Ah ! Si** seulement tu m'avais aimé **! »** écrivait **H**onoré de **B**alzac à sa mère**. S**i seulement tu ne m'avais pas toujours préféré mon frère**. Oh**, si seulement tu m'avais aidé **! M**ais hélas **! T**u n'as rien fait**. Oh** combien ma vie aurait été plus facile si tu m'avais aimé**... »**

4. Tu seras riche./Tu serais riche. – Je le donnerai./Je le donnerais. – Tu en auras./Tu en aurais. – Elles viendront./Elles viendraient. – Il attendra./Il attendrait. – J'y serai./J'y serais.

5. Il faut utiliser les mots dans cet ordre : Bravo – Hip Hip Hip Hourra – Hé, toi – mon Dieu – Chic.

ÉTAPE 19 (p. 214-215)

1. retrouvée – signée – inquiété – saurait accepter – oubliées – garantissait – protégeaient – proclamée – portée.

2. tous les hommes – des droits sacrés – une victoire remportée – des régimes totalitaires – nulle loi – différents articles – dans tous les domaines – ses origines, ses opinions, ses croyances – des hommes libres.

3. inaliénable/ aliénation – asservir – ensanglanter/sanguinaire – religieux/ religieusement/irréligieux – inquiet/inquiéter – légalement/illégalité – dégrader/gradation/ graduation – origine/originellement – liberté/ libération/librement – croire – fidélité/ fidèlement/infidèle.
4. Mots complétés : L'appel – général – actuellement – officiers – soldats – territoire britannique – s'y – armement – se mettre en rapport – la flamme de la résistance – s'éteindre – s'éteindra – aujourd'hui.
5. Il faut utiliser les mots dans cet ordre : chacun – telles quelles – maints – maintes – Nul.

ÉTAPE 20 (p. 216-217)

1. importe – vaut – on doit – reçoit – Elle recueille – qu'il acquière – devrait-il – Cela suffit – C'est bien.
2. des connaissances professionnelles – leurs chimères et leurs angoisses – les motivations des hommes – les proches.
3. enseignement/enseignant – recueillir/ recueillement – la contrainte/contraignant – professionnellement/professionnalisme – inefficace/efficacité – le don/redonner.
4. **A**lbert **E**instein**,** cél**è**bre physicien allemand qui fut naturalis**é** suisse puis am**é**ricain**,** v**é**cut de 1879 **à** 1955**. I**l fit ses **é**tudes **à** **Z**ü**rich,** en **S**uisse o**ù** il devint ing**é**nieur**. I**l **é**labora en particulier la th**é**orie de la relativit**é :** les caract**é**ristiques du temps et de l'espace ne sont pas absolus, mais d**é**pendent de l'observateur**. I**l **é**crivit des m**é**moires scientifiques ainsi que l'essai **«** **C**omment je vois le monde **»,** en collaboration avec **S**igmund **F**reud**.**
5. Cela suffirait-il ? (Est-ce que cela suffirait ?)/ Cela ne suffirait-il pas ? – Est-ce interdit ? (Est-ce que c'est interdit ?) N'est-ce pas interdit ? – L'enseignement devrait-il être ainsi ? (Est-ce que l'enseignement devrait être ainsi ?/ L'enseignement ne devrait-il pas être ainsi ?

ÉVALUATION 4 (p. 218-219)

1. Peux-tu – qu'il sache – Qu'en dis-tu ? – qu'il éteigne – que tu l'apprennes.
2. nous irons – Viendrais-tu – J'aimerais – ils acquerront – Connaîtriez-vous.
3. déshonneur/déshonorer/honorable – téléobjectif – orthographe/orthographique/ graphisme – défaire/refaire/faisable/infaisable – stratosphère/planisphère/atmosphère – tranquillité/tranquillement – immobile/ immobilité/mobilité – polythéisme/ monothéisme/théiste – librement/liberté/ libérable – déchanter/enchanter/enchantement/ chanson.
4. je vous écris – ces dernières lignes – arrêtés – premiers jours – interrogatoires – accompagnés – tels qu'ils se pratiquaient – coups – coups – dénoncer les camarades – tombaient (*ou* tombait) – Ces barbares – sauver – Ils vous disent – l'un a dit – a dit – avouer – les pauvres diables – de résister – conduits – rend – montrés – les camarades.
5. mille métiers – aventures – les routes – les mers – les Princes – les savants – aux Indes – Conquistadors – ses malles – ses services.
6. un accord – le dépit – le rang – le plomb – le trépas – l'excès – l'échafaud – le tribut – le fard – le rebut – le défi – le galop – le poing – le refus – le salut – l'accès – un attribut – un statut – le standard – le fracas.
7. des peaux-rouges – des soi-disant experts – des années-lumière – des va-et-vient – des music-halls – des procès-verbaux – des cous-de-pied – des coq-à-l'âne – des sages-femmes – des timbres-poste.

TABLEAUX DE CONJUGAISON

Remarque : Le passé composé est le seul temps composé ici représenté. Les autres temps composés se forment en effet, de la même façon, avec un auxiliaire, conjugué au temps simple correspondant, et le participe passé du verbe.

Infinitif	Indicatif			
	Présent	Futur	Imparfait	Passé simple
chanter (verbe type du 1er groupe)	je chante tu chantes il chante nous chantons vous chantez ils chantent	je chanterai tu chanteras il chantera nous chanterons vous chanterez ils chanteront	je chantais tu chantais il chantait nous chantions vous chantiez ils chantaient	je chantai tu chantas il chanta nous chantâmes vous chantâtes ils chantèrent
finir (verbe type du 2e groupe)	je finis tu finis il finit nous finissons vous finissez ils finissent	je finirai tu finiras il finira nous finirons vous finirez ils finiront	je finissais tu finissais il finissait nous finissions vous finissiez ils finissaient	je finis tu finis il finit nous finîmes vous finîtes ils finirent
partir (3e groupe)	je pars tu pars il part nous partons vous partez ils partent	je partirais tu partiras il partira nous partirons vous partirez ils partiront	je partais tu partais il partait nous partions vous partiez ils partaient	je partis tu partis il partit nous partîmes vous partîtes ils partirent
être	je suis tu es il est nous sommes vous êtes ils sont	je serai tu seras il sera nous serons vous serez ils seront	j'étais tu étais il était nous étions vous étiez ils étaient	je fus tu fus il fut nous fûmes vous fûtes ils furent
avoir	j'ai tu as il a nous avons vous avez ils ont	j'aurai tu auras il aura nous aurons vous aurez ils auront	j'avais tu avais il avait nous avions vous aviez ils avaient	j'eus tu eus il eut nous eûmes vous eûtes ils eurent
aller	je vais tu vas il va nous allons vous allez ils vont	j'irai tu iras il ira nous irons vous irez ils iront	j'allais tu allais il allait nous allions vous alliez ils allaient	j'allai tu allas il alla nous allâmes vous allâtes ils allèrent

ÉCAPITULATIFS

	Impératif	Conditionnel	Subjonctif	Participe
assé composé	Présent	Présent	Présent	Présent/Passé
'ai chanté u as chanté a chanté ous avons chanté ous avez chanté s ont chanté	chante chantons chantez	je chanterais tu chanterais il chanterait nous chanterions vous chanteriez ils chanteraient	que je chante que tu chantes qu'il chante que nous chantions que vous chantiez qu'ils chantent	chantant ayant chanté
'ai fini u as fini a fini ous avons fini ous avez fini s ont fini	finis finissons finissez	je finirais tu finirais il finirait nous finirions vous finiriez ils finiraient	que je finisse que tu finisses qu'il finisse que nous finissions que vous finissiez qu'ils finissent	finissant ayant fini
suis parti(e) es parti(e) est parti ous sommes artis(ies) ous êtes partis(ies) s sont partis	pars partons partez	je partirais tu partirais il partirait nous partirions vous partiriez ils partiraient	que je parte que tu partes qu'il parte que nous partions que vous partiez qu'ils partent	partant étant parti(e)
ai été as été a été ous avons été ous avez été s ont été	sois soyons soyez	je serais tu serais il serait nous serions vous seriez ils seraient	que je sois que tu sois qu'il soit que nous soyons que vous soyez qu'ils soient	étant ayant été
ai eu as eu a eu ous avons eu ous avez eu s ont eu	aie ayons ayez	j'aurais tu aurais il aurait nous aurions vous auriez ils auraient	que j'aie que tu aies qu'il ait que nous ayons que vous ayez qu'ils aient	ayant ayant eu
suis allé(e) es allé(e) est allé ous sommes llés(ées) ous êtes allés(ées) s sont allés	va allons allez	j'irais tu irais il irait nous irions vous iriez ils iraient	que j'aille que tu ailles qu'il aille que nous allions que vous alliez qu'ils aillent	allant étant allé(e)

Remarque : Tous les verbes qui suivent sont des verbes du 3e groupe ; ils sont classés dans l'ordre alphabétique.

Infinitif	**Indicatif**			
	Présent	**Futur**	**Imparfait**	**Passé simple**
devoir	je dois il doit ils doivent	je devrai il devra ils devront	je devais il devait ils devaient	je dus il dut ils durent
dire	je dis il dit vous dites ils disent	je dirai il dira ils diront	je disais il disait ils disaient	je dis il dit ils dirent
écrire	j'écris il écrit ils écrivent	j'écrirai il écrira ils écriront	j'écrivais il écrivait ils écrivaient	j'écrivis il écrivit ils écrivirent
faire	je fais il fait vous faites ils font	je ferai il fera ils feront	je faisais il faisait ils faisaient	je fis il fit ils firent
lire	je lis il lit ils lisent	je lirai il lira ils liront	je lisais il lisait ils lisaient	je lus il lut ils lurent
mettre	je mets il met ils mettent	je mettrai il mettra ils mettront	je mettais il mettait ils mettaient	je mis il mit ils mirent
pouvoir	je peux il peut ils peuvent	je pourrai il pourra ils pourront	je pouvais il pouvait ils pouvaient	je pus il put ils purent
prendre	je prends il prend ils prennent	je prendrai il prendra ils prendront	je prenais il prenait ils prenaient	je pris il prit ils prirent
résoudre	je résous il résout ils résolvent	je résoudrai il résoudra ils résoudront	je résolvais il résolvait ils résolvaient	je résolus il résolut ils résolurent
savoir	je sais il sait ils savent	je saurai il saura ils sauront	je savais il savait ils savaient	je sus il sut ils surent
venir	je viens il vient ils viennent	je viendrai il viendra ils viendront	je venais il venait ils venaient	je vins il vint ils vinrent
vouloir	je veux il veut ils veulent	je voudrai il voudra ils voudront	je voulais il voulait ils voulaient	je voulus il voulut ils voulurent

	Impératif	Conditionnel	Subjonctif	Participe
Passé composé	Présent	Présent	Présent	Présent/Passé
ai dû a dû s ont dû	–	je devrais il devrait ils devraient	que je doive qu'il doive qu'ils doivent	devant ayant dû
ai dit a dit s ont dit	dis dites	je dirais il dirait ils diraient	que je dise qu'il dise qu'ils disent	disant ayant dit
ai écrit a écrit s ont écrit	écris écrivez	j'écrirais il écrirait ils écriraient	que j'écrive qu'il écrive qu'ils écrivent	écrivant ayant écrit
ai fait a fait s ont fait	fais faites	je ferais il ferait ils feraient	que je fasse qu'il fasse qu'ils fassent	faisant ayant fait
ai lu a lu s ont lu	lis lisez	je lirais il lirait ils liraient	que je lise qu'il lise qu'ils lisent	lisant ayant lu
ai mis a mis s ont mis	mets mettez	je mettrais il mettrait ils mettraient	que je mette qu'il mette qu'ils mettent	mettant ayant mis
ai pu a pu s ont pu	–	je pourrais il pourrait ils pourraient	que je puisse qu'il puisse qu'ils puissent	pouvant ayant pu
ai pris a pris s ont pris	prends prenez	je prendrais il prendrait ils prendraient	que je prenne qu'il prenne qu'ils prennent	prenant ayant pris
ai résolu a résolu ont résolu	résous résolvez	je résoudrais il résoudrait ils résoudraient	que je résolve qu'il résolve qu'ils résolvent	résolvant ayant résolu
ai su a su ont su	sache sachez	je saurais il saurait ils sauraient	que je sache qu'il sache qu'ils sachent	sachant ayant su
suis venu(e) est venu sont venus	viens venez	je viendrais il viendrait ils viendraient	que je vienne qu'il vienne qu'ils viennent	venant étant venu(e)
ai voulu a voulu ont voulu	veux ou veuille voulez ou veuillez	je voudrais il voudrait ils voudraient	que je veuille qu'il veuille qu'ils veuillent	voulant ayant voulu

N'hésite pas à recopier les mots sur lesquels tu as fait des erreurs.

N'hésite pas à recopier les mots
sur lesquels tu as fait des erreurs.

INDEX DES NOTIONS

O

P

Q

S

T

V

SUIVI D'EDITION : Blandine Renard
MAQUETTE : Graphismes
MISE EN PAGE : Alinéa

Achevé d'imprimer par I.M.E. Baume-les-Dames - France
Dépôt légal N°90270 - Août 2007